电网现代供应链与仓储

管理实践

《电网现代供应链与仓储管理实践》编写组 编著

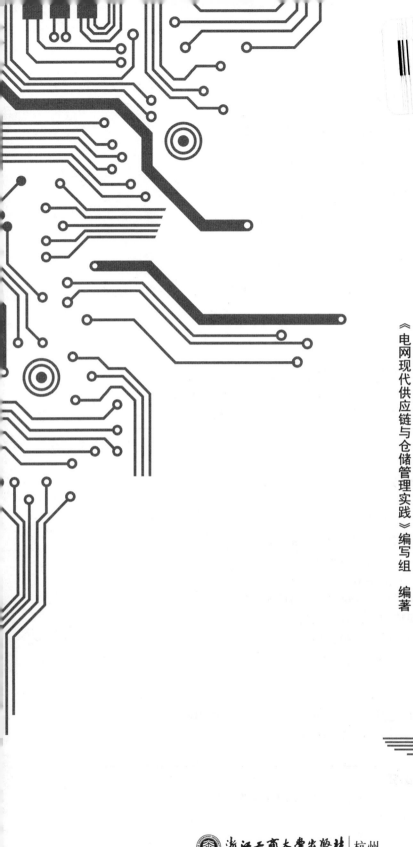

浙江工商大学出版社 | 杭州
ZHEJIANG GONGSHANG UNIVERSITY PRESS

图书在版编目(CIP)数据

电网现代供应链与仓储管理实践 /《电网现代供应链与仓储管理实践》编写组编著 . —杭州:浙江工商大学出版社,2022.12

ISBN 978-7-5178-5178-3

Ⅰ.①电… Ⅱ.①电… Ⅲ.①电力工业—工业企业管理—供应链管理②电力工业—工业企业管理—仓库管理 Ⅳ.①F426.61

中国版本图书馆 CIP 数据核字(2022)第 206497 号

电网现代供应链与仓储管理实践
DIANWANG XIANDAI GONGYINGLIAN YU CANGCHU GUANLI SHIJIAN

《电网现代供应链与仓储管理实践》编写组 编著

责任编辑	李兰存
责任校对	何小玲
封面设计	望宸文化
责任印制	包建辉
出版发行	浙江工商大学出版社
	(杭州市教工路198号　邮政编码310012)
	(E-mail:zjgsupress@163.com)
	(网址:http://www.zjgsupress.com)
	电话:0571-88904980,88831806(传真)
排　　版	杭州朝曦图文设计有限公司
印　　刷	杭州高腾印务有限公司
开　　本	710mm×1000mm　1/16
印　　张	18.5
字　　数	277千
版 印 次	2022年12月第1版　2022年12月第1次印刷
书　　号	ISBN 978-7-5178-5178-3
定　　价	59.00元

内 容 提 要

　　电力供应作为国民经济的基础,与国民生活息息相关。电网物流及其供应链是保障电力供给和支持电网建设的重要基础系统,全面建设现代智慧供应链已成为实现国家电网有限公司建设具有中国特色国际领先的能源互联网企业的战略目标的重要内容之一。本书是国网浙江省电力有限公司物资部现代智慧供应链建设与实践工作的系统性总结,也是国内第一部对电网现代仓储物流开展系统性研究的成果。本书的主要特色是从"理论—标准—实践"三位一体的视角,深入研究电网现代仓储物流生态体系、构建要素及网络规划,探索电网现代仓储物流管理理论和方法,探讨仓储物流建设、物流设备及管理业务的标准化问题,并据此结合浙江电力的实际运作需求开展实践创新应用。本书首次系统性地阐述现代智慧供应链战略环境下的电网现代仓储物流管理理论、标准规范,以及浙江电力在电网现代仓储物流建设运营方面的成功实践,可为电网行业及相关行业的现代仓储物流系统规划设计和运营管理提供理论参考和决策借鉴。

　　本书可供电力行业、电网系统及相关企业单位、部门的技术人员,以及电网物流与物资供应链管理、仓储物流系统构建、仓储物流标准化管理及仓储物流系统建模等相关领域的研究人员参考,也可作为大专院校管理科学与工程、物资管理、物流管理、供应链管理、系统工程等专业的研究生参考教材和高年级本科生选修教材。

前　言

电网仓储物流系统作为电网物资供应链的重要组成部分,与其他仓储物流系统相比,具有典型的电力行业特性。为此,如何运用现代智慧供应链理念指导、推进并提升电网物资仓储物流运作效率与效益受到广泛的关注。本书立足新发展阶段,贯彻新发展理念,构建新发展格局,从理论—标准—实践"三位一体"的视角深入研究电网现代仓储物流相关问题,系统地阐述了电力行业仓储系统的管理理论、标准规范与应用实践,以进一步健全、完善、打造电力行业仓储物流管理理论体系、管理标准化模式和应用实践标杆。

本书的主要特点是将传统仓储物流管理理论、管理标准化理念与电网物资仓储管理特点相结合。全书共3篇、15章。第一篇为管理理论篇,主要涉及物流与供应链的基本概念、电网物资供应链与仓储物流及其研究现状、电网现代仓储物流体系与生态体系、电网现代仓储物流系统构建要素及其构建模式、网络规划设计和系统运作关键技术等创新管理理论,分6章论述;第二篇为标准规范篇,主要涵盖电网现代仓储物流管理标准化体系及业务规范、仓储物流设施建设标准化、物资包装与单元化标准、管理业务规范等标准规范,分4章阐述;第三篇为应用实践篇,主要介绍浙江电力在智能微仓库网络、检储配一体化基地、智能中心库建设、县级示范仓库建设和仓储标准化建设等项目中的实践应用,分5章介绍。

本书部分内容源自浙江电力及其下属单位所开展的仓储物流管理科研项目的研究成果,因此本书凝聚了编写组成员与浙江电力下属分公司的智慧。在本书的写作过程中,浙江工商大学陈达强教授及其团队成员协助编写组收集、整理和撰写了部分资料，谨此深表谢意。本书出版得到了浙江工商大学出版社鲍观明社长及谭娟娟、李兰存编辑的支持和帮助，在此一并致谢。

本书在写作过程中参考借鉴了部分国内外有代表性的研究成果和企业实践成果，作者尽可能将其列在参考文献中，在此向这些研究学者致敬！

限于作者的学术水平，书中的不足之处恳请读者不吝指正。

《电网现代供应链与仓储管理实践》编写组

2022年6月于浙江杭州

序

　　随着全球化进程的加速、价值链分工的深化和国际经济竞争的加剧,供应链因其作为国家竞争的基础支撑和社会经济发展的重要助力而备受世界各国重视。早在 2017 年我国就围绕供应链创新发展出台了指导性文件——《关于积极推进供应链创新与应用的指导意见》,这是国家层面首次对供应链创新发展作出的部署和动员,自此供应链创新发展上升为国家战略。国家电网物资供应体系作为我国供应链系统创新发展的典型代表,于 2009 年全面开启建设,历经传统物资管理、物资集约化管理、现代智慧供应链体系等重要发展阶段,在探索和实践中不断得到建设和完善。尤其是在经历了 2018 年基础建设、2019 年全面建设、2020 年智慧运营、2021 年巩固提升四个关键时期后,国家电网公司的现代智慧供应链取得了前所未有的发展。改革无止境,发展无穷期。当前国家电网公司现代智慧供应链体系再一次迈入战略运营与数字化转型的突破阶段,物资工作也进入落实"建设具有中国特色国际领先的能源互联网企业"战略目标的重要时期。在此背景下,推进现代智慧供应链体系的理论创新和实践发展具有重要意义。

　　浙江是我国改革开放的先行地,习近平总书记赋予浙江"努力成为新时代全面展示中国特色社会主义制度优越性的重要窗口"的新目标、新定位。在国家电网公司的全面指引下,浙江电力肩负起建设"具有中国特色国际领先的能源互联网企业的示范窗口"的使命和责任。近年来,浙江电力发展迅速,业绩成果丰硕。2020 年,浙江电力成功举办高弹性电网高峰论坛;2021 年,浙江电力牵头完成的"含高比例新能源的电力系统需求侧负荷调控关键技术及工程应用"成果获国家科学技术进步二等奖、"供应链智慧运营模型与数据治理体系研究"课题获国家电网公司课题评审一等奖。2021年,浙江电力更是打赢了防汛抗台、援豫抢险、疫情防控等攻坚战,经受了建党百年保电的重大政治责任、迎峰度夏负荷破亿、电力保供和能耗双控交织叠加的严峻考验,全力保障电力安全和可靠供应,展现了"顶梁柱、顶得住"的责任担当。浙江电力的物资保障工作力度不断加大,供应链九大核心业务架构全面落地,"数字赋能"体系建设不断升级,供应商营商环境持续优化,物资管理质效不断提升,物资管理的本质安全能力、资源统筹能力、供应保障能力和价值创造能力不断迈上新台阶,在保障电网建设、支撑公司战略落地、促进产业链供应链高质量发展、支持"双碳"目标绿色发展工作中做出了积极贡献。

但也要认识到,浙江在奋力打造"重要窗口"、积极建设共同富裕示范区、推动经济社会高质量发展的进程中,对电网建设和运营、电力供应和服务提出了新的更高的要求。物资管理专业不仅要履行好物资保供的首要责任,更要主动适应好国家的、行业的、公司的改革和发展,持续深化供应链绿色数智化转型,为公司经营发展提供更高、更强的支撑度、贡献度。同时更要认识到,供应链自身的理论和实践在不断发展,其内涵和外延也在不断变化,物资管理专业只有结合工作实践不断进行知识积累和理论创新,持续推动供应链领域的重大科技攻关,不断提升自主创新能力,才能更有力地支撑电网安全稳定运行和公司高质量发展。

此次,浙江电力物资管理专业的同志立足实际、锐意创新,提出并开展《电网现代供应链与仓储管理实践》的编撰工作,是对前阶段国家电网公司的《现代智慧供应链创新与实践》和《现代智慧供应链创新成果案例》两个成果的一种呼应和延续,更是力图以实践经验总结反向驱动管理理论创新,打造一套具有浙江电力特色的物流供应链理论自主创新体系,充分彰显国家电网公司广大干部员工为我国经济社会高质量发展提供坚强能源支撑的使命担当和创新底气。国内有关仓储物流方面的书较多,但关于电力行业仓储物流领域的书不多,以理论创新、标准规范和应用实践见长的书更少。本书总结了浙江电力物资管理专业多年的研究成果,是一部比较全面、系统地阐述电网仓储物流管理理论与实践的著作。我认为,本书不仅对电力行业仓储物流管理理论研究是一个贡献,对从事相关理论研究和实践工作的人也有极大帮助,而且还将极大地推动国内物流和供应链行业理论创新的发展。

最后要提醒的是,管理理论创新不能总想一蹴而就,而应立足于久久为功,执着于坚持不懈的实践应用和经验总结、理论研究和成果转化,以不断的迭代更新构塑一个有生命、有价值的理论创新体系,为打造优秀国家电网供应链文化做出更大贡献。

杨玉强

国网浙江省电力有限公司　副总经理

2022年6月于浙江杭州

目 录
Content

第二篇 标准规范篇

第三篇　应用实践篇

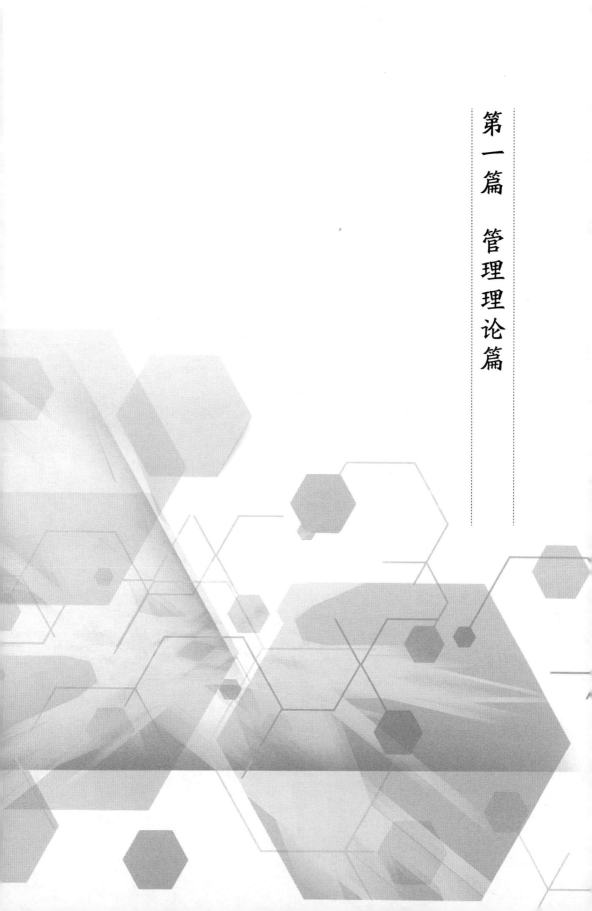

第一篇　管理理论篇

1

绪　论

1.1　物流与供应链

1.1.1　物流的内涵与定义

20世纪70年代末,"物流"作为一个新概念传入中国,物流业作为一个新产业登上商业舞台。随着物流业的发展和不断完善,物流管理在国民经济中占有越来越重要的地位,对国民经济的发展也起到了积极的促进作用。但由于目前在物流的许多方面还有空白,人们对物流及其基本理论尚未明晰,造成对物流概念理解偏激以致在物流管理的应用上出现很多问题。

无论是从国内的学术界和产业界看,还是从国外的理论界与商界看,相较于其他社会科学,物流学还是一门年轻的、跨部门、跨学科和发展中的综合性学科,自物流学诞生之日起,它一直随着社会发展和技术进步而不断变化。关于物流理论的研究也随着对物流概念在不同时期的理解而不断发展和深入,物流理论的发展相应地经历了对物流概念的理解与界定、物流配送理论的完善、供应链管理理论的成熟、第三方物流理论的进化等认识阶段和演进过程。

　　"物流是由'物'和'流'两个基本要素组成,但物流并不是'物'和'流'的一个简单组合,而是一种建立在自然运动基础上的、高级的运动形式"[1]。由于"物"从供应方到需求方往往需克服时间、地域的差异,如"物"的生产供应时间与需求消费时间的差异、"物"的生产供应地与需求消费地之间的间隔,使得这种运动形式往往基于特定的经济、军事、社会需求导向,通过克服供求之间的时间差异创造时间价值和消除供求之间的地域间隔产生场所价值而存在,这也是物流的本质,即一种创造时间价值和场所价值的派生性需求的实现过程。迄今为止,物流的定义很多,甚至很难统计到底有多少机构给出了物流的定义,但文献研究可以得出以下几个结论。第一,世界范围内对物流的定义远远没有统一。不同的机构都是从自身需要出发给出物流的定义,各有各的侧重点,归纳起来,比较有代表性的物流定义有以下几种:①国家物流协会的定义,如美国、日本、英国、加拿大、澳大利亚、中国等国家物流协会给出的有关物流的定义;②行业的物流定义,如美国军事行业给出的物流定义、日本产业组织给出的物流定义;③大企业的物流定义,如英国Exel公司就有完整的物流定义。第二,发达国家成立比较早的物流组织给出的物流定义较有影响力。尤其是原美国物流管理协会的定义较有权威性,以至于原加拿大物流管理协会基本上采纳了该定义。我国的物流定义则更多基于国情借鉴,综合原美国物流管理协会和日本产业标准的相关定义。第三,区域性物流组织试图统一多个国家的物流定义,如许多国家接受欧洲物流协会的物流定义。

1.1.2　供应链概念及发展

　　(1)供应链概念。

　　供应链(Supply Chain)概念的起源可以追溯到彼得·德鲁克的"经济链"和迈克尔·波特的"价值链"。彼得·德鲁克在《21世纪的管理挑战》一书中指出,管理的实践必须建立在新的假设之上——管理的范围并非法律界限,而是整个经济链[2]。德鲁克所说的"经济链"就其内涵而言与现在的供应链基本相同,只是提法不同而已。不仅如此,德鲁克还前瞻性地提出管理的范围不应局限于法律的界限,而是要扩展到整个经济链,这与后来供应链管理模式的出现不谋而合。德鲁克更进一步指出,"要在竞争日趋白热化的全球市场中立于不败之地,企业需要掌握整个经济链的成本,需要与经济链中的其他成员合作,共同控制成本和最大限度地提高效益"。也就是说,企业要想增加效益、提高竞争力,必须与经济链中的其他成员合作,共同控制整个经济链的成本,而不是单个企业的内部成本。这一观点也与后来供应链管理的定义不谋而合。正因如此,"无论存在什么样的障碍,经济链成本计算模式都是大势所趋。否则,即使是效率最高的企业在成本上也会处于越来越不利的地位。"这一点与供应链管理追求整个系统总成本最低的目标也是一致的。

不仅如此,德鲁克还认识到了经济链中战略联盟的重要作用,并指出"经济秩序越来越取决于建立在企业战略联盟、联合经营和外包为基础的结构之上。这种结构不是以所有权和控制权为基础,而是以战略为基础。这种结构日益成为全球经济增长的新模式。"在此基础上,德鲁克还以其远见卓识创造性地预言这种"以合作关系为基础,而不是以控制与被控制为基础的任何组织形式的实体将取代母公司控制全资子公司的传统模式,特别是在经济全球化的环境中,日益成为成长的模式"。这一极富远见的论断与后来风靡全球的供应链管理模式的普及又不谋而合。综上所述,德鲁克的"经济链"概念和"计算经济链成本"管理模式成为后来供应链及供应链管理重要的思想来源和概念基础。

供应链概念的另一个重要来源是波特的价值链概念。1980年,波特提出了价值链(Value Chain)的概念[3]。波特认为,每一个企业都是在设计、生产、销售、发送和辅助其产品的过程中进行种种活动的集合体。所有这些活动可以用一个价值链来表明。波特通过对企业所从事的物质和技术上界限分明的各种活动的识别,进一步将企业的价值活动区分为基本活动和支持性活动两大类。基本活动是涉及产品的物质创造及其销售、转移至买方和售后服务的各种活动,主要包括企业内部物流、生产作业、外部物流、市场销售和售后服务等。支持性活动是通过提供采购投入、技术、人力资源以及各种公司范围的职能支持基本活动的辅助性活动,主要包括一般管理、人力资源管理、技术开发及采购等。基本活动和支持性活动共同构成了企业的价值链,其中关键的是基本活动,它是产品或服务的主要形成过程,直接体现了企业价值链中价值量的递增过程。波特的价值链概念把企业的价值活动联系为一个整体,但这个价值链还只是局限在单个企业内部。随着精益管理思想的出现,有学者将价值链概念进一步拓展为价值流[4][5]。所谓价值流是指产品通过其基本生产过程所要求的全部活动,这些活动分为增加价值和不增加价值两部分,包括了从产品基本的原材料阶段一直到产品交付客户的全部过程,还包括了整个价值链中的信息流。物流管理在发展到 20 世纪 90 年代以后,吸收了上述价值链和价值流的思想,使用供应链的概念来定义由客户(或消费者)需求开始,贯通从产品设计到原材料供应、生产、批发、零售等过程,把产品送到最终用户手中的各项业务活动[6]。

(2)供应链研究与发展。

一般认为,对供应链的正式研究始于 20 世纪 60 年代,Forrester 从生产分配系统的角度提出了供应链的概念[7]。1987 年,Houlihan 首次提出"供应链"一词,并指出供应链是由供应商、制造商、分销商、零售商及最终客户组成的系统[8]。1989 年,Stevens 给出了完整的供应链定义,认为供应链是一个系统,包括通过正向物流和逆向物流连接在一起的原材料供应商、生产工厂、配送服务和顾客[9]。到 20 世纪 90 年代初,供应链的研究成果大量出现,但未形成统一的定义。许多学者从不同角度出发所给出的定义反映了不同的时代背景,是供应链在不同发展阶段上的产物,大体可以把这些定义划分为三个阶段。第一阶段的观点认为供应链是制造企业中的一个内部过程。在第二阶段,供应链的概念开始注意到了与其他企业尤其是供应商之间的联系。在第三个阶段,供应链的概念开始注重核心企业的作用,认为供应链是围绕核心企业组成的网链结构,并将供应链从核心企业与供应商的关系扩展到供应商的供应商乃至一切前向的关系,与用户的关系扩展到用户的用户乃至一切后向的关系。

早期的观点认为供应链是制造企业中的一个内部物流活动,是指把从企业外部采购的原材料和零部件,通过生产转换和销售等活动,再传递到零售商和用户的一个过程[10]。因此,早期的供应链概念局限于企业的内部操作层上,强调企业内部市场、销售、计划、制造和采购等部门之间的协调,属于内部供应链阶段。后来,一些学者开始关注采购及供应管理与供应链概念之间的联系,并用供应链来表示与供应商之间的关系。这种观点得到了研究合作关系、供应商行为评估和用户满意度等问题的学者的重视。如菲力浦(Phillip)和温德尔(Wendell)认为供应链中战略伙伴关系是很重要的,通过建立战略伙伴关系,可以与重要的供应商和用户更有效地开展工作[11]。但是这种关系建立也仅局限于企业与供应商之间,由于供应链中的各个企业独立运作,忽略了与外部供应链成员企业的联系,常常造成企业间的目标冲突。随着认识的不断深入,研究者把供应链的概念进一步扩展到企业外部,一些专家学者从网络或系统的角度把供应链看作是上下游企业之间的业务流程整合或是为实现从原材料到成品最后到达消费者手中整个功能过程中一系列企业的集合体(联盟),在这一过程中,原材料和零部件供应商、产品制造商、批发商、零售商和运输业者都是供应链的成员[12]。

Poirier 等将供应链定义为运作实体的网络,通过这一网络组织将产品或服务传递到特定的顾客市场,并提出了供应链模式,把供应链的成员延伸至供应商以及供应商的供应商、顾客以及顾客的顾客,并整合组织的设计、营销、采购、配送等活动。[13]供应链包含从原物料阶段到最终消费者的物流及配送的所有活动,当然它也涵盖了信息流。值得注意的是,Poirier 等在供应链模式中已经开始关注到与供应商、供应商的供应商乃至一切前向的关系,与用户、用户的用户乃至一切后向的关系。Beamon 认为,供应链是一个整合的制造流程,流程中包含共同合作的不同企业个体,如供应商、制造商、分销商和零售商等,致力于将原料转换为最终产品,并运送给顾客,目的在于将上下游的厂商结合在一起形成一个链状的供应模式,以发挥整合的功效。[14]Beamon 的定义更加强调流程的整合作用,这已经比以前的定义有了很大的进步。Mentzer 等则指出供应链的组成和架构不是绝对的,任何一个组织都有可能是无数个供应链中的一部分。[15]Chopra 等认为,供应链是各阶段信息、产品和资金流的动态链,或视为由一连串的上游供应商和下游的顾客所联结的环相互链接而成。[16]需要特别指出的是,Mentzer 和 Chopra 的定义都注意到了供应链的动态特征,尤为可贵的是 Mentzer 的定义还关注到了供应链的交叉性特征。

以上学者都是从供应链的网络和系统特征对供应链进行定义,还有一些学者是从价值链角度对供应链进行定义。Stevens认为,通过增值过程和分销渠道控制从供应商的供应商到用户的流就是供应链,它开始于供应的原点,结束于消费的终点。[17]Christopher认为供应链是一个组织网络,所涉及的组织从上游到下游,在不同的过程和活动中对交付给最终用户的产品或服务产生价值。[18]

上述从价值链视角给出的定义说明供应链不仅是一条连接供应商到用户的物流链、信息链、资金链,而且是一条增值链,物料在供应链上因加工、包装、运输等过程而增加其价值,给相关企业都带来收益。在运作层次上,这个增值网络主要通过三种流来支持各主体内部进行计划和协调,分别是物流、信息流、资金流。上述三种流可以通过过程、组织结构和所需技术进行运转与管理。其中,过程(processes)整合了企业之间的物流、新产品开发和知识管理的能力;组织结构(organizational structures)包括了纵向与横向的企业与管理方法、绩效测量和奖励机制;所需技术(enabling technologies)包括生产和信息等技术。

国内对供应链的研究虽然起步较晚,但也有学者对此展开了积极探索和研究并取得了一些研究成果。马士华等认为,供应链是围绕核心企业,通过对信息流、物流、资金流的控制,从采购原材料开始,制成中间产品以及最终产品,最后由销售网络把产品送到消费者手中的将供应商、制造商、分销商、零售商直到最终用户连成一个整体的功能网链结构。[12]戴勇认为,供应链是一条从产品的原材料供应到半成品及最终产品,并通过销售网络把产品运送到客户手中的将供应商、制造商、零售商以及最终客户连成一个整体的增值链。[19]程巧莲从业务模式的角度,将供应链定义为以生产为核心,从原材料供应商开始,顺序连接生产、库存、流通等各种阶段到最终顾客等整个过程完成企业任务的业务模式。[20]

从上述定义的发展过程可以看到,国内外学者的研究视角不断地外延和深入,具体表现为:①强调供应链的服务和增值功能;②强调整合和集成的管理手段;③重视流程管理;④把供应链看作是企业的一种战略选择,而不仅仅是停留在运作层面;⑤关注供应链的结构。

　　从组织形式来说,供应链是一个范围更广、跨度更大的企业组织模式。范围广是指供应链包含了所有加盟的上下游节点企业;跨度大是指供应链从原材料的供应开始,经过链中不同企业的加工制造、组装、分销等过程直到最终用户的整个流程。因此,供应链可以视为连接供应商到用户的物料链、信息链和资金链。另外,物料在供应链上的整个流程因为加工、包装、运输、仓储、分销等过程而增加其价值,给相关企业都带来收益,因此,供应链也是一条增值链。

　　从结构形式看,供应链是一个复杂的网链结构,而不是一个单链结构,供应链上具有资源需求与供应关系的企业组成网链中的节点。内部既有横向结构,又有纵向结构。横向结构体现的是具有相同功能企业之间的合作,纵向结构体现的是供应链上下游企业之间的合作。而且供应链内部各类成员在很多情况下都不是"一对一"的关系,而是"一对多"的关系,这些关系还可能出现交叉,相同成员在不同的供应链中也可能处于不同的位置,其所发挥的作用也很可能不同。正因如此,供应链被定义成"网链"结构,而非"单链"结构。因此,供应链具有有机关联性和结构层次性的系统特征,具体包括[21]:①复杂性。由于供应链节点企业组成的跨度(层次)不同,供应链往往由多个、多类型甚至多国企业构成,所以供应链结构模式比一般单个企业的结构模式更为复杂。②动态性。由于市场需求变化和企业战略调整的需要,供应链中的成员企业需要动态更新。另外,成员企业基于自身利益最大化的需求,可以自由选择加入和退出某个供应链。因此,以上两点都使得供应链具有明显的动态性。③面向用户需求。供应链的形成、存在、重构都是为了满足用户的市场需求,在供应链的运作过程中,用户需求是拉动供应链中信息流、产品服务流、资金流运作的原动力。④交叉性。基于不同的用户需求和产品结构,成员企业既可以是这个供应链的成员,同时又可以是另外一个或多个供应链的成员,众多供应链形成交叉结构,进一步加大了供应链企业之间的协调管理难度。

1.2　电网物资供应链与仓储物流

1.2.1　电网物资供应链系统及其构成

我国从 2000 年开始进行电力体制改革,主要任务是推进"厂网分离",将电力传输、配电等业务从原来的国家电力公司中剥离,并组建国家电网公司运行相关业务,同时各发电厂也被重新划分,形成大唐、中国电力投资、国电、华电、华能五大"发电集团"。电网行业相对从电力系统中独立出来,但是我国电网行业仍然属于国家管控的垄断性行业,采取大集团化的垂直管理体系。虽然目前电网行业有两大电网公司,南方电网主要覆盖广东、广西、云南、贵州和海南五省区,而国家电网公司覆盖剩下的 26 个省(自治区、直辖市),两家公司由于经营区域不同基本不存在竞争关系,因此电网行业可以说是完全垄断市场。这也是由于电力是保证社会生产生活运行的基本供应能源,需政府管控,特别是在电力供应和电价制定上。由于电网行业的经营业务中,既包括电力输送和买卖,又包括电网建设和维护,供应链结构复杂,大致可以分为电力供应链和物资供应链,如图 1-1 所示。

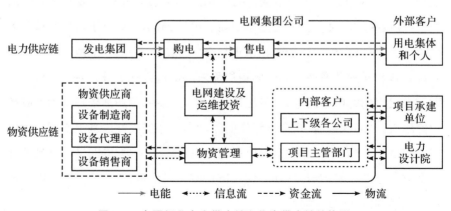

图1-1　电网行业电力供应链和物资供应链结构图

(1)电力供应链。主要由上游的发电集团制造电能,中间电网集团传输电能,外部客户使用电能。电网集团的网省公司主要业务是从发电公司购电,而下级分公司的主要业务是面对外部客户售电,省公司和分公司的业务活动是电网集团公司的主营利润来源。电力供应链的结构较为复杂,受国家政策管控较多,主要研究一般集中在购电和售电价格决策上。

(2)物资供应链。物资供应链主要为保障电网建设和维护,而电网稳定又是保障电能传输的基础,因此物资供应链是电网行业中十分重要的供应链。物资供应链主要包括五大主体,分别是电网集团公司、电网物资供应商、第三方物流公司、电力设计研究院和电网建设公司,如图1-2所示。由于电网的垄断性特征,电网集团公司处于物资供应链中的绝对核心地位,与传统制造业供应链不同,电网行业物资供应链中的核心企业位于供应链的下游,不从事生产制造业务,主要从事对物资的采购、仓储、配送等业务,同时由于电网行业的垂直管理和垄断性,所服务的下游客户主要是集团公司内部客户,例如下属分公司、电网建设项目主管部门等。因此物资供应链节点除物资供应商外,大部分是属于电网集团公司内部供应链,涉及集团公司内多个部门,核心主体部门是物资部。

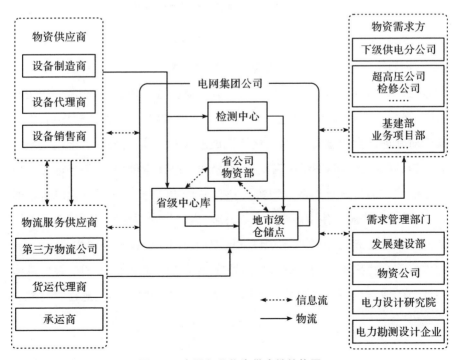

图1-2 电网行业物资供应链结构图

1.2.2 电网行业物资供应链基本环节及流程

电网行业的生产特点决定了其物流主要是采购和供应物流,物流作业活动主要是原材料及零配件送达运输和备品配件库存管理及根据生产进度要求进行的物资配送供应,以保证生产连续进行[22]。电力企业原有的物资管理模式以由上至下的计划为主,由需求计划、采购、合同、收货与仓储(含品质控制)、配送发放、回收处置等构成其主要业务环节[23],典型电网企业物资供应链流程如图1-3所示。

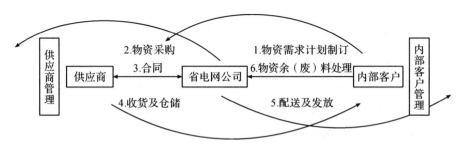

图1-3 典型电网企业物资供应链流程

在图1-3中,工程项目经设计部门收资后出设计图纸及提供施工所需供材,项目部门工程按照实际需要申报物资需求,物资需求汇总后形成需求计划;经地市局平衡利库后分配供应商并与其签订物资合同,物流部门按照签订的物资合同协调供应商按照工程实际需要按时交货;物资到货后,物流部门对其进行到货验收,验收合格后完成出入库手续,并向财务部门提交付款申请,完成合同履约;供应商交货,物资进入仓库存储,并根据各内部客户上报的物资需求按计划发放物资。一般来说,因物资采购过程为以备不时之需,在实际供应和使用后将产生部分余(废)料,同时由于设备退役管理也会产生废退物资,由各内部客户仔细梳理后上报给国网省公司物资部,省公司物资部会根据实际情况进行分类处理,或回收、或报废、或拍卖等。具体各环节的业务构成和流程控制可详见"4.1.2 电网物资供应链仓储物流业务流程"。

1.3 电网物资供应链与仓储物流研究现状

1.3.1 电网物资仓储与供应链战略研究

由于电力产品产、供、销同时完成且无库存商品的特殊属性,提升供应链管理战略,对于电力企业确保原料供应、降低采购成本、提高竞争力具有重要意义[24]。为此,电网集团公司往往根据具体发展与实践的需求,开展电网物资仓储与供应链战略方面的研究。例如,国家电网公司根据习近平总书记关于国企改革、党建和能源电力行业的系列重要讲话和指示批示精神,于2020年初提出了"全面建设具有中国特色国际领先的能源互联网企业"的战略目标[25],形成公司"四梁八柱"战略框架体系的战略导向,开展"八大战略工程"落地实施的工作部署,对电网物资供应链及其供应保障能力提出了新的、更高的要求[26]。同时,国网积极创新建设具有特色的现代智慧供应链体系,在商务部全国供应链创新与应用试点企业的中期评估中获评"优",并作为典型经验在全国推广[27]。

王志强[28]通过对电力企业物流管理的现状进行分析,认为从长远的角度考虑,电力企业不宜全部自营物流,也不能全部采用物流外包的方式,最适合电力企业的物流模式就是利用市场机制,广泛地发展社会协作,发展多种联合,形成稳定的社会物流保障体系,建立内部物流自营和外部物流外包的物流模式。刘晓娜[29]通过分析电力物资企业转型中面对的问题,认为统一电力物资管理模式必须顺应市场经济的发展转型,并为现代物流管理模式提出了相应的对策措施。

基于以上研究现状,就电网物资仓储与供应链战略发展而言,需要正确识别新发展形势下电网物资仓储与供应链的战略发展需求,急需对电网现代智慧供应链仓储物流体系的战略研究及创新实践进行理论创新,形成支撑其体系构建的分析基础和设计依据,从而指导宏观的战略编制和微观的技术应用。

1.3.2　电网物资供应保障体系研究

当前中国进入经济发展新常态,经济下行的压力使得部分电网物资供应商以牺牲产品质量为代价低价中标[30],电工装备制造行业的结构性产能过剩与行业内无序竞争导致部分产品质量下滑[31]。同时,部分供应商产能集中和经营不当导致合同履约终止[32][33]。这都给电网的安全运行、资金和履约带来巨大风险,所以如何在诸多不利条件下有效保障物资供应,成为电网企业物力资源管理的重点。

从行业角度来看,电力体制改革和电力市场主体多元化,对电网企业物力资源的统筹协调能力、支撑服务能力和设备安全质量水平提出了新的要求。从国网内部需求来看,国家电网公司的大规模投入、高强度建设,对电网物资供应保障体系建设提出了更大的考验和更高的要求。从供应保障方面来看,物资管理作为横向到边、纵向到底的工作具有明显的内部业务瓶颈,物资信息系统集成度和数据透明度较低、业务管理职责分散、信息互通与协作难度大,急需从供应链集成角度实施全面供应保障服务。为此,电网系统开展了大量的研究与实践。刘伶[34]提出从计划、采购、供应、施工现场物资管理等环节构建工程项目物资保障一体化模式。段雪松和韩雨[35]从基层管理角度出发,探讨了地市级供电公司物资调配体系的构建。胡永焕等[36]基于上海市电力公司物力资源集约化建设的实践,探讨了高效协同的物资调配运营体系的构建。孙勇[37]探讨了电网物资调配功能与作用提升的路径。国网冀北公司以仓储网络体系规划、仓储配送可视化信息构建和清仓利库等为管理抓手,构建了面向供应链管理储备体系的保障体系[38][39],建立了"三位一体"物资供应机制[40]和物资调配机制[41][42]。国网陕西物资公司构建和完善了物资调配工作机制和运行流程,在物资调配平台建设方面开发完成五大模块共94个功能点,为助力物资供应规范化管理起到积极作用[43]。

然而电网物资供应保障体系构建、专业物资调配机构设置[44]、物资调配中心角色定位与多层级协调[45]、物资供应保障业务规范和管理准则建设等,在电网物资集约化调配管理中的问题仍比较突出,使得相关研究与应用停留在局部理论层面,缺乏对整个供应保障体系的研究,缺乏对全面整合最新技术、具有前瞻性的供应链体系的规划,也缺乏对于"智慧"及"模式创新"的结合。

综上,为优化电网企业物力资源管理,形成适应环境需求的电网企业供应保障体系,更好地保障电网物资供应的规范性和安全性,指导物资调配中心机构及其功能设置,电网企业急需创新电网物资供应保障体系及其业务规范。

1.3.3 电力物资仓储体系构建研究

以国家电网公司为例,自"三集五大"①工作开展以来,如何构建科学合理的现代仓储网络成为提升仓库资源利用效率与效益,以及保障物资快速供应的重要议题[46][47]。但在"三集五大"体系建设的逐步完善和物资采购供应体系深化的过程中,仓储管理方面面临着工作思路、组织机制、业务流程和考核标准等多方面的转变,这些转变对仓储管理体系优化提出了更高、更迫切的要求[48]。同时国内外领先电力企业一直致力于研究和实施仓储网络规划,并且在研究方法和实施效果方面都取得了很大成效。基于以上内外部环境变化因素,现在国网仓储网络体系主要面临以下三个方面的挑战:

①仓储网络运作及中心库功能定位有待进一步优化。虽然多层级仓储网络模式已成为电力系统的主要模式[49][50][51][52],但业务运营模式还在不断磨合优化中,如何在当前仓储网络模式下高效开展物资管理运作仍是一个长期而复杂的工作,面临许多困难和压力[53]。为此,如何依托仓储资源整合提升中心库的核心作用,形成物资供应"响应性"与"效率"间的柔性平衡成为仓储网络构建的核心问题。

②业务模式有待创新升级。目前在电网物流的业务处理过程中仍以人工作业居多,存在着库存成本高、配送不及时、信息化程度低、信息互联互通水平差等问题,以及内外部协同不到位、储备结构针对性差、仓配环节管理粗放等现象,配送管理水平有待提高[54]。同时,在外部大市场、大流通的属性下,物流服务不再受地域空间的限制,物流资源的网络化势必推动仓配节点设施的去中心化[55]。为此,如何消除电网物流业务环节间的数据壁垒、开展关键业务环节的智慧决策、推进物流作业的流程优化与内外部物流资源

---

① "三集五大"指人力资源、财务、物资集约化管理;大规模、大建设、大运行、大检修、大营销体系。

整合,成为创新电网物流精益化管控与主动服务的关键。

③质量管理的流程、监测能力和抽检覆盖面等有待完善。为保障电力物资的安全入网,现已形成总部统筹、省/市/县分级实施的物资质量管理网络[56],但仍以现场测试、现场验货等管理方法为主[57],且存在不同地(市)的公司同时送检同一样品[58]的情况。因有些县的公司中标物资较少,离检测中心较远,待物资积累达到一定数量后送检,导致送检抽检过程用时较长。为此,如何完善基于中心库的抽检管理流程,提升抽检的效率和效益成为主要问题。

④配送管理水平有待提高。在现阶段的物资配送管理方式下,大部分工程物资直接送到现场[59],实施模式以供应商直送和用户自提为主[60],尚未建立多元化配送业务模式,缺乏规范、统一的配送体系;另外,物流配送管理的各个流程环节的衔接还处于磨合期[61],对物资柔性配送的支持尤为不足。为此,如何结合仓储模式演进打造纵向一体化配送体系,并完善相关配套机制还需要进一步研究。

基于以上挑战和存在的问题,需要正确识别新发展形势下电力物资仓储体系发展的需求,结合中心库、周转库、仓储点多层级网络,深入探讨电力物资仓储体系构成要素及其作用,形成以检储配一体化为核心的涵盖仓储网络、物资配送、质量管理等业务功能的电力物资供应链管理模式。

1.3.4 仓储技术与技术装备应用研究

自"三集五大"工作开展以来,如何改变电力物资入库不严、购置随意、出库混乱的状态,变出入库业务的手动匹配为出入库信息的自动化匹配,以此响应仓库内业务精细化、高效化与精确化管控的要求成为国网物力集约化管理的重要内容[62]。构建科学高效的电力物资出入库信息联动,减少人工因素导致的错误以及仓储管理人员的负担,对提升仓库资源利用效率与效益,保障物资快速供应,加快构建国内领先、国际一流的企业集团快速响应柔性供应链管理体系具有重要意义[63]。刘伟华等[64]提出智慧供应链发展过程中的八种技术应用战略并构建相应的技术应用战略选择框架,为企业实践提供了理论依据。就目前而言,国家电网公司的部分中心库和周转库已试用智能化搬运技术[65]、RFID技术、PDA手持终端技术等信息化、智能化技术,初步实现仓储作业的全过程智能化。但是仓储信息化、智能化建设并未普遍开展,整体的信息化、智能化水平不高,物资供应管理基础不强、效率不高,基于大数据的智慧物流管理模式有待进一步加强和深入研究[66]。

另外,在我国的电力供应系统中,国家电网公司等供电企业承担着电力资源优化配置和保证电力安全、可靠且呈连续性供应的责任[67][68][69],是经济社会持续发展的重要保障。如何提高供电所电力抢修效率成为电力技术人员和供电所管理人员需要重点研究的课题[70],其物资保障也是仓储物流技术应用最为典型的场景。目前,国内外学者对电力抢修的管理性策略[71][72]、电力故障诊断与数据分析[73][74][75]、抢修资源配置与调度[76][77][78]、抢修指挥平台与信息技术应用[79]等方面开展了大量的研究。同时,随着M2M、RFID技术等信息技术的升级和应用拓展,先进信息技术的应用成为仓储管理的一个重要内容[80][81]。其中,RFID技术因其所具备的远距离读取、非接触识别、高储存量等特性而备受瞩目[82][83],成为从根本上解决物流仓储过程中效率低下的问题的重要选择。杨伶俐[84]结合跨境电商仓储管理存在的问题,探讨了RFID技术在跨境电商仓储管理中的运用。刘念等[85]将RFID技术应用于装备库管理,实现了基于RFID技术的装备库管理系统的平稳运行。

综上,为提升电网企业物资管理质效,如何立足电网物资特性与作业技术特质,实现物流存储设施、拣配设备与安全设备的技术升级与形成端智能,成为实现电网物流可视管控、智能作业和精益管理的基础。

1.3.5 仓储标准化与标准应用研究

由于我国电力行业的仓储物流起步较晚、整体发展水平与发达国家同行业相比相对落后,在应对如何实现整个电力行业物流仓储系统的高质量发展和管理水平提升的问题上,标准化管理成为重中之重[86]。以国家电网公司为例,随着物资供应体系建设的深化,急需各级供电公司不断推进仓储标准化建设,提高仓储管理水平,提升仓储业务效率[87]。李付林等[88]认为国家电网公司落后的物资管理模式已经很难适应物力集约化发展的要求,需推进标准化在供电企业仓储中的应用以消除日常仓储管理中的不规范行为。

就电力行业的仓储标准化工作开展而言,以标准化为基础、信息化数据为支撑、规范业务流程为导向是一个重要的发展思路[89]。李彦斌和崔梦瑶[90]通过分析电力物资管理现状,融合PDCA理念与标准化理念,建立了高水平的电力物资管理标准化体系,形成电力物资管理标准化机制。于俊现[91]根据电力行业仓储管理特点及标准化管理发展现状,针对邢台县供电公司仓储管理实际状况,设计了邢台县供电公司仓储标准化管理体系。就具体研究内容而言,还包括了仓储标准化管理理论方法[92]、仓储标准化体系[93]、仓储标准化建设[94][95]等方面。

此外,随着经济全球化和世界一体化的发展,以及我国参与国际分工程度的不断加深,发展绿色物流日益成为我国企业参与国际竞争的前提和基础。绿色物流是指在物流过程中抑制物流对环境造成危害的同时,实现对物流环境的净化,使物流资源得到最充分利用。从物流作业环节来看,绿色物流包括绿色运输、绿色包装、绿色流通加工等[96]。包装是保护物资在生产、运输、储存、销售整个过程中安全的重要手段,也是保证仓储、运输、流通加工等环节顺利衔接的重要一环。绿色包装是指对生态环境无害、能重复使用和再生、符合可持续发展的包装[97]。绿色包装要求在供应链的各个环节都要防止不良包装对环境产生危害[98][99]。绿色包装在电力企业的实现有两种途径:一是根据电力物资的特性,使用环保材料,设计可循环式包装,建立包装回收制度,并将其标准化、制度化。二是集成使用仓储单元化容器,实现包装的低损耗,提升容器的利用率,减少搬运设备的能耗[100]。两者共同实现资源的循环利用和低碳排放。

然而,电力物资具有非标准化特征,主要包括五大电器(变压器、断路器、互感器、避雷器、开关柜)、三材(钢材、木材、水泥)、二线(裸铝线、钢芯铝绞线)、金具、绝缘子、电度表及保护用品、低压电器、开关配件、电子元件、紧固件等。相对于其他行业的物资,电力物资品类繁多、规范复杂、包装标准化难度大。并且,从仓储管理的角度来看,现阶段电力企业尚未形成标准化的物资分类管理体系与规范,在物资包装标准化上更是没有一套成熟可行的方案来指导应用[101][102]。为此,电力企业需要继续开展仓储标准化与标准应用的理论研究和创新实践。

2

电网现代仓储物流体系及其构建

2.1 电网物资智慧供应链仓储物流体系建设目标

仓储物流体系源于实体物流,物理世界的实体物流是构建电网物资智慧供应链仓储物流体系的基础。电网物资智慧供应链仓储物流体系应该是物理世界的实际物流系统和相应的虚拟物流系统两个层面血肉相连、相互作用、有机统一的整体。电网物资智慧供应链仓储物流的研究内容包括数字产业化和物流数字化两大部分。数字产业化是进入物流领域的信息产业,而物流数字化是将仓储物流系统各个要素以数据形式进行描述,形成相应的数字形式虚拟物流系统,这部分内容也称为数字化仓储物流融合部分。

电网物资智慧供应链仓储物流体系发展的新特点主要表现在信息共享、协同合作、信息交流形式灵活及多样化上。具体而言,信息共享能够缩短电网物资智慧供应链各环节之间的信息交流时间,实现电网物资资源的优化配置,最终达到保障有力的终极目标。电网物资智慧供应链仓储物流体系中信息资源共享的实现必须确保电网物资智慧供应链能够联结整个链条上的信息流。信息共享下的物流管理,本身不是一个独立个体的存在,而是与活动与链接上的各个节点保持同步,同时还是一个较为开放的系统,可实现与开放系统中各个方向的无缝连接。与制造业相比,由于电网的特性,电网物资供应链管理与电量销售关系不大,主要集中在电网建设所需的设备、材料的采购、供应、仓储与配送等方面,重点是满足电网建设部门与相关企业对设备、材料供应的要求,因此其物流体系必须充分考虑电网物资供应的及时性、安全性和可靠性。

电网物资智慧供应链仓储物流体系建设目标是:通过对物流数据与信息在电网物资智慧供应链中的地位和作用的分析,结合电网物资智慧供应链的发展目标与战略定位,构筑一个数字化仓储物流体系以满足电网物资供应链智慧化发展对信息及其应用的综合需求。具体可分解为:

①构建共用数字平台(或数据中心),适应电网发展和提供多样化智慧供应链物流服务的要求。这种要求首先反映在形成支持电网物资的需求画像以消除物资需求与物资供给保障之间的不一致性,满足电网物资供给及时性、安全性和可靠性的运作需求,以及提供基于数字可视的货物全程跟踪、准时运输和物流成本控制的基础数据集群。

②构建数字化仓储物流基础互联平台,满足电网物资智慧供应链各环节参与方的信息互联互通需求。这种需求具体表现在通过信息技术为电网物资智慧供应链物流系统资源整合提供支撑,以及为供应链企业群体之间及物资管理部门之间的信息联系提供便利,促进协同工作及协同机制的建立。

③完善数字化仓储物流管理内容,通过数字化手段,强化国家电网公司及其物资管理部门对电网物资供应的宏观管理与调控能力,变封闭的计划管理为开放性的主动管理,支持电网物资保障物流体系的规范化运行。

④系统化的数字信息技术应用,通过大云物移智技术的系统化应用,形成一体化物流作业流程的数字化和智能化,支持电网物资智慧供应链的仓储业务数字化、配送业务数字化、在途库存移动化、订单全程可视化、物资互联质控化。

2.2 电网物资智慧供应链仓储物流体系战略分析

2.2.1 电网物资智慧供应链仓储物流体系战略选择

(1)电网物资智慧供应链仓储物流战略形势分析。

电网物资智慧供应链仓储物流战略形势分析——SWOT矩阵如表2-1所示。

表2-1 电网物资智慧供应链仓储物流战略形势分析——SWOT矩阵

外部因素	内部因素	
•全球经济一体化 •数字化革命	优势 •网络优势 •技术优势 •公司战略调整带来活力 •品牌、信誉	劣势 •数字化仓储物流管理模式不成熟 •数字化技术未成体系 •数字集成有待提升
机遇 •大云物移智技术兴起给物资管理带来机遇威胁 •对物资供应保障、物资质量控制等造成威胁	SO型战略 •发挥优势,抓住机遇型战略 ST战略 •发挥优势,化解威胁型战略	WO型战略 •抓住机遇,消除劣势影响 WT型战略 •力图消除劣势,化解威胁

(2)电网物资智慧供应链仓储物流战略选择。

根据电网物资智慧供应链仓储物流战略形势分析,SO型战略是电网物资智慧供应链仓储物流的首选战略。原因如下:

①电网物资管理的网络优势和技术优势天然符合集团型物流管理数字化的内在要求。物流网络、信息流网络和质量流网络的有机结合是发展电网物资智慧供应链的决定性环节和内在要求。其中,物流网络是发展智慧供应链的最关键因素,也是当前电网物资管理相对成熟的方面,离开了物流网络,智慧供应链的发展难成气候。电网物资管理部门拥有物流服务、信息服务,以及质控服务的综合经验和整体信誉,这将使国家电网公司在构建智慧供应链中获得决定性的优势,这种优势和信誉使国家电网公司在现代供应链创新中处于显要地位。

②构建数字化仓储物流体系不仅能促进电网物资管理物流网络的高效利用,而且它还能使国家电网公司在物资采购、质量管理等方面发生重大改变。伴随着大云物移智技术的兴起及其在电网物资管理中的创新应用,国家电网公司将推动电网物资管理信息流网络的发展和电网物资管理质量控制的发展,电网物资智慧供应链的上下游参与企业也将作为电网物资智慧供应链生态体系中不可或缺的组成部分而获得新的发展天地。

2.2.2 电网物资智慧供应链仓储物流体系的战略构成

基于上述电网物资智慧供应链仓储物流的战略形势分析、电网物资智慧供应链仓储物流的战略选择与电网物资数字化仓储物流的战略指导思想,结合电网物资智慧供应链仓储物流体系的发展及构建要素的演化,设计电网物资智慧供应链仓储物流体系"资源—主体—技术—信息"的四位一体战略构成,主要包括:

①资源要素集成化战略。主要指电网物资智慧供应链仓储物流战略中物资管理内外部、体系内外和供应链内外部各项智慧供应链和数字化仓储物流构建资源要素的有机结合,从战略层面指导数字化仓储物流在资源优化配置、保障物资供应、降本增效各项管理内容中的实施。

②主体要素生态化战略。主要指电网物资智慧供应链仓储物流战略中物资管理内外部、体系内外和供应链内外部各项智慧供应链和数字化仓储物流构建主体要素的生态集聚,从战略层面指导数字化仓储物流在主体选择、主体行为规范、主体各项资源与信息的互联共享。

③技术要素智能化战略。主要指电网物资智慧供应链仓储物流战略中技术设备和智能优化技术的高度集成,紧扣大云物移智技术前沿和电网物资管理焦点,从战略层面指导数字化仓储物流在集成智能优化技术及其设备上的创新运用。

④信息要素融合化战略。主要指电网物资智慧供应链仓储物流战略中内外部、实体与数字信息要素的深度融合,结合大云物移智技术发展趋势,从战略层面指导和辅助各物流作业场景具有高价值的信息形态的形成,为推动智慧供应链构建奠定基础。

2.2.3　电网物资智慧供应链仓储物流战略目标

（1）电网物资智慧供应链仓储物流战略目标选择。

根据国家电网公司现代智慧供应链体系战略部署，考虑国家电网公司物资管理中自身资源和能力状况，电网物资智慧供应链仓储物流战略目标包含以下几个方面：

①物资质量管理。提升物资质量管理水平要求电网物资管理部门树立"物资质量是电网建设第一道关口"的责任意识，通过互联网、物联网形成互联质控网络，通过大数据、云计算分析供应商及其物资质量特性。管理部门不仅要在质量管理与物资业务工作有机融合的基础上形成物资供应链全过程监督管理机制，还要通过供应商资质评估、质量风险评估和监造过程监控从源头上提高物资质量。

②物流管理。提高物流管理水平的最根本原则就是保证物流合理化的实现。所谓物流合理化，就是充分利用各项资源，通过大云物移智技术对物流设备配置和物流活动组织进行调整改进，打造资源要素的高度集成化、主体要素的数字生态化、技术要素的高度智能化和信息要素的深度融合化，形成信息全景化、数据互联化、库存动态化、决策精细化的物流管理模式，以实现物流系统整体优化。

③物流服务质量。改善物流服务质量，要求电网物资管理部门树立"以物资需求为导向，以保障供应为目标"的理念，通过大数据分析物资需求特性，通过有效的信息互联互通，不仅要从供应保障角度提高物资需求方现实的满意程度，还要根据公司发展战略提高物资供给的预期满意程度，并拓展物资管理服务的范畴。

④物流运作效率。物流运作效率依托于物流运作过程之中，物流运作效率的提高意味着对每一个最终形成物流活动的链条进行改进和创新，通过充分应用大云物移智技术，研究分析各物流环节的运作效率"瓶颈"，寻求改进或者创新的机会，寻求提高物流运作效率的数字化仓储物流解决方案。

（2）电网物资智慧供应链仓储物流战略目标。

①进一步提升物资质量管理水平。电网物资智慧供应链仓储物流对物

资质量管理水平提升的推动作用进一步加强,通过大云物移智现代技术的应用进一步优化供应商及其物资质量管控,通过互联网、物联网全面建成电网物资互联质控网络,落实各级各专业设备质量监督和保证管理责任,形成覆盖全业务流程的一体化电网物资质量协同机制,为选好选优、提升采购设备质量奠定坚实基础。

②进一步提高供应链协同发展水平。大云物移智现代技术应用进一步推广,打造开放、平等、协调、共享的供应链平台,构建具有数字化、网络化和智能化特征的国网现代智慧供应链体系,实现"质量第一、效益有限、智慧运营、行业引领、绿色低碳"的目标,推动供应链高质量协同发展,为建成具有卓越竞争力和中国特色国际领先的能源互联网企业提供保障。

③进一步改善物流服务质量。紧紧围绕经济社会对电网物资供应链高质量物流服务的迫切需求,建立供应链协作与信息共享机制,树立质量第一的强烈意识,完善服务内容,优化服务流程,补短板、提质量、降成本,实现电网所需物资的供应商、第三方物流企业和电网内部物流管理系统的高质量运作,提升电网工程建设与维护的物流服务体验,为电网供应链的高质量发展提供有力支撑。

④进一步提高物流运作效率。依托国家电网公司全业务统一数据中心,进一步推广大数据、人工智能等技术应用,创新物流管理模式和智能决策支持,构建供应链物流服务过程的全景可视、物流资源利用高效匹配、物流运作快速可靠、管理决策有效支撑的供应链智慧决策中心,为推动物资工作实现更高质量更有效率的发展提供有力支撑。

2.3 电网物资智慧供应链仓储物流体系构建

2.3.1 电网物资智慧供应链仓储物流体系功能需求分析

(1)总体的功能需求。在战略目标的指导下,数字化仓储物流系统的总体功能要求是构建系统需求分析的宏观框架,系统的功能需求分析及系统总体体系结构的设计应以满足总体功能需求为依据。根据电网物资智慧供应

链仓储物流系统的战略目标,数字化仓储物流系统的总体功能需求应包括:

①保证电网物资需求预测的准确性;

②提高物资需求计划的及时性;

③提高对客户需求的响应性;

④提高运行效率,降低库存成本;

⑤提高物资管理部门工作的协同性;

⑥提高物流资源配置的合理化;

⑦实现成本预估,有效地抑制物流冰山;

⑧时效控制,提高物流系统的运作效率;

⑨电网物资供应链物流业务的整体调控;

⑩为客户提供可靠、安全、迅速、准确、节省、方便、满意的物流服务;

⑪实现电网物资供应链业务伙伴之间无缝隙的沟通整合。

(2)不同参与者的功能需求。进行数字化仓储物流系统的需求分析,这是决定其设计成败的关键,要认识系统各主体的需求和关系,数字化仓储物流系统主体总是以一个特定的身份与系统交互的,即在使用数字化仓储物流系统时承担一定的角色,可以从行业需求的角度出发,考虑其期望的行为和需要系统提供的信息,因此来最终确定数字化仓储物流系统所应具有的功能。

①物资管理部门对数字化仓储物流系统的功能需求。电网物资智慧供应链仓储物流系统应该为电网物资管理部门提供以下功能:

a. 物流运行基本数据初始化。其包括物资类别及其需求特性(物资及其需求画像)、物资储备时空分布结构、产业间的物流数据(如物资供应商库存、产能与生产计划等)、物流仓储设施保有量与空间分布、库存规模和基本运行情况。

b. 物流资源整合支持功能。与供应链的其他环节进行(如下游的工程建造公司、上游的设备生产供应商等)信息沟通与数据共享,提供对质量检验规程与检测资源整合、全国/省域的物资分配通道与调配路径和仓储设施资源整合部门级物流管理资源整合等的支持。

c. 电网物流需求计划支持。支持供应链参与部门(如基建部、技改部等)的项目计划及其计划进程(含项目修改延期、变更等)、仓库不同类别项目物资消耗数据、采购批次和采购周期编制、需求匹配与平衡利库、补库计划与定额编制。

d. 物流分析及其规划支持。包括物流设施布局辅助分析、物流与经济发展适应性分析、物流预测、决策、规划和辅助设计等。主要考虑实现发布电网物资物流作业规范和相关标准,可以对数字化仓储物流系统的数据库进行分析,监督电网物流运行状况,并制定政策,规划电网物流发展战略。

②上游电网物资供应商对数字化仓储物流系统的功能需求。从电网物资供应商的信息需求角度分析,除共享信息外,为提高其融入电网物资供应链的程度需要数字化仓储物流系统提供以下信息功能服务:

a. 物资需求信息资源。主要支持供应商可从电网物资管理部门获取其综合计划及其需求变更情况,具体包括采购需求确认与取消、需求计划及其进度查询、需求计划协商(如供应商生产能力、计划排程限制下的计划调整而进行的协商)。

b. 供需协同管理支持。主要支持供应商与物资需求部门间需求计划生成、采购计划下达、生产任务确认、交付计划、到货确认、到货报检、到货检验等供应链业务过程的协同,以及支持各供应商查询浏览所供产品入库情况,为供应商与物资管理部门之间库存统计对账提供库存数据支撑(如入库明细查询、即时库存统计、库存对账表等功能)。

c. 质检协同管理支持。主要支持质量检验技术图文档以及产品技术图文档资料的协同共享(如检验方法管理、检验规程管理、质量特性管理、产品技术资料管理等功能)。

d. 其他物流咨询服务资源。物资质量监测管理、电网物资需求预测、厂内生产物流计划协同咨询与专家决策支持、电网物流相关政策、行业标准和法律法规等。

③下游客户企业对数字化仓储物流系统的功能要求。工程建造公司、电力公司等下游客户企业是电网物资供应链主要的服务对象,电网物资智慧供应链仓储物流系统应该为其提供以下功能:

a. 年度电网发展计划。支持各个下游客户企业根据本部门或企业的发展规划向电网物资管理部门上报物资需求计划,并与供电公司发展策划部进行信息互动,支持各个下游客户企业的需求计划按综合计划投资方向进行调整,并及时提报。

b. 需求提报与汇总支持。电网物流以计划驱动为主,电网物资智慧供应链仓储物流系统可支持整个公司的电网物流计划经过各个公司部门、每个公司的上级公司逐级上报审批,支持其需求提报的合理化汇总与综合计划编制,支持多频次、短跨度计划提报。

c. 专项及其他支持服务。支持电网物资的多单位全局采购计划梳理,支持与供应链其他参与环节间的数据系统衔接与互联。

2.3.2 电网物资智慧供应链仓储物流体系建设内容

电网物资智慧供应链仓储物流体系建设其核心在于资源要素、主体要素、技术要素和信息要素的有机耦合,结合电网物资智慧供应链仓储物流体系总体功能需求与不同参与者的功能需求的分析,在数字化仓储物流体系建设层面包括四个主要内容。

(1)资源要素的高度集成化。资源要素的集成目的在于对复杂物流系统进行数字化的虚拟运作和智能化的评估分析,以物流技术和计算机支持的建模与仿真技术为基础,集计算机图形学、智能技术、并行工程、人工现实技术和多媒体信息处理等技术为一体,将整个社会经济运行中的各经济要素有机地结合起来,从系统管理层面实现资源优化配置、降低成本、提高效益,从物流技术作业层面实现即时运筹调度和全局优化,如跨区域、跨物权和跨系统的运力资源、仓储资源和储备物资的即时化调配。

(2)主体要素的数字生态化。电网物资智慧供应链本身就是数字化的全新系统,具有极强的融合性和互联性,借由云计算、物联网、人工智能等数字化时代的前沿技术,通过大数据积累分析来改善企业流程、优化供应链决策,并对企业的供应链和商业模式进行创新,通过上下游企业数据的匹配,对电网物资物流系统的运行进行全面的合理判断与决策优化,实现国家电网公司企业价值网络的全覆盖,最终与电网物资供应链上下游伙伴共同形成以物资要素的数字化为链条的跨产业、跨区域、跨部门的利益共同体——

数字供应链生态体。由此,必然会产生两方面的效果:一是国家电网公司与省市公司之间的沟通与融合加强,在实现国家电网公司战略目标上将变得更加一体化。二是电网物资供应链的各个环节之间,以及供应链组成的企业之间将形成和谐统一的整体,消除或大大减少整合与优化供应链的难度。

(3)技术要素的集成智能化。标准化、自动化、数字化是现代化物流的基本产业标准,更是构建智慧供应链系统的基本要求。标准化的目的是避免不同规格造成作业上的不便。包装、托盘、储位物架、分拣单元、表单等的标准化可倍增性地提高工作效率;货物拣取、搬运堆叠、输送与质检的自动化可取代人力操作,防止疏漏,进而降低人力作业成本,提高工作效率。数字化的目的是要满足现代精确的物流管理需求,利用集成智能化技术,使物流系统及其装备能模仿人的智能,具有思维、感知、学习推理判断和自行解决物流经营某些问题的能力。这里强调系统的集成智能化,包含两个方面:一是对物流管理、规划等技术的软智能,即集成智能优化技术;二是物流设备的硬智能,也就是物流设备本身所具有的智能,如自动导引小车、智能叉车、自动悬挂单轨车、自动化仓储系统和无人仓等。

(4)信息要素的深度融合化。实体属性的信息要素的数字化使得书面形式的文件、账本和单据等极大减少,有效改变了各物流场景的作业形式,也促使人机交互、数据挖掘和智能决策能得以实现。同时,数字化的信息要素还可在不同平台上进行存储、处理,并通过协议进行传递,使得指导具体物流作业的信息在数据表述、采集、处理、传递、存储、重组、更新和应用等方面提高到一个新的水平。尤其是通过与数字属性的信息要素的深度融合,通过对数字属性技术要素的分析挖掘,最终形成辅助各物流作业场景的具有高价值的信息形态,实现物流的综合优化管理,进而为推动智慧供应链构建奠定基础。

2.3.3　电网物资智慧供应链仓储物流体系总体结构

基于数字化仓储物流的供应链功能定位,结合数字化仓储物流体系总体功能需求与总体结构设计思路,设计数字化仓储物流体系的总体结构——"1+2+X"体系框架,如图2-1所示。其中,"1"是整个数字化仓储物流体系的关键基础,即数字化仓储物流基础互联平台;"2"指的是基于数字化仓储物流基础互联平台开展的数字化仓储物流管理内容,是国家电网公司现代智慧供应链运作的有机组成部分,即虚拟库存共享云仓网络和区域配送运力协调网络;最后的"X"是电网物资智慧供应链上开展的"X"项物资管理模式创新。

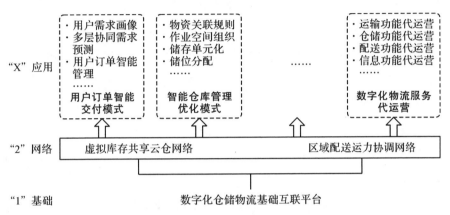

图 2-1　电网物资智慧供应链仓储物流体系总体结构

2.3.4　电网物资智慧供应链仓储物流作业体系

在上述体系建设内容实施的基础上最终形成数字化物流作业系统,主要形成作业流程的数字化。物流的作业流程数字化是数字化仓储物流活动的必备条件和主要展现,是有效地进行电网物资供应链智慧化运作和交易的基础,主要涵盖仓储业务数字化、配送业务数字化、物资库存虚拟化、订单全程可视化、物资质控互联化等电网物资物流作业范围,具体内容如下:

①仓储业务数字化。仓储业务数字化,就是利用公用数据平台(或基础数据互联平台)实现仓储管理及仓库办公数字化、异地化和智能化,通过实物 ID、RFID 标签和二维码等代替传统仓储作业中的货卡和条码,通过智能化仓储设备改变电网物资入库、库存及出库的作业方式与数据分析模式,使仓储管理科学化、规范化、便捷化和智能化。

②配送业务数字化。一方面,客户可在网上对需求订单执行情况、仓储配送过程、服务范围和物资质量等进行全程掌控;另一方面,物资部可根据

需要、内外部物资供给情况和内外部仓配资源制订配送业务实施方案,并将相关执行信息和指令传达至各参与方,实现配送业务过程的精准控制和实施。最后,基于移动互联技术,基于末端配送的数字化签收将订单信息、配货信息、装车信息和到货确认信息进行有效关联,实现电网物资配送业务的数字化和信息链的完整性。

③物资库存虚拟化。物资库存虚拟化的本质是通过数字化技术与手段将实体物资储备分散于实体物流仓储网络,并通过公用数据平台(或基础数据互联平台)实现物资库存的虚拟化管理。具体可以省级中心库为生态核心,由电网物资供应商、物流服务供应商、省市县级电力公司物资部门等仓储网络参与各方的仓储节点构成实体物流仓储网络,并通过省级中心库整合物资、信息等系统资源和协调各方物流活动,如库存异动、多仓同步和断货规避等,从而以虚拟库存影响和优化电网物资的生产、供应、采购、运输与配送等环节。

④订单全程可视化。数字化仓储物流的可视化主要是运用计算机图形学和图像处理技术,将数据转换为图形或图像在屏幕上显示出来,实现电网物资供应链上下游信息的交互和业务流程的无缝隙衔接、全过程的展示与查询。具体可借助移动互联、云计算、大数据等技术手段,实现供应商/仓库发货、物流配送订单调度、配送车辆与线路、配送订单执行与推送、用户收货与签收回单等环节的全程可视化。此外,可及时监控各种异常状况和可能发生的异常状况并予以预警,如发生订单处置延时、在途异常等事件,便于管理和及时处理,提高客户满意度。

⑤物资质控互联化。一方面数字化仓储物流基础互联平台实时获取供应商产品质量监造数据、仓储节点的物资质控数据和用户节点的物资质量状态数据,通过大数据和人工智能,形成供应链各环节质控评估、物资质量监控与预警;另一方面,通过应用物联网、云计算、智能仓储等先进技术,依托仓库管理系统、仓库控制系统等信息系统和数字化仓储物流基础互联平台,聚集国家电网公司、省区公司与地市公司和体系外供应商等的物资库存与质检资源,形成跨层级、跨区域的电网物资质控互联,实施"云诊断"等物资质控新技术。

$$3$$

电网现代仓储物流生态体系

3.1 电网现代仓储物流生态系统及其架构

3.1.1 商业生态系统及其理论

Moore 在 1993 年[103]、1996 年[104]和 1998 年[105]关于商业生态系统(Business Ecosystem)的论述,奠定了其提出商业生态系统概念第一人的地位。Moore 认为商业生态系统是一种由客户、供应商、主要生产商、投资商、贸易合作伙伴、标准制定机构、工会、政府、社会公共服务机构和其他利益相关者等具有一定利益关系的组织或群体构成的动态结构系统[106]。商业生态系统中构成经济联合体的各个组成成员在该生态系统中担当着不同的功能,各司其职,但又互赖、互依、共生。商业生态系统作为一种新型的企业网络,不仅具有企业网络的一般特征,同时它还具有以下几个重要特征:

①生态位分离。所谓生态位,是一个生物单位对资源的利用和对环境适应性的总和。当两个生物利用同一资源或共同占有某环境变量时,就会出现生态位重叠,由此,竞争就出现了,其结果是这两个生物不能占领相同的生态位,即产生生态位分离。在商业世界,企业对资源的需求越相似,产

品和市场基础越相近，它们之间生态位的重叠程度就越大，竞争就越激烈。因此，企业必须拥有与其他企业不尽相同的生存能力和技巧，找到最能发挥自己作用的位置，实现企业生态位的分离。成功的企业将是那些能够找到属于自己生态位的企业。企业生态位的分离不仅减少了竞争，更重要的是为企业间功能耦合形成超循环提供了条件。

②系统的多样性。多样性概念来源于生态学，生态系统中的各类生物在环境中各自扮演着重要的角色，通过物种与物种之间、生物与环境之间的摄食依存关系，自然界形成了多条完整的食物链，并构成了复杂的食物网，进行着生态圈内物质流动与能量传输的良性循环，食物链的断裂将极大地影响系统功能的发挥。和自然生态系统一样，多样性对于商业生态系统也是非常重要的。首先，多样性对于企业应对不确定性环境起着缓冲的作用；其次，多样性有利于商业生态系统价值的创造；最后，多样性是商业生态系统实现自组织的先决条件。

③保持系统健康。自然生态系统中，可以根据各个种的作用划分为：优势种、亚优势种、伴生种和偶见种。其中，优势种对整个群落具有控制性影响，因为如果把群落中的优势种去除，必然导致群落性质和环境的变化。同样的道理，在商业生态系统中，关键企业对于系统抵抗外界的干扰起着非常重要的作用，因为它所支持的多样性在遇到外界干扰时充当了缓冲器，从而保护了系统的结构、生产力和多样性。

④系统的运作动力。商业生态系统认为系统的运作或动力不是来自系统外部或系统的最上层，而是来自系统内部各个要素或各个子系统之间的相互作用。自主地、自发地通过子系统相互作用而产生系统规则，这是协同学最根本的思想和方法。这种思想告诉我们，复杂性模式的出现实际上是通过底层（或低层次）子系统的竞争和协同作用而产生的，而不是外部指令。系统内部各个子系统通过竞争而协同，从而使竞争中的一种或几种趋势优势化，并因此支配整个系统从无序走向有序。商业生态系统是一个复杂的适应系统，在一定的规则下，不同种类的、自我管理的个体的低层次相互作用推动着系统向高层次有序进化。

⑤网络状结构。商业生态系统具有模糊的边界，主要体现在两个方面：

一方面,每一个商业生态系统内部包含着众多的小商业生态系统,同时它本身又是更大的一个商业生态系统的一部分,也就是说,其边界可根据实际需要而定。另一方面,某一企业可同时存在于多个商业生态系统,犹如青蛙既属于湖泊生态系统,又属于草地生态系统一样;飞利浦不仅和美国电话电报公司合作取得先进的光电技术,也同德国西门子公司合作,设计统一的电话系统。

⑥自组织特征。商业环境在不断地改变,对于商业生态系统来说,只要条件满足,自组织就不会停息。也就是说,随着环境不断地变化,商业生态系统具有自组织的特征,并通过自组织不断进化。

3.1.2　电网现代仓储物流生态系统的内涵与特征

国家电网公司的电力物资仓储系统是典型的社会经济系统,其运作过程需要依靠各种各样的"活"的适应性主体协同来实现,其核心管理体系如图3-1所示。

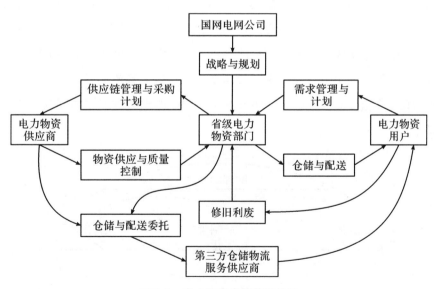

图3-1　电力物资仓储管理体系

电力物资仓储系统正是通过这些主体的相互作用,出现宏观的复杂性现象,促进了系统的整体演化发展。一方面,区域物流内主体之间存在着广泛的物质、信息和能量的交换,如电力物资供应商、电力物资部门和用户部门之间的单据流转,电力物资仓储的各层级仓储节点合作伙伴之间的物资交接等。另一方面,电力物资仓储系统内主体与环境间存在物质、能量和信息交换,如各层级仓储节点根据电力物资部门的业扩计划调整仓储网络结构、节点定位及其服务策略,各层级仓储节点根据外部环境中的国家电网公司整体战略变化调整自身存储的产品品种。因此,电力物资仓储系统是多个适应性主体的聚集体,相关联的主体基于利益分配、相互合作的机制,以共同的服务目的为联系纽带,通过彼此间物资需求信息的互联共享,进而相互作用与制约。

由此,本书认为,电力物资仓储生态系统根植于物流实体网络,通过物流、资金流、信息流的同时流动实现价值生成,具有生态系统、商业系统和复杂自适应系统三种系统的一些基本特征,并表现出强劲的系统活力和系统创造力。

(1)整体性。电力物资仓储生态系统包括国家电网公司整体战略、物流仓储行业环境等外部条件,还包括相关物种,如作为领导种群的电力物资部门、关键种群的电力物资供应商和用户部门,外部物流资源/服务供应商等支持种群,以及其他相关的寄生种群。电力物资仓储生态系统中的物种种群与外部环境条件的关系如图3-2所示。各类电力物资的仓储运作在领导种群的领导下,由供应链上各环节的关键种群和支持种群在共同利益的驱动下协同完成。

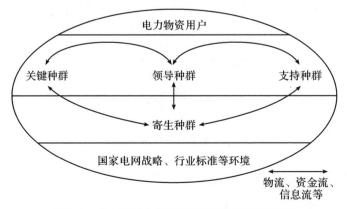

图3-2　电力物资仓储生态系统种群与环境关系

（2）多样性。电力物资仓储生态系统在发展过程中通过自我调节和内外部协调，不断通过自身功能的补充和外部物种的接入，使得系统的功能不断进化。例如，作为核心企业的电力物资部门，通过吸引专业化物资供应商、外部物流服务供应商，以及服务保障和延伸而涉及的产品质控机构，形成多元化、协同关联且有利于系统稳定演进的生态构成。

（3）演进性。物资部门作为电力物资仓储生态系统的领导种群，具备根据不同演进时期的国家电网公司整体战略、外部竞争关系做出不同战略决策的能力，通过采取不同的战略行为以及自身各子系统和系统内物种通过彼此的交流和作用，保证并促进自身的发展。在系统内，作为关键物种的电力物资供应商和用户部门自身具备极强的动态平衡能力，根据物资部门的计划对自身的生产进行自我调整和修复。此外，当内外部出现新的技术或新模式后，原有业务模式容易被颠覆则将产生新的核心企业，从而使生态系统得以演进。

此外，电力物资仓储生态系统还具备一般商业生态系统所具备的开放性、自组织性、稳健性、涌现性和价值性。

3.1.3 电网现代仓储物流生态系统的体系架构

构建电力物资仓储生态系统框架模型，要考虑与电力物资保障直接或间接相关的各个主体和影响因素，以整合电力物资行业优质资源、优化物流业务流程、提高仓储配送效率、降低成本，提高电力物资管理部门的仓储管理水平和物资保障能力。基于此，本书构建一个以省级中心库为核心的电力物资仓储生态系统，此系统由核心生态子系统、支持子系统和环境子系统构成，如图3-3所示。

（1）核心生态子系统，亦可称为电力物资仓储网络生态系统。该子系统以省级中心库为生态核心，由电力物资供应商、物流服务供应商、县市级电力公司物资部门等仓储网络参与各方的仓储节点构成。作为电力物资仓储生态系统核心的省级中心库既可以为电力物资仓储物流活动提供公共基础平台，也可以作为整个生态系统的领导者、协调者和管理者对生态系统进行物资、信息等资源的整合和对参与各方的仓储物流活动进行协调。核心生

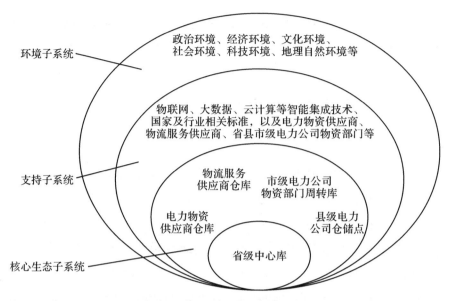

政治环境、经济环境、文化环境、社会环境、科技环境、地理自然环境等

环境子系统

物联网、大数据、云计算等智能集成技术、国家及行业相关标准，以及电力物资供应商、物流服务供应商、省县市级电力公司物资部门等

支持子系统

物流服务供应商仓库　市级电力公司物资部门周转库

电力物资供应商仓库　县级电力公司仓储点

核心生态子系统　省级中心库

图3-3　电力物资仓储生态系统模型

态系统居于整个系统的核心，是影响和决定电力物资生产、供应与配送环节的关键，是整个系统中最具活力的部分。

（2）支持子系统，即核心生态子系统在电力物资供应链关系网络中所能获得的、来自外界包含资金、物质、技术、政策等方面在内的帮助和支援，为核心生态系统的正常运行提供技术支持、标准引导、融通渠道、质量检测、法律保障等，保障整个电力物资仓储生态系统健康地运转。该子系统主要由物联网、大数据、云计算等智能集成技术、国家及行业相关标准，以及电力物资供应商、物流服务供应商、省县市级电力公司物资部门等相关组织单位构成，包括各组织单位在质控领域上的专业支撑机构或部门。

（3）环境子系统，即电力物资仓储生态系统演进的外在宏观环境。每个企业、供应链或供应链生态系统都不可能脱离周围环境而单独存在，都是电力物资供应链的一个有机的组成部分，同时又是整个社会系统的组成部分。环境子系统主要包括政治环境、经济环境、文化环境、社会环境、科技环境、地理自然环境等方面。环境子系统居于电力物资仓储生态系统最外层，作用于核心生态子系统、支持子系统，为电力物资仓储网络生态系统提供生产、流通及配送的政治、经济、法律、科技和地理环境。

3.2 电网现代仓储物流生态核心分析

3.2.1 电网多层级仓储网络结构及其构成

从浙江电力的仓储体系来看,其发展演变经历了由2012年以前全省超500个仓库集约化至"1+11+N"的网络布局集约化的过程,将落后的平面库房全部升级达到国家电网公司仓储建设标准化的建设要求。随着协议库存、供应商寄存、联合储备、成套配送、检储配一体化等业务形态不断丰富的业务服务多元化,从通过融资租赁提升装备设施到中心库、周转库和部分终端库因地制宜地配置自动立体货架直至智能分拣、安全识别、AGV规模化应用的仓储装备自动化,以及于2019年完成系统改造升级和上云,构建全量资源池,实现跨专业系统数据的横向共享集成,并通过供应链运营中心的建设,提供智慧决策、智能监控、全景可视、专业协同的供应链平台和服务的物资供应数字化等阶段,逐步形成了中心库、周转库、终端库三级架构的"3+8+64"的仓储网络体系,其中"3"是浙北嘉兴、浙中金华、浙南温州3个中心库,"8"为杭州、宁波等8个地市公司设置的周转库,"64"为64个县公司设置的终端库。

中心库作为区域中心节点,支撑省公司统一管控的通用物资"检储配"一体化业务的开展,负责区域内应急物资的集中储备和属地(市本级)所需的实物储备,负责属地(市本级)所需的项目物资、运维物资储备;周转库负责属地(市本级)所需的项目物资、运维物资储备,具备条件的周转库可优化整合所辖县终端库库存,开展集中储备配送;终端库负责属地(区/县公司)所需的项目物资、运维物资储备,为所辖供电所、工区等专业仓提供补库,具备条件的终端库可以向专业仓开展配送业务。

就整个体系布局而言,基于全省仓储资源分布的调研,以"改造为主、新建为辅"的原则,利用已有仓库资源,对储存条件好、周转量大的仓库进行改造,纳入仓储网络;对利用率低、闲置的仓库进行整合撤并。在中心库选址上,结合嘉兴、金华、温州的区域覆盖、响应时效(能基本满足2小时配送半径),以及原有库房已具备的可储备规模和自动化程度,进行选定。

就当前发展而言,以供应链运营中心(Enterprise Supply Chain Center, ESC)作为公司仓储体系规划建设与高效运营的"大脑",提升改造现有多层级仓储节点设施,形成以中心库为骨干节点、地市周转库和县市终端库动态配置、直达末端专业仓的电网现代仓储体系成为一种趋势。电网现代仓储体系具有以下优势:

①发挥属地管理优势,实现实体分散管理。建立各网络节点的管理制度和服务标准,统筹利用属地单位的人力资源、仓库资源、检测资源以及运力资源,要以降本增效为出发点,研究分布式管理的模式,在降低电网物流运作成本、降低投资建设成本的同时,缩短物资需求响应时长,保障自然灾害下的应急物资供应。

②发挥资源统筹优势,实现信息数字集中。一是进一步贯通专业仓库存信息,实现专业仓贯通共享。按照"核心功能步调一致,个性功能自主定制"的原则,将生产、营销等各专业仓的实物资源全部纳入平台管理,打造公司全量资源池,并向各专业部门开放共享,实现全网实物资源的信息共享、状态可视、随用随调。二是可以逐步将供应商或外部仓储节点的库存信息纳入资源池管控。对于一些诸如变压器等大型贵重物资,可以引入RFID技术,从出厂之初就开始跟踪该设备的基本信息、预测其送货周期,通过整合供应商或外部仓储资源、统筹储备计划来发挥规模优势,减少重复储备和过量储备,并扩大储备范围,加速物资流动,以较低的库存水平保障生产运营。

③发挥业务运营优势,动态调整网络节点。通过供应链运营中心,动态监测仓储网络各仓储节点运营状态,一是基于大数据分析,动态调整仓储网络结构与规模,灵活优化各网络节点功能定位。例如可对网络关键节点加大投入,提升仓储能力、检测能力;对吸纳储存条件好、周转量大、运作效益高的仓储节点设施,拓展建设规模、提升检测能力,提高功能定位、增加业务范围;反之,整合或撤销储存条件差、周转量小、运作效益低的仓储节点设施,或降低其功能定位、缩小其业务范围、缩减其建设规模。二是加强对各网络节点物资领用频次、领用类别、项目实施进度及重点项目分布变化的分析,动态调整各级网络节点的物资储备品类、数量。如可根据不同地区的实际建设情况分片布局,设立不同的库存结构,避免小而全的现象,同时设立

一个省级的全面的库存以应对各县市的紧急需求;如以"实用化、通用化"为原则,可开展配电网物资成套设计、成套申报、成套采购、成套存储、成套配送的物资管理。

3.2.2 省级中心库的生态核心定位分析

基于电力物资仓储网络生态系统的核心地位与基础平台作用,结合电网企业物资供应和"五大"业务特点,形成省级中心库、地(市)周转库、县公司和专业支撑机构仓储点为节点的仓储网络[107][108],省级电力物资仓储网络结构如图3-4所示。

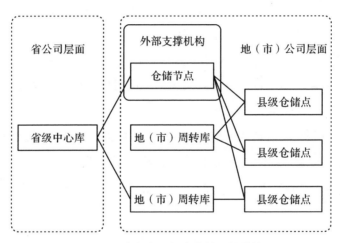

图3-4 省级电力物资仓储网络结构

在该架构中,主要通过分析服务物资的对象、潜在选址对象,借助模型模拟分析比较各方案物流总成本与服务水平,并综合考虑需求地区生产总值、人口、工业用电量和供电可靠率,对所属市(县)进行重要性排序后,形成省级仓储网络优化的多层级结构。具体来说,由省公司设置省级中心库、地(市)公司设置周转库、县公司设置仓储点,以及支持子系统中电力物资供应商和物流服务供应商的物资仓库和专业支撑机构设置仓储点。这里的专业支撑机构指根据需要设置在物资供应商、多层级仓储点的设备调试、产品质量检测和配变修旧利用机构。

其中,中心库是电力物资仓储网络生态系统乃至整个电力物资仓储生态系统的生态核心。中心库作为省级电力公司统一集中储备物资的仓库,主要存储应急物资、备品备件、配网通用周转物资,以及公司直管工程项目暂存物资、项目退料等,负责公司通用物资资源的集中储存和配送[109],按需向现场或各级仓库(仓储点)实施配送业务,充分调配商业生态系统中的各个成员的资源,从而形成全局最优的电力物资仓储物流方案,具体包括:

①中心库仓储调度管理人员按目录制定储备定额,并制定储备定额更新机制。

②中心库仓储调度管理人员根据物资储备定额信息及物资实际领用的信息,编制中心库月度供应计划提交至合同履约专责处。合同履约专责处根据仓储提交的供应计划和县公司计划专责月度需求计划,开展平衡利库工作,修正月度供应计划并上报省物资公司。

③省物资公司合同管理专责在调配平台上对负责中心库地(市)公司提交的月度需求计划进行审核并在全省范围内进行平衡利库工作,最终形成需要寄售供应商送货的计划清单。

④各中心库根据其仓储配送范围,围绕主要集中储备物资的ERP物资出库数据,通过数学模型,将各类物资按整车装量折算成运输量、综合运输里程,测算增加系数等全部变量,形成配送成本分析的基础,实现仓储系统的降本增效。

3.3 电网现代仓储物流生态系统构建模式

基于上述对电力物资仓储生态系统、电力物资仓储网络生态子系统及其中心库的架构与定位的分析,结合浙江电力的省级电力物资仓储生态系统构建的实践,对其构建的主要做法及其建设模式分析如下。

3.3.1 生态核心及其建设模式

结合省级电力物资仓储网络结构需要,浙江电力对75个市(县)进行重要性排序后,优化全省的仓储网络,成立杭州、宁波、温州、金华4个中心库,如图3-5所示。为形成省级中心库的生态核心定位,浙江省电力公司以温州中心库为试点,围绕库房区域标准化和业务运作标准化,提升中心库的配送能力、运营效率和管理水平。

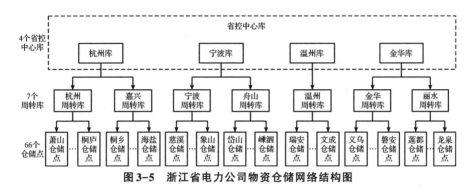

图3-5　浙江省电力公司物资仓储网络结构图

为解决配网项目物资离散的仓储网络现状,国网温州供电公司在省公司的指导下设立中心仓库,探索配网物资集中配送及仓储集约化管理。主要做法如下:

①将配网项目物资集中存放至中心库中,并由中心库集中配送至各需求单位,释放各市/县仓储资源。

②实行配网物资供应商寄售模式,逐步实现区域项目物资"零库存"管理目标。

③根据中心库作业需求,开展WMS设计与应用,引进新型专业设备,推进智能化仓库建设。

④选取数个县公司为试点单位,开展按项目成套配送,探索主动配送等业务。

⑤按国网要求,从功能区、目视化、作业、安全等方面深入开展仓库标准化建设。

主要做法如下:

a. 库房区域标准化。其主要包括仓库功能布局、存储设施、搬运设备等方面。温州中心库购置前移式叉车、电动搬运车等先进的仓库设备,添置了高层托盘货架,有效利用了库房空间;参照人体力学原理,在货架合适位置设置搁板,存放零散物资,方便拣货,省时省力。库房中心布局主要包括接收卸货验收区、储存保管区、理货暂存区、理货拣配区、配货集货区、办公管理区,细化了各功能区定义。

b. 业务运作标准化。温州中心库围绕组织结构、岗位职责、业务流程三个方面开展业务运作标准化建设。在"三集五大"体系整体架构下,细化中心管理职责,明确工作界面,在综合科和仓储班下增加调配和调度专责,调配专责主要负责中心库供应计划的收集、审核和上报工作。调度专责主要负责中心库配送计划编制、配送车辆路线的安排。细化中心库入库、拣配、装运、盘点、报废业务流程,在国网同业对标体系下,为提升中心库业务运作的效率,制定绩效考核指标,如表3-1所示。

表3-1　仓储物流绩效指标

序号	具体指标	计算方法
1	物流成本率	年物流成本总额/年出库额
2	空闲库位率	空闲库位数/总库位数
3	送货及时率	当月汽车准时送达车数/当月汽车送货车数
4	无误交货率	当月准确按照需求部门订单发货次数/当月发货总次数
5	订货满足率	现有库存能够满足订单的次数/订货总次数

3.3.2　支持子系统及其建设

考虑电力物资的保障特性,浙江电力通过统筹本区域系统内的控检测能力(包括集体单位)和第三方检测资源,围绕生态核心省级中心库具体开展了二次设备调试中心、产品质量检测中心、配变修旧利用中心等建设活动。

(1)二次设备调试中心建设。智能变电站的系统集成调试已成为变电工程试验流程中一个不可或缺的重要环节,是适应今后智能化变电站二次设备组装及调试工作迫切需要的。"车间化"的调试模式是适应智能化变电站发展的必然趋势,结合中心库建设,成立"二次设备调试中心"。

二次设备调试中心具体工作方式包括:制定调试中心的业务范围,主要包括二次设备的基建、扩建联调功能;以缩短停电时间为目的的工厂化检修项目、技改工程调试功能;SCD管控功能;备品仓储管理及其完好性检测功能;电子式互感器的检测功能。

（2）产品质量检测中心建设。中心库负责到库实物的送检需求上报，各仓储点负责供应商直送物资的抽检需求上报。检测中心按上报需求制订月度监督计划，包括各种监督方式、各类检测单位实施的检测方法，在完成全覆盖监督任务的同时，保证由中心库配送的物资均已检测合格。

检测中心负责筹集检测资源开展物资检测工作，利用在控检测资源包括集体单位检测能力，开展厂内抽检工作，发现物资质量问题，获得供应商问题确认后，如有疑义的封样送双方认可的第三方检测单位检测。

（3）配变修旧利用中心建设。浙江电力按照"专业协同、规范管控，按需修复、统筹利旧"的思路开展退役配电变压器的重新再利用，利旧配变修复后统一存储到各中心库，由省物资公司根据各单位需求统一负责调配。为更好地落实配变修旧利库业务开展，提升配变修旧效率，保障修旧质量，提升服务水平，节约运输成本，温州中心库推进配变修旧中心的建设，具体工作开展如下：

①借助浙江电力变压器厂的资源优势，推进温州中心库配变修旧中心建设，强化配变利旧的专业化支撑。

②按预判试验确定小、中、大、特殊四个等级细分修理处理方案，出具检修处理报价和经济分析报告，最大限度地优化效益。

③形成完善的质量管控体系，按检测标准出具《工检修配变出厂试验报告》，提供实施效果验收评价，确保修复质量。

④进行检修合同签订、制造、安装、调试、投运、运行状态监测、检修、利库、报废等全过程数据管理，按要求格式提供实时数据，确保过程在控。

环境子系统互联实现了ERP系统与仓库控制系统的无缝对接，支持多个系统模块进行实时数据交换，并贯穿整个仓库的出入库、调拨、盘点、退货等相关业务。工作流程简单高效，满足交通便利地区2—3小时送达、偏远地区4—5小时送达的要求，达到辐射全省11个地市，为各区域提供高效便捷物资供应保障服务的目的。此外，公司物资储备定额充分考虑了协议库存、协议超市、寄售模式等采购供应方式，对配变、开关柜、电缆、绝缘线等已纳入协议库存目录的物资只进行一定数量供应商的寄售储备，对纳入协议超市物资，只储备少量作为备品备件，满足应急和事故抢修需要。

4

电网现代仓储物流系统构建要素
及其构建模式

4.1 电网仓储物流管理模式及其流程分析

4.1.1 电网物资供应链仓储物流管理模式

电力行业作为国家的基础行业,电网建设与运营不仅受到本公司和行业的重视,而且受到国家的关注。电网物流作为电网建设和运营的保障,越来越受到国家和国家电网公司的重视。电网物流管理先后经历物资科室管理、物资公司管理、物流中心管理和现代智慧供应链运营四个阶段,每个阶段的物流管理特点如表4-1所示。

表4-1 国家电网公司物流管理发展阶段一览表

管理阶段	管理特点	管理重点
物资科室管理阶段	物资科是电力企业的一个科室,无单独采购权限,无单独财务核算,要通过企业领导审批	仓库管理、物资发放管理
物资公司管理阶段	物资公司是自负盈亏的独立企业,具有独立采购权限,采取销售的形式为电网提供服务;具有独立财务核算,电网行政与财务分开	电网物资进、销、存管理

管理阶段	管理特点	管理重点
物流中心管理阶段	省电网下设物资部,负责整个省的物流采购和配送管理,属于物流的行政管理中心,具有与电网物流相关的所有权限	电网物流计划与采购,电网物流配送优化,电网仓储管理
现代智慧供应链运营阶段	将"五E一中心"智慧运营系统的供应链运营中心(ESC)作为现代智慧供应链的"大脑中枢",依托总部和省公司两级数据中台,利用数据驱动全供应链和全要素的网络化协同,实现跨业务、跨专业、跨系统的数据融合以及供应链运营效率、效益和效果的全面提升	现代智慧供应链数据管理体系,智能采购、数字物流、全景质控三大业务链

目前我国电网物流处于第三阶段与第四阶段交替期间,国家电网公司于2005年开始对物资实行集中招标采购,标志着国家电网公司逐步将电网物流下放权力收回,希望实现电网大物流管理。在采购环节,国家电网公司实行统一招标采购管理,通过集中采购实现企业的规模效益;在电网仓储管理环节,国家电网公司制定相关电网物资管理条例,实现电网物资的标准化管理。同时国家电网公司也在不断调整公司的供应商评价指标体系,实现对供应商的合理选择。电网物流的每一环节都在不断调整优化策略,以真正实现物流中心化管理。

自2018年以来,国家电网公司以传统物资管理向供应链数字化转型为抓手,高质量、高标准地推进现代智慧供应链建设和实用化推广。通过打造"e链国网"的一站式供应链服务平台和"五E一中心"的供应链管理平台,即ERP(企业资源管理系统)、ECP(电子商务平台)、EIP(电工装备智慧物联平台)、ELP(电力物流服务平台)、E物资(物资作业系统统一移动服务门户)和ESC(供应链运营中心),推动智能采购、数字物流、全景质控三大业务链的有序运作,致力于建立全供应链运营服务及管理机制和供应链数据"资源池",实现跨业务、跨专业、跨系统数据融合,通过数据驱动提升供应链运营效率、效益和效果。

目前,国家电网公司按照"业务分层运营、数据分层汇聚应用"的原则,建立了总部、省公司两级运营中心,既满足总部、省公司按业务所辖范围进行专业运营和两级纵向协同的要求,同时也考虑不同省公司业务运作、管理水平的差异性,实现业务运营兼顾标准化、个性化。其中,总部供应链运营中心在业务上满足总部运营管理需要,并根据需要向各省公司开放访问权限,进行数据共享;省公司供应链运营中心在功能上区分标准化业务和个性化功能,在数据分析能力上需要满足统一的数据管理和数据分析需要,业务上支撑省公司范围内的运营管理,数据上支撑总部的运营管理。

4.1.2 电网物资供应链仓储物流业务流程

电网物资供应链物资管理可按业务流程划分为需求计划管理、采购与供应商管理、合约与品控管理、仓储与配送管理及逆向物流管理五部分,主要包括供应商与电网企业两个主体。其运作流程如图4-1所示。

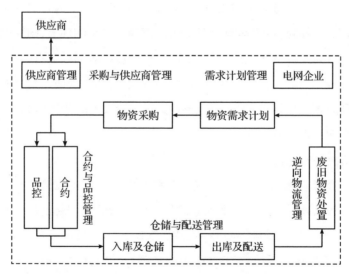

图4-1 电网物资供应链物资管理业务流程

(1)电网物资需求主要来源于工程建设(基建项目)需求及生产维护(技改大修项目)需求,需求计划管理的目的就是为其制订物资需求计划。制订物资需求计划的流程为:由设计单位形成设备清册,项目部门根据设备清册生成物料清册,向物资部门提出物资需求申报,物资部门进行平衡利库后上载物料清册,形成物资需求计划。电网物资需求计划的形成如图4-2所示。

图4-2 电网物资供应链物资需求计划形成流程

（2）电网物资采购根据管控程度的不同采取不同的采购模式。以国家电网公司为例，属于国网管控及省公司管控的物资均采用集中招标采购模式，属于分公司自行采购的物资可选择使用招标采购或直接采购模式。采购模式不同，供应商选择的方式也不同。电网企业物资采购的流程如图4-3所示。

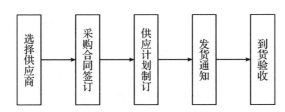

图4-3 电网物资供应链物资采购的流程

（3）合约与品控管理包括合同管理和采购物资的品质控制管理两部分，是物资采购到物资仓储的中间管控环节。合同管理主要由履约变更补充协议、采购合同物资数量变化等情况触发。品质控制管理是为保证重点项目物资的采购合约履行程度，其内容包括交货准时性、交货质量、价格执行和服务四项。品质控制管理流程如图4-4所示。

（4）仓储与配送管理。仓储管理包括仓库布局、仓库物资"一本账"管理，配送管理包括配送计划管理、配送过程管理与配送单据结算。配送计划管理流程如图4-5所示。收集完配送计划后，由下级仓库向上级仓库提交配送计划，上级仓库根据相关标准判断是否为应急配送，并选择是否移交至调配中心。若为应急配送，移交至调配中心，调配中心根据平衡利库后的结果选择进行跨区域应急调拨或组织采购；若非应急配送，上级仓库执行并进入配送流程。

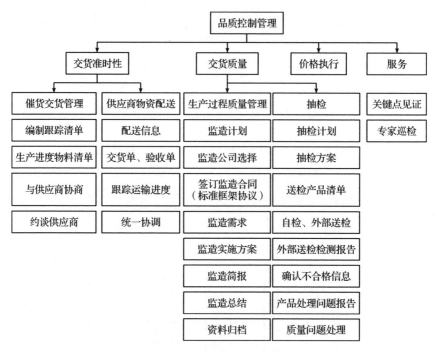

图 4-4　品质控制管理流程

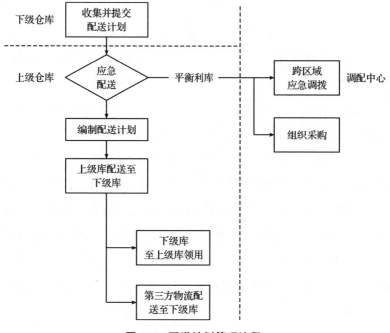

图 4-5　配送计划管理流程

应急配送由于其快速、及时的特性,要求通知需求仓库接收物资和通知被调拨仓库出库同时进行,应急配送流程如图4-6所示。

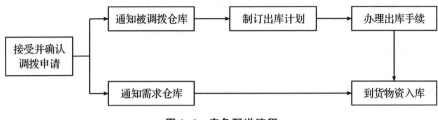

图4-6　应急配送流程

若非应急配送,物资需求被响应后,物资进入一般配送流程,从发出提货通知到承运商配送,然后办理接受检验、入库再到确认收货计划,直至最后的到货物资的接收检验及入库。非应急配送流程如图4-7所示。

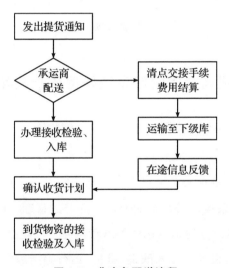

图4-7　非应急配送流程

(5)逆向物流管理主要包括闲置物资管理和物资报废管理,具体内容如下:

①可再利用的退役物资或工程结余物资及到达服役年限的备品备件或运维物资在电网物资管理中统称为闲置物资。按其可用性分为可再利用、修复可利用两类。电网企业的闲置物资管理工作主要侧重在闲置物资的清查盘点上。

②物资报废管理的内容包括拆旧物资报废和在库物资报废。拆旧物资报废需经过物资状态评估,达到报废标准方可申请报废,在库物资报废由仓管员通知物资部门在库物资存在报废现象,经物资部门核实后提出技术鉴定申请,并形成待报废物资清单,经相关部门审核后提出报废物资申请。具体流程如图4-8所示。

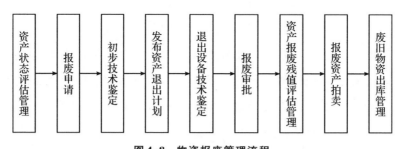

图4-8 物资报废管理流程

4.2 电网现代仓储物流系统构建要素及其演化

4.2.1 电网现代智慧供应链与现代仓储物流

(1)电网物资供应与保障目标分析。

电网物资供应是指为了满足电网日常运维以及工程项目建设需要,对所需物资的计划、采购、运输、仓储等各个环节的管理。电网物资供应按照物流的运作流程可以分为运维物资物流和基建工程物流。电网日常运维物资物流指电网现有设备的技术改造、维护、运行等所需的物资物流,具有很强的计划性。基建工程物流指变电站工程项目和输电工程项目所需的主要设备和配套材料的采购与运输管理。电网运维物资物流运作流程如图4-9所示。

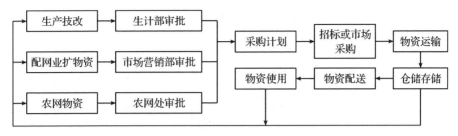

图 4-9　电网运维物资物流运作流程

每个电网子公司下的供电公司根据每个班组物资需求,将需求物资上报到国家电网公司的归口部门,由国家电网公司统一采购。采购来的物资或者直接运输到供电公司的使用地点,或者存储在国家电网公司仓库,等到供电公司需求发生时,再送往需求地点。运维物资需求上报具有一定周期,每个班组必须在下一个上报时间到来时,预测自己的周期需求。

工程物流具有一次性的特点,由国家电网公司下的各个部门对本部门所管业务进行项目立项审批,项目立项审批通过后,进行物资需求预测,并将预测物资上报到物资部进行审批,然后由物资部进行招标采购,当工程需要时,由供应商直接送到工程现场。电网基建物资物流运作流程如图 4-10所示。

图 4-10　电网基建物资物流运作流程

两大类电网物流活动一共包含以下十大关键业务:需求计划管理、采购管理、合同管理、供应商管理、仓储管理、配送管理、客户管理、应急物资管理、质量监督管理和废旧物资/工程废料管理。电网物资供应体系框架如图4-11所示。

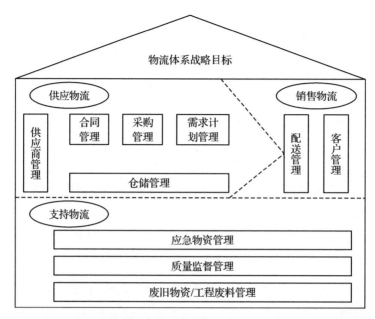

图 4-11　电网物资供应体系框架

(2)电网现代智慧供应链体系及其战略。

"智慧供应链"由 IBM 公司首先提出,强调供应链的数据智慧性、网络协同化、决策智慧化[110]。黄成成等[111]认为,智慧供应链是结合云计算、大数据、现代供应链管理理论和方法,实现供应链智能化、网络化和自动化的技术与管理的综合集成系统。刘伟华等[112]将智慧供应链定义为"供应链技术和现代智能技术的深度融合,使供应链成员在信息流、物流、资金流等方面实现无缝对接,从而达到供应链的智能化、网络化、信息化与集成化"。虽然对于智慧供应链目前尚未有统一的定义,但普遍认为其形成离不开互联网、物联网、云计算、大数据等技术在管理中的应用[113][114][115][116],并将数据作为智慧供应链的核心要素[117][118]。电网物资供应链主要作用是保障电网建设和维护,而电网稳定又是保障电能传输的基础,因此物资供应链是电力行业中十分重要的供应链。

电力行业企业非常重视其智慧供应链建设,如南方电网提出于 2025 年实现智慧供应链[119]。国家电网公司则立足公司战略,提出以资产全寿命周期管理为主线,协同公司各专业,整合供应链上下游资源,充分应用"大云物移智"等现代信息技术,构建具有数字化、网络化和智能化特征,"质量第一、效益优先、智慧决策、行业引领"的现代智慧供应链体系。国网物资〔2018〕576号《国家电网公司有限公司关于印发国家电网有限公司现代(智慧)供应链体系建设方案的通知》(以下简称《通知》)指出,内外高效协同是关键,强化公司内部各专业间的协同旨在实现跨专业一体化贯通;要求强化公司与供应链上下游各方的协同,旨在打造供应链生态系统;并将智慧决策中心作为现代智慧供应链体系的核心,旨在提高供应链全过程数据的价值创造能力。

(3)电网物资智慧供应链仓储物流体系。

数字化仓储物流是指通过在现代仓储物流活动各环节应用信息技术和物流技术,使信息流与实体物流同步,产生优化的流程及协同作业[120]。数字化仓储物流具有典型的信息化特征[121],其本质就是对物流的整个过程进行数字化的描述,从而使物流系统更高效、可靠地处理复杂问题[122],为人们提供方便、快捷的物流服务,借此表现物流体系的精确、及时和高效特征,进而达到"物流操作数字化、物流商务电子化、物流经营网络化"的目的。

根据《通知》要求,国家电网公司数字物流业务链的战略定位为"以物资供应全过程为主线,整合合同、仓储、配送、应急、废旧等业务,重点应用物联网、移动互联等技术,智能开展供需精准匹配、计划滚动编制、物流全程可视、标准动态优化、资源全局调配等业务创新,实现物资供应可视化更全、精准度更高、敏捷性更强"。

建立统一的电网物资智慧供应链仓储物流体系,要将各种先进的信息技术融合在一起,根据它们不同的特点运用在整个体系的不同环节中,从而构成一个统一的、综合的、大的物流运作的数字体系,为电网物资智慧供应链的运作服务。数字化仓储物流体系的功能主要包括:

①基础数据采集功能。基础数据的采集应根据一定的标准,从相应的分系统中提取。

②整合社会信息资源功能。对整个社会中的物流信息进行组织、管理,并产生更易理解、更具价值的信息。

③网络空间管理功能。在网络空间信息系统的基础上,根据空间管理

的要求将信息加以组织、管理和输出。

④客户服务功能。协调企业和客户之间的关系,帮助战略合作企业之间进行高效的信息沟通。

⑤满足企业个性化需求功能。

⑥物流作业管理和企业内部管理的功能。

⑦国家电网公司及其物资部门宏观战略管理功能。对国家电网公司及其物资部门提供技术支持,辅助其进行宏观决策。

依据以上的功能分析,设计数字化仓储物流体系,如图4-12所示。

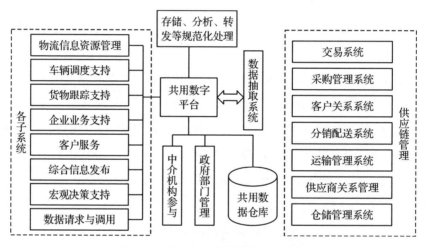

图4-12　数字化仓储物流体系示意图

数字化仓储物流体系中的共用数字平台是整个体系的中心。它通过数据抽取系统连接供应链管理的各个子系统,对企业内部系统的数据进行抽取后存入共用数字平台的共用数据仓库;同时,根据不同的需求对共用数字平台数据仓库中的共用信息进行抽取为企业物流运作服务。共用数字平台的作用是从各个子系统中提取共享信息,并对多来源、多渠道且相互不一致的数据进行数据融合处理;完成对实时数据和历史数据的处理,以保证数据间的正确性、可理解性,并避免数据冗余;根据服务请求及查询权限,对客户系统提供信息服务,对自身存放的数据直接加以组织输出,对其他子系统存放的细节数据由共用数字平台提供查询通道。

4.2.2　电网数字化仓储物流体系的构建要素双螺旋模型

数字化仓储物流系统源于实体物流,是物理世界的实际物流系统和相应的虚拟物流系统两个层面血肉相连、相互作用、有机统一的整体[123]。为此,本书将电网现代智慧供应链数字化仓储物流体系构建要素从实体属性和数字属性两个层面进行分析。除物资要素外,其他要素在这两个层面上均具有不同含义,如信息要素,在实体属性层面是指与电网物资的物流运作有关的其他要素的信息,如有关配送服务供应商的资质、运力与仓储能力、服务内容、费用等;在数字属性层面则指各种与电网物资的物流管理直接或间接、内部或外部等相关的信息,如电网架设计划、电网突发性破损等可导致物流配送作业决策发生变化的外部信息。主体要素在实体属性层面指物流运作与管理的相关主体,在数字属性层面则指信息源、信息处理机构与信息使用者等信息运作相关主体的信息系统。电网现代智慧供应链数字化仓储物流体系的构建要素双螺旋模型,如图4-13所示。

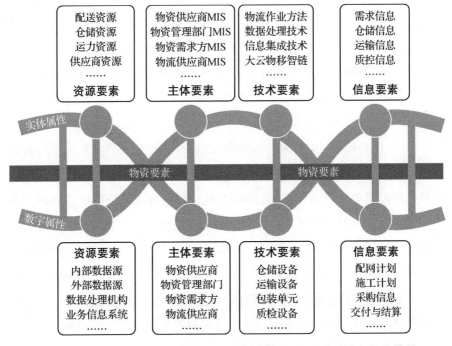

图4-13　电网现代智慧供应链数字化仓储物流体系的构建要素双螺旋模型

（1）物资要素。物资要素是电网数字化仓储物流体系的核心要素，电网数字化仓储物流体系随物资要素的存在而存在，随物资要素的特征而变化。物资要素作为电网数字化仓储物流体系的客体，是物流系统中运动或暂时静止的对象，决定了数字化仓储物流系统的规模和特性，并且直接影响其他系统要素的投入和特征。电网数字化仓储物流体系中的物资要素与常规的物流系统有所不同，具有通用化程度低、物资规格大小不一、现有品类特征规则不能完全覆盖物资实体属性等特点，对应的数字化仓储物流系统的特性、运作模式都会发生改变。

（2）资源要素。从实体属性角度看，数字化仓储物流的资源要素主要是指为各类物流作业的各项功能提供各种技术支持和手段保障，并可以支持物流系统正常运作的一切有形及无形的资源总和。就电网数字化仓储物流体系而言，主要包括配送资源、运输（运力）资源和仓储资源，以及供应商资源和物资质检资源等。从数字属性角度看，数字化仓储物流的资源要素主要是内（外）部数据源、信息与数据处理机构，以及各种类型的物流业务的信息系统，是信息要素收集、筛选、分类、对比、判断、联想、推理、整理合成以价值增值为目的的有效信息的基础资源。实体资源要素尤其是仓储资源和运输资源在传统物流运作中起着一定的主导和支配作用，这是数字化仓储物流运行的基础条件，但随着社会经济的发展，数字属性的资源要素尤其是各类资源要素数据信息的获取、集成与应用成为数字化仓储物流业务运作的必要条件。

（3）主体要素。从实体属性角度看，主体要素是指直接或间接参与到物流活动中，或对物流系统有影响的个体或组织，如电网物资的供应商、国家电网公司及其物资管理部门、各类物资需求方和物流服务供应链商等。主体要素或是持有物资要素，或是拥有物资要素的所有权，或是能够促进电网物资物流系统的高效运作，或是对物流系统具有导向、规范和监管的权力。从数字属性角度看，主体要素主要指提供各种信息要素的系统和各主体要素所具有的业务信息系统，涵盖了数字化仓储物流体系运作从物资计划、物资需求、物资采购、物流运作和业务分析所需的信息资源的供给源。各主体间的信息共享与集成、业务决策的关联与传递，直接决定数字化仓储物流业务运作的成效。

（4）技术要素。从实体属性角度看，技术要素包括各类设施装备资源，如库房等仓储设施、托盘等容器设备、货架等存储设备、叉车等搬运设备、货车等运输设备，以及加工设备、分拣系统与计算机硬件系统等物流运作所需的设备设施，也是组织物流活动的物质技术基础。从数字属性角度看，技术要素包括各类技能型资源，如库存控制模型等物流作业方法、统计分析等数据处理技术、信息化平台等信息共享集成技术、作业流程控制与计划等管理方法，以及大云物移智链等新兴信息技术，它是由科学理论知识和实践经验发展而成的各种方法、技能以及作业流程的总和。数字化仓储物流价值的高效发挥，需要硬技术和软技术的高效集成，需要技术设备具有必要的数据处理能力与指令执行能力，即边缘计算与端智能化。

（5）信息要素。信息在物流系统中无处不在，时刻伴随着物资要素的流动而产生。物流信息的准确、及时和实时修正，直接影响到数字化仓储物流过程的畅通和物流效率的提高，是数字化仓储物流运作的触发器与助推器。这里所说的信息要素实体属性主要指信息在不同作业环节实施主体中的载体特性（如需求信息、仓储信息等），而数字属性主要指信息要素所覆盖的业务与内容（如配网计划、施工计划等）。数字化仓储物流体系的设计、构建和运作需要充分考虑物流信息的产生、收集、传递、查询、使用等环节，相应的信息采集、传递载体和设施设备就构成了信息要素的主要内容，为此，信息要素在数字化仓储物流体系中又成为其他要素间相互统合的黏合剂。

4.2.3　电网数字化仓储物流构建要素的演化分析

电网现代智慧供应链数字化仓储物流体系构建与发展的本质在于如何不断通过与外界环境进行信息、能量的交换，促进自身不断地自我演化以适应环境的变化，尤其是国家电网公司对数字化仓储物流在战略发展上的需求变化。这种系统的自我演化主要体现在物资要素、资源要素、主体要素、技术要素和信息要素的演化中。

（1）物资要素的演化。物资要素虽然是电网数字化仓储物流体系的核心要素，但也是最被动、最先被干预的一种要素，同时由于电网物资的复杂性,以及更强调物资的保障特性,因此不具有主观能动性或适应性。电网物资数字化仓储物流物资要素的变化往往来自需求与供给的双向推动。一方面,作为电网物资供给端,自"三集五大"以来,电网物资管理模式逐步从分散化管理向集约化管理转型,在物资保障,尤其是仓储管理上存在库存积压大、周转慢,仓储网络布局不合理、效率不高等问题。另一方面,国家电网公司对电网物资管理提出新要求,尤其要求重点做好采购供应时效、采购设备质量、采购效率效益、质量监督、物资供应保障、现代智慧供应链体系建设等九个方面。

由此,电网物资数字化仓储物流物资要素的演化主要呈现基于电网物资需求特性大数据分析的物资单元化和标准化。这种演化主要是针对电网物资种类繁多、规格多样,标准化程度参差不齐,不同物资需求计划性强弱不定、规律不尽相同,波动性大小不一以及更新速度有快有慢等问题,通过大数据分析,进行物资要素需求特性的画像处理,形成基于需求特性的物资分类体系,进而指导数字化仓储物流管理模式与技术的应用。

(2)资源要素的演化。无论是实体属性的资源要素,还是数字属性的资源要素,就其归属来看主要可分成电网数字化仓储物流体系的内部资源和外部资源两类。在战略思维的层面上,电网数字化仓储物流资源要素的整合是系统论的思维方式,在保持资源间有效衔接的前提下,实现资源成本的最低化和资源效益的最大化,即取得"1+1>2"的效果;在战术选择的层面上,内外部资源整合是优化配置的决策,目的是凸显企业的核心竞争力,降低物资管理总外包,并寻求资源配置与国家电网公司战略部署的最佳结合点。而当前,电网物资管理中普遍存在物流资源配置不合理、分布不均衡、分散封闭、服务模式单一等问题,造成了部分物流仓储资源的结构性闲置。

为此,未来资源要素的演化主要集中在基于电网物资管理部门物流服务供需双重属性的特性上,是拓展资源要素的范畴,通过信息要素的高效集成,形成内外部资源要素高度集成的电网物资供应链生态体系。

(3)主体要素的演化。在电网物资数字化仓储物流运作中,物资要素的所有权主体(物资管理部门)是物流运作主体选择、物流模式、物流服务水平等问题的最终决策者。近年来,随着我国经济的持续快速发展以及电网建设提速,电网物资管理部门在繁重的建设任务当中,正在按照经营型管控的要求,逐步实现对人力、财务、物资等企业关键要素的集中控制,以期构建公司供应链管理体系。加之目前电网建设速度的加快与规模的扩大,对于采购设备以及设备储存、维护、供应等方面的成本控制提出了新的要求与挑战。

为此,如果物资管理部门选择了自身来承担物流运作,就形成了自营物流的方式;如果物资管理部门选择与物流服务商签订长期合同,就形成了合同物流或第三方物流的运作方式;如果物资管理部门借助自身物流的运作模式与技术,接管相关省市公司物资管理或向外输出整体性服务解决方案,就可以开展数字化物流服务代运营服务。

(4)技术要素的演化。数字化仓储物流的技术要素演化更多的是体现在两种属性融合的智能化、标准化和人性化的新型技术设备上,使得技术设备不仅能减少机械化作业或降低人工强度,更能通过数字化手段使得物流装备之间与业务信息系统及集成控制系统对接,实现物流装备与信息技术的有机结合,提高技术设备的自主判断能力,实现作业智能化和精细化,满足更复杂多变的应用场景,如在库内作业可通过后台系统的订单指令的计算分析,自动引导叉车按照指令到达指定作业区域,同时,实时反馈、跟踪叉车位置,并推送后继作业指令,实现无人化作业。

(5)信息要素的演化。信息要素作为数字化仓储物流中最活跃的要素,往往随着物流活动的进程时刻发生变化。物流活动的事中信息,即开放性数据源、实时物流信息及即时化处理越来越得到重视。对物资的所有权主体(物资管理部门)来说,能够实时查询物流信息,可以及时掌握货物的物流状态,便于优化安排调整后续工作。对物流运作主体而言,能够获得实时的物流信息,可以及时调整物流方案,及时响应物流过程中发生的变化;对客户而言,提供物流信息实时查询功能,能够改善客户的服务体验,提高客户满意度。物流系统信息要素除物流信息本身外,还包括物流信息的采集与传递设备,这些设施设备也渐渐地与其他物流要素集成起来,如信息识读设备与货架、分拣设备的集成、车载定位系统与运输车辆的集成等。

4.3 电网数字化仓储物流构建模式设计

4.3.1 电网数字化仓储物流资源平台化构建模式

(1)资源平台化模式的需求分析。

当前基于职能的分段式物资管理模式,由职能作为驱动,各个阶段或各个部门各自为政,有着各自的工作目标,造成电网物流体系管理目标不完全统一、各阶段的信息不对称,从而不能完全适应电网现代智慧供应链体系协同管理的需要。与此同时,受现代商业与"互联网+"融合发展的影响,社会物流的商业模式与客户关系不断被重构,业务流程和业务标准不断被数据刷新。为此,如何结合"互联网+"思维方式,应用"大云物移智链"技术,破解电网物流"响应性"与"效率"间的柔性平衡成为工作思路转变的核心。

(2)资源平台化——工作思路转变。

在运力资源集成方面,突破内外部运力资源互联"瓶颈",内外融通构建运力资源池,以数据互联实现运力资源联动,基于物流数据中台打造内外部运力资源调度中枢;突破承运商管理、订单联程配载、运输调度与管控等关键技术,以资源整合实现精益管理,基于物流业务中台打造物流服务管控智脑;突破业务标准、网络设施、物联应用和管理规范等难题,开发面向运力资源和用户的物流业务 App,形成人、车、物的泛在物联。由此,最终解决诸如配送管理标准化程度低、配送模式单一、业务决策智慧化偏弱、高峰时段运力储备矛盾突出、外部社会物流资源整合程度低、业务链首末端数据的闭环深挖不足、信息及时共享与智慧管控程度低下,以及先进技术应用有待加强等物资供应管理痛点。

电网现代智慧供应链数字化仓储物流体系资源平台化构建模式,如图4-14所示。

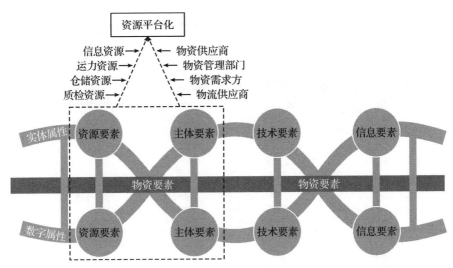

图4-14 电网现代智慧供应链数字化仓储物流体系资源平台化构建模式

在仓储资源整合方面,打造以中心库为骨干节点、地市周转库和县市终端库动态配置、直达末端专业仓的分布式云仓网络,形成仓储节点基础数据的动态采集和WMS业务数据的对接同步,将空间分散的仓储资源进行信息的数字化集中,形成基于智慧供应链运营中心的省域云仓运作体系。同时,通过动态监测云仓网络各仓储节点的运营状态,基于大数据分析动态调整云仓网络结构与规模,优化整合仓储节点设施的储备能力、功能定位与业务模式,网络化配置上下游仓储业务协作流程,对内实现跨专业协同的业务数据闭环、对外实现上下游需求的物资供应服务方案的个性化定制。

4.3.2 电网数字化仓储物流作业一体化构建模式

在跨专业协同方面,以"管作分离、一体运作、内外结合、上下协同"为着力点,整合检测资源和仓储资源,健全物资仓储、检测、配送机制,依托电网物资检储配一体化管理平台,整合检测、仓储、配送三大业务系统,自动化调度各类仓储和检测设备,形成检储配功能配置、运营管理、信息管理的一体化,实现大宗物资"智能抽检、合格入库、集中储备、按需配送"的检储配一体化作业。

电网物资智慧供应链仓储物流体系作业一体化构建模式如图4-15所示。

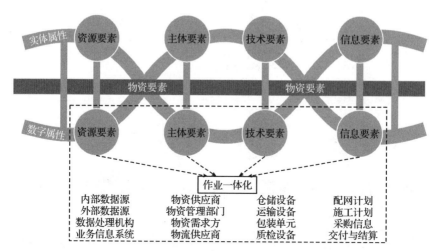

图4-15 电网物资智慧供应链仓储物流体系作业一体化构建模式

在保证检储配各业务具备独立作业能力的前提下,通过一体化管理平台的搭建实现各业务信息系统间互联互通和信息共享,通过管理制度的完善配置提高检储配一体化协调能力,确保检储配基地业务的整体联动和协同。

在末端配送方面,以工程项目需求为导向,开展全景式物资需求管理,按照"供需动态平衡"及"项目化"的管理理念,借助信息化手段,融合工程物资需求侧及库存管理供应侧数据,将计划汇总、利库、发货、数据统计等日常业务信息化,消除最后一公里物资供应过程中各业务首末端的数据壁垒,实现最后一公里的物资供应一体化。同时,开展末端基层仓储配送管理的智慧化管控、项目物资需求的主动化供应和面向用户单位的个性化服务。

4.3.3 电网数字化仓储物流装备智能化构建模式

(1)装备智能化模式的需求分析。当前,智慧物流新兴技术方兴未艾,物联网、大数据、云计算、人工智能和区块链构成的新兴技术要素与仓内技术、干线技术、最后一公里技术和末端技术构成的传统技术要素不断融合[124]。但电网物流所面对的物资具有种类复杂、数量众多等特点,且工作人员构成复杂、安全隐患大,在物流作业方法与技术装备的智慧化、自动化水平上与先进物流企业有明显差距。同时,随着工业互联网技术及其平台的发展,边缘计算与云端协同成为工业互联网平台重要发展方向[125]。

（2）装备智能化——技术装备升级。在端装备智能化方面,利用泛在物联技术关注仓储作业关键设备的实时状态,利用边缘计算技术代替传统的基于信号控制的自动化技术,实现基于数据进行自我调控与业务决策的智能判断,提升电缆分拣机、智能感应货架、自动拣选系统、立体式货架、AGV小车等边缘设备的端智能能力,形成具有感知、分析、推理、决策、控制功能的智能数字化仓储物流技术装备系统,将传统的人力作业和人因决策改变为自动化作业和智能感知决策,优化物流仓储设施和机器设备的运行和维护,通过网络化手段提升数字化仓储物流技术装备作业的智能化水平。

电网现代智慧供应链数字化仓储物流体系装备智能化构建模式,如图4-16所示。

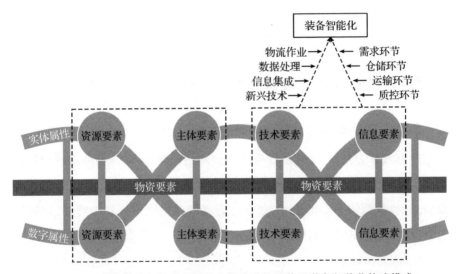

图4-16　电网现代智慧供应链数字化仓储物流体系装备智能化构建模式

在库房智能化集成方面,利用大数据和物联网技术,推动机器人技术、感知技术、5G通信技术在数字化仓储物流端设备中的集成与应用,从ERP、EWMS等系统中获取数据,实现仓储设备自动化与仓储管理决策支持系统的集成,从而更好地完成仓储活动的计划、组织、控制和反馈。由此,利用物联网和可视化技术,以ERP、EWMS和视觉分析等系统为数据和信息的来源,基于机器人技术和端智能,对仓库物资进行可视化跟踪和无人化作业。

5

电网省级仓储物流网络规划设计

5.1 电网省级仓储物流网络规划概述

5.1.1 电网省级仓储物流网络的目标及原则

根据总部的要求,结合浙江电力仓储网络现状,科学合理地构建现代仓储网络,推进仓库标准化建设,明确各类仓库功能定位,细化各类仓库存储物资类别,规范物资存储形式,通过信息系统对物资进行集中管理,保障物资供应,提升仓库资源利用效益。

(1)规划目标。

适应"五大"业务需要,按照"统筹规划、合理布局、务实高效、分步实施"的原则,整合现有仓储资源,开展仓储标准化建设,推进现代物流技术应用,构建层级清晰、功能明确、高效运转的现代仓储网络。仓储面积降低30%,库存物资周转率达到4次/年。

(2)规划原则。

①统筹规划、适度超前。按照"合理确定储备定额、统筹规划仓储地点、科学设计仓库规模"的思路,根据存储物资的种类和数量,调整各级仓库定

位,构建以省中心库为核心、地(市)周转库为分支、县公司和专业支撑机构仓储点为补充的仓储网络。考虑电网企业物流发展趋势,结合供应商寄存、联合储备、电商采购等多种储备模式,适度超前规划仓库规模和配套设施。

②合理布局、立足服务。结合电网企业"以运维检修物资为主、项目暂存物资为辅"的库存物资特点,将通用性强、响应速度要求低、周转慢的物资向省中心库集中,服务半径覆盖全省范围,减少物资重复储备,形成规模效益;将安全保障性强、响应速度要求高、周转快的物资存储在周转库和仓储点,贴近生产一线,方便配送与领用,提高供应需求的响应速度和服务水平。

③以改造为主、新建为辅。坚持"以改造为主、新建为辅"的原则,利用现有仓库资源,对储存条件好、周转量大的仓库进行改造修缮,并纳入仓储网络;对储存量少、利用率低、闲置的仓库进行整合与撤销。推进仓库标准化建设与管理,运用现代信息和物流技术,改造修缮现有仓库,提升物流技术与信息化水平。

5.1.2 电网省级仓储物流网络现状分析框架与规划框架

(1)电网省级仓储物流网络现状分析框架。

现状分析框架整体包含战略驱动因素框架和物资管理能力框架。战略驱动因素包括电力行业物资管理特点与趋势、业务战略、政策与法规。这些因素是对物资运营产生影响的外部输入。物资管理能力包括战略层、策略层、运营层和支持层,四个层级共"八大要素"。这"八大要素"将直接有助于实现物资管理能力的提升。电网省级仓储物流网络现状分析框架,如图5-1所示。

根据现状分析框架,从供应链的角度出发,对浙江电力管理现状做了结构化的梳理和分析,从中总结出影响到未来设计的主要发现和关键信息。具体评估工作主要通过以下三个方面开展:

①访谈和实地调研。在访谈调研阶段,主要进行业务访谈,涵盖浙江电力省物资部各处室、省公司相关业务部门、省物资公司,以及省检修分公司,同时辅以现场走访和实地考察。

②数据收集和分析。收集并深入分析大量相关数据信息,包括物料明

细、供应商信息、仓库信息、采购订单、领用预留、调拨订单、物料凭证、同业对标数据等。根据收集的数据,运用定量分析与定性分析相结合、横向对比与纵向对比互为补充的方法,深入开展数据挖掘和剖析工作,其涵盖的工作内容如下:

a. 业务规划分析。包括输电供电量变化趋势、浙江电力供应分布、物料数量变化趋势、物资通用性分析等;

b. 物资计划。包括仓库库存水平、呆滞库存比例等;

c. 采购。包括各类采购模式采购量比例分析、供应商到货及时率、供应商数量及采购金额分布等;

d. 仓储。包括仓库分布特点分析、库存周转分析、仓库出入库订单作业条数等;

e. 运输。包括运输方式分析、运输费用组成分析等;

f. 物资领用。包括订单领料波动、领料频次、常规订单与紧急订单比例分析等。

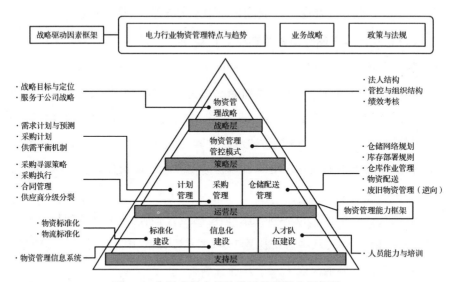

图5-1 电网省级仓储物流网络现状分析框架

③浙江电力内外部专家意见收集。综合利用公司内外部专家资源,通过分析各类因素及其影响程度,对物资管理差距和业务影响情况进行评价,针对重点关注领域情况进行详细剖析评价。

（2）电网省级仓储物流网络规划框架。

电网省级仓储物流网络设计基于省域现有及未来仓储资源,综合考虑各市(县)物资需求,结合"统购统配"初步设想,重点对省控配送中心的具体选址做了详细建议,为建立有效支撑统购统配的仓储网络体系奠定基础。具体涵盖如下内容:

①物流网络层级模式选择。针对主网物资、配网运维物资和废旧物资不同特点,选择差异化的物流网络层级模式。

②省控配送中心选址模型建立。通过物资部相关人员访谈及业务数据收集,使用建模工具,构建符合浙江电力现状的"省控配送中心优化混合整数"模型。

③模型结果调整。对模型结果进行可行性论证,基于省域电力实际情况对模型结果进行修正,从而得到若干待选县市为省控配送中心选址及其覆盖范围。

5.1.3　电网省级仓储物流网络层级模式选择

物流网络层级模式的选择需要考虑各类物资在服务模式与服务水平方面的差异化要求。因此,针对主网物资、配网运维物资和废旧物资的不同特点,选择差异化的物流网络层级模式。

对于主网物资,其特点为专项专用,集中存储不会对库存成本带来任何节约。综合考虑物流成本、业务匹配度、变革与运作的难易程度等因素,建议供应商选择直送现场和"供应商—靠近需求方的市局周转库—需求方"相结合的物流网络模式。

对于配网运维物资,考虑到突发性需求,相关物资宜靠近班组,因此建议采用两层物流网络模式,即对于统购统配物资,采用"省控配送中心—工区库"的模式,对于非统购统配物资,采用"各单位区域库—工区库"的模式。

对于废旧物资,由于操作主要由各市(县)局自行负责存储与利旧工作,资产及财务相对独立,因此建议各局废旧物资采用现有单层物流网络模式。综上所述,物资网络层级模式如图5-2所示。

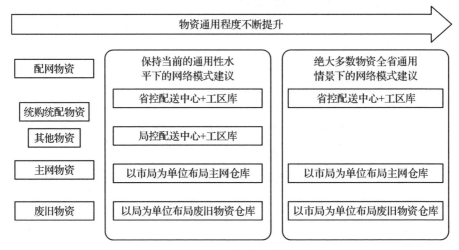

图5-2 物资网络层级模式

5.2 电网省级仓储物流网络省控配送中心选址

5.2.1 省控配送中心选址步骤

省控配送中心选址方法包含4个步骤,如图5-3所示。

①服务物资对象确定。从通用性与出库金额两个维度对配网各小类物资做分类分析。考虑到当前物资通用性水平有待提高,建议按批次开展统购统配。

②潜在选址对象选择。基于当前及未来的仓库分布、地理特征、物流资源与公路网络,对11个候选城市初步筛选。

③选址模型建立。运用LINDO的"What's Best"软件,建立"省控配送中心优化混合整数规划"模型,开展省控配送中心选址测算,得到不同情景下的选址方案。

④各方案物流总成本与服务水平比较。综合比较各个方案的物流总成本与对应的服务水平,根据模型结果推荐最优方案。

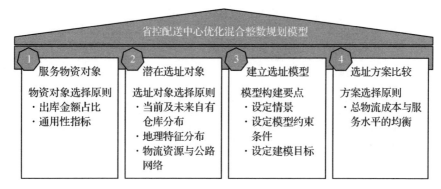

图5-3 省控配送中心选址步骤

5.2.2 省控配送中心服务物资对象确定

省控配送中心服务的物资对象是统购统配物资。根据物资通用程度与领用量两个维度,将以下25个小类物资做了优先级排序,如表5-1所示,形成统购统配具体小类及实施批次。

表5-1 小类物资的优先级排序一览表

小类	通用性	出库金额占比(%)	统购统配批次
电力电缆	31	10.9	1
10kV变压器	53	7.7	1
架空绝缘导线	49	6.9	1
低压电力电缆	21	5.8	1
柱上断路器	49	2.3	2
布电线	44	2.1	2
钢芯铝绞线	38	1.9	2
高压熔断器	54	0.7	2
配电终端	37	0.6	2
专变采集终端	46	0.6	2
环网柜	20	3.7	3
配电箱	24	3.2	3

续　表

小类	通用性	出库金额占比(%)	统购统配批次
集束绝缘导线	23	2.6	3
低压开关柜	3	1.9	3
箱式变电站	18	1.2	3
JP柜	6	1.0	3
高压开关柜	10	0.9	3
接续金具-绝缘穿刺线夹	17	0.9	3
线路角铁横担	6	0.9	3
电缆保护管	9	0.8	3
低压电容器柜	8	0.6	3
变电在线监测装置	4	0.6	3
电缆分支箱	4	0.5	3
低压开关	10	0.5	3
铝绞线	19	0.5	3

以上统购统配物资选择具体推导过程如下：

运用某年份的预留出库数据，发现有30多个小类出库金额占了所有物资出库金额的80%，进而，刨去智能电表小类，从通用性与出库金额两个维度对配网各小类物资做了分类分析。表5-2是占浙江电力配网运维物资使用量排名前30的各小类物资的通用性指数与领用金额占比。

表5-2　使用量排名前30的各小类物资的通用性指数与领用金额占比

小类	通用性	出库金额占比(%)	物资品项数
电力电缆	31	10.9	93
锥形水泥杆	27	8.5	144
10kV变压器	53	7.7	38
架空绝缘导线	49	6.9	95

小类	通用性	出库金额占比(%)	物资品项数
低压电力电缆	21	5.8	280
采集器	31	4.9	5
集中器	52	4.8	4
环网柜	20	3.7	16
配电箱	24	3.2	27
集束绝缘导线	23	2.6	83
柱上断路器	49	2.3	9
布电线	44	2.1	169
低压开关柜	3	1.9	123
钢芯铝绞线	38	1.9	33
钢管杆(桩)	18	1.8	25
箱式变电站	18	1.2	16
JP柜	6	1.0	33
高压开关柜	10	0.9	31
接续金具-绝缘穿刺线夹	17	0.9	82
线路角铁横担	6	0.9	669
电缆保护管	9	0.8	71
高压熔断器	54	0.7	39
配电终端	37	0.6	3
低压电容器柜	8	0.6	22
专变采集终端	46	0.6	6
变电在线监测装置	4	0.6	8
铁塔	10	0.5	9
电缆分支箱	4	0.5	71
低压开关	10	0.5	235
铝绞线	19	0.5	16

其中,锥形水泥杆、钢管杆(桩)、铁塔因外形不规则,难以集中存放,因此不在统购统配物资对象中,而集中器与采集器属于电能表范畴,因此也不在统购统配物资对象中。在剔除这5个小类之后,根据通用程度与领用量两个维度,将其余25个小类物资的统购统配推进做了优先级排序,如图5-4所示,其中优先级①>②>③,即对①类中的物资优先推进统购统配,其次是②类中的物资,最后是③类中的物资。建议浙江电力可考虑采用该步骤分批推进统购统配,同时分批推进相关物资的标准化建设工作。

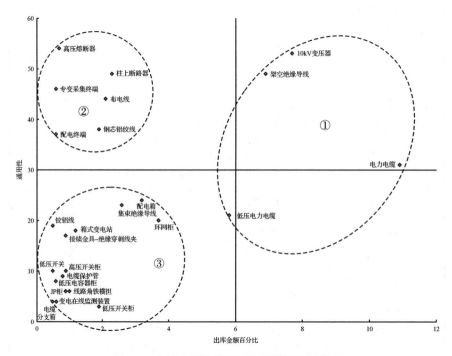

图5-4 物资分批推进统购统配的优先级排序

随着未来统购统配的逐批推进,全省各地区的领用密度基本一致,因此未来只需相应调整配送中心的仓容面积。使用该三批统购统配物资(共计25个小类)某年4—10月实际出库数据作为各单位实际需求,从而作为选址模型输入。

5.2.3 省控配送中心潜在选址对象选择

将浙江省11个地市全部列为省控配送中心候选城市,其中,舟山群岛四面环海,地理位置特殊,缺乏充足的公路网络,不适合作为省控配送中心。因此,将在除舟山外的10个市作为潜在省控配送中心选址对象。

5.2.4 省控配送中心选址优化模型

(1)省控配送中心选址优化建模分析。

省控配送中心网点布局是指在浙江省范围内确定中心实体库的具体数量和具体坐落位置。省控配送中心选址的网点布局决策不仅直接关系到日后省控配送中心的运营成本和服务水平,而且关系到整个社会物流系统的合理化。因此,省控配送中心选址网点布局是省物资仓储物流网络规划中至关重要的问题,选址要合理,应该尽量靠近运输路线。同时省控配送中心选址及网点布局决策属于物流系统长期规划项目,建设地点一旦选定则很难改变,因此在进行选址网点布局决策中通常要全面考虑众多影响因素。

省控配送中心的选址网点布局应以费用低、服务好、辐射强以及社会效益好为目标:费用低是指寻求中心库包括建设费用和经营费用在内的总费用最低;服务好是指中心库选址的地址应该能够保证物资及时、完好地送达周转库;辐射强以及社会效益好是指省控配送中心选址应该从整个省物流大系统的需要出发。省控配送中心数量—成本关系,如图5-5所示。

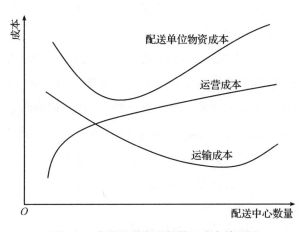

图5-5 省控配送中心数量—成本关系图

从图5-5可以看出,运输成本是一条下凹曲线,这表示在最大集运点之前,运输成本随省控配送中心数量的增加而降低,但超过最大集运点时,运输成本随省控配送中心数量的增加而上升;运营成本则随着省控配送中心数量的增加以递减的速率增加。配送单位物资成本则随着省控配送中心数量的增加先递减,在达到最佳的物流配送中心数量后则随之上升。

(2)浙江电力省控配送中心选址模型原理。

以浙江电力各单位物资需求量、配送成本及仓库的改造或者建设成本为数据输入,在满足各局物资需求量均需被省控配送中心所覆盖、配送响应时限等条件下,得到总成本最优的省控配送中心选址方案。

在建模之前,根据前期的现状分析和调研,兼顾当前的业务限制条件,确定前提条件与相关假设,具体内容如下:

①浙江省将逐步实施统购统配运作模式。

②未来,劳动保护用品、办公用品和表计物资的运作仍采用现有模式,不做改变。

③参考浙江电力规划期供电量增长预估业务需求增长(增长率为23%),并以此推算规划期各年度各市县运输需求量。

④供应商网络存在较大的不确定性,当前无法明确未来供应商分布与供应商配送的一次物流成本,在本网络规划模型中将不考虑供应商配送成本。

⑤由于无法获得各种物资体积重量等明细数据,将根据浙江电力提供的各小类物资单位重量数据估算各市县物资需求量。

⑥未来仓库网络规划选址将必须考虑充分利用自有仓库,假设自有仓库转为"省控配送中心"的改造/启动资金为100万元,作为模型数据输入。

⑦当前浙江电力运输价格的相关数据缺失,在建模时将采用运输市场公开价格作为输入数据,以元/吨·千米为单位,单价设定为0.25元/吨·千米;以上数据作为未来仓库网络规划设计的重要输入数据。

(3)省控配送中心优化的混合整数规划模型的目标函数。

目标函数的主要决策因素是:

①各区县与各个候选配送中心之间的运输距离;

②每条路线的运输成本(单位:元/吨·千米);

③行驶速度(千米/小时);

④每条路线的行驶时间（小时/路线）；

⑤省控配送中心的启动/改造成本；

⑥各区县的物资需求量（折算成吨）。

目标函数主要的约束条件是：

①各区县的物资需求量必须被省控配送中心全部满足；

②配送相应时间要求；

③不同仓库个数条件下所达到的最优服务水平。

省控配送中心优化的混合整数规划模型的目标函数是：

物流总成本=配送中心改造/启动成本+省控配送中心到各工区库所在区县的运输成本+省控配送中心库存持有成本。

（4）省控配送中心选址优化模型。

通过与各地市局物资部相关人员的访谈，明确关于未来省控配送中心服务水平（配送响应时间为 2 小时）的诉求。在此约束下，省控配送中心选址问题可以描述如下：

n 个容量有限制的备选中心库和 j 个周转库；备选中心库到周转库的运费均为运输量的线性函数；中心库的可变成本为流量的凹函数；由于资金限制，拟选择的配送中心总数限制为 P，如何选择以使总成本 f 最小。该问题的数学模型如式（5-1）—式（5-7）所示。

$$\min f\left(x,z\right) = \sum_{i=1}^{n}\sum_{j=1}^{m} z_i b_{ij} x_{ij} + \sum_{i=1}^{n} z_i v_i w_i^{\theta} + \sum_{i=1}^{n} z_i F_i \tag{5-1}$$

$$\text{s.t.} \begin{cases} \sum_{i=1}^{n} z_i x_{ij} \geq D_j, i = 1,2,\cdots,l & (5\text{-}2) \\[2mm] \sum_{i=1}^{n}\sum_{j=1}^{l} z_i x_{ij} = W_i, i = 1,2,\cdots,n & (5\text{-}3) \\[2mm] W_i \leq C_i & (5\text{-}4) \\[2mm] \sum_{i=1}^{n} z_i \leq p & (5\text{-}5) \\[2mm] z_i = \begin{cases} 1, 如果选择区域库 i \\ 0, 其他 \end{cases} & (5\text{-}6) \\[2mm] x_{ij} \geq 0, i = 1,2,\cdots,n; j = 1,2,\cdots,l & (5\text{-}7) \end{cases}$$

其中,F_i为中心库i的固定费用,v_i为中心库i可变成本系数,C_i为中心库i的最大容量,W_i为中心库i的流量;x_{ij}为中心库i到周转库的运输量,b_{ij}为中心库i到周转库的单位运输成本;D_j为周转库j的需求量;z_i为0-1型整数变量,如果第i个中心库被选中,则$z_i = 1$,否则为0。

在目标函数式(5-1)中,等式右边第1项是从中心库到周转库的运输成本,第2项是中心库的可变成本,它与中心库的流量W_i成正比,第3项是中心库的固定成本。约束条件中式(5-2)表示用户的需求被满足;式(5-3)—式(5-5)分别表示中心库的容量及个数的限制;式(5-6)和式(5-7)为决策变量的定义。

5.3 浙江电网省级仓储物流网络规划方案

5.3.1 各方案总成本与服务水平比较

经过模型测算省控配送中心数量从1—10个的所有情景,发现当仓库数量达到6个时,其2小时覆盖率表现达到拐点,物流总成本最低。物流总成本分布和仓库2小时到货覆盖率如图5-6、图5-7所示。

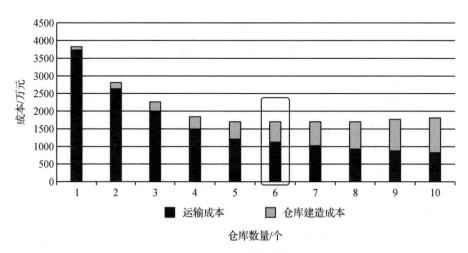

图5-6 物流总成本分布图

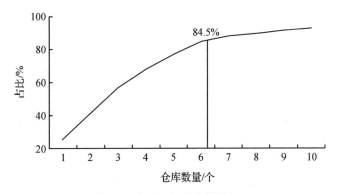

图 5-7　仓库 2 小时到货覆盖率

　　因此从模型角度出发,6 个省控配送中心是优选方案,初步选址方案分别为杭州、金华、宁波、温州、台州和嘉兴。

5.3.2　模型结果调整

　　综合考虑需求地区的生产总值、人口、工业用电量和供电可靠率,对 75 个市(县)进行重要性排序后,认为若不考虑嘉兴为省控配送中心,所有重要城市仍能够满足在 2 小时内配送到达,因此建议将省控配送中心数量调整为 5 个,即杭州、金华、宁波、温州和台州。

　　具体调整过程如下:

　　对于嘉兴配送中心,由于其距离杭州配送中心较近,若不考虑模型建议的嘉兴配送中心,则将原由嘉兴覆盖的嘉兴、湖州、桐乡、平湖、长兴等重要性高的城市并入杭州库覆盖圈内,嵊泗县则改由宁波覆盖。经过实际测算发现,原嘉兴覆盖单位仍基本可以维持在 2 小时覆盖圈内,重要性高的城市服务水平并没有明显地下降。综合考虑来看,建议撤销模型输出的嘉兴仓库。

　　对于台州配送中心,若不考虑模型建议的台州配送中心,则将原由台州覆盖的台州、温岭、临海、永嘉等 11 个城市并入温州覆盖范围,天台县则改由宁波覆盖。经过实际测算发现,原由台州库覆盖区域的服务水平将从小于 2 小时拉长到平均 4 小时,考虑到应急保障要求,建议无须撤销模型输出的台州仓库。

5.3.3　最终选址方案与配送区域划分

经过以上的定量计算与定性论证,适合浙江电力的省控配送中心规划最佳方案如表5-3所示。

表5-3　省控配送中心规划最佳方案推荐

配送中心	市	区县
杭州	杭州	除建德外所有地区
	湖州	所有地区
	嘉兴	所有地区
	绍兴	绍兴、诸暨
宁波	宁波	所有地区
	舟山	所有地区
	绍兴	上虞、嵊州和新昌
金华	金华	所有地区
	衢州	所有地区
	丽水	除青田、庆元和景宁外所有地区
温州	温州	除洞头和永嘉县外所有地区
	丽水	青田、庆元、景宁
台州	台州	所有地区
	温州	洞头、永嘉

6

电网现代仓储物流系统运作关键技术

6.1 多维融合与贝叶斯概率更新的电网物资需求预测方法

6.1.1 电网物资需求特点及其影响因素

(1)电网物资需求特点。

电网物资的专业性强、品种多、规格杂、数量差异大,具有高复杂性和高不确定性的特点。需求的实际产生者无法实时地传达和反馈需求数据,真实的需求很难精确获得。

①真实需求和计划需求之间的关系。电网物资的需求包括计划内需求和计划外需求,又以计划内需求为主,也就是说,电网物资的需求主要是计划驱动的。温州供电公司每年都会发布"电网基建项目投资计划",而该年度投资计划基本上定调了该年度的电网基建项目的主要投资方向,决定了主要投资方向目录下的各类项目的投资总金额,根据这些项目所涵盖的物资种类和数量,可以预估出电网物资的需求种类和数量。真实需求不仅包括这些计划内的需求,还包括当年计划发生变化所产生的需求变化,以及随机出现的意外需求,因此真实需求不能与计划需求画等号,而是通常大于计

划需求,但是两者非常相关。

②仓库物资和真实需求之间的关系。物资的供应和物资的需求是通过"匹配"的方式来实现供应和需求之间的平衡的。大部分电网物资通过统购统配和寄存的方式,实现物资供应和物资需求的匹配。这种匹配使得真实的需求是由电网仓库中的统购统配和寄存物资来共同满足的。然而,区域的真实需求与区域内仓库的物资存取总数量并不完全匹配,因为存在需求与供应不能完全匹配的情况,要通过跨区域物资调拨实现未满足的需求。因此,真实需求通常大于仓库物资,但两者也是非常相关。

③物资需求影响因素与物资需求自身之间的关系。电网物资的需求产生主要由计划驱动,由于计划的周期较长,导致需求演变过程中带有较大的随机性和动态性。这种随机性和动态性可以理解成需求容易被某一些因素影响和改变,从而增加了需求预测的难度、降低了需求画像的精度。这些影响需求的数量、地点和时间的因素,包括内部子因素以及外部子因素,比如电网系统的计划、布局、活动和相应的调整都会导致需求的变动。每个因素影响需求的程度不同、重要性不同、变化的方向也不同。可以认为,电网物资的需求是计划内、计划外、影响因素作用,以及随机干扰等多方面共同联合作用的产物。

(2)需求预测影响因素分析。

电力物资的需求产生主要由电网项目投资计划驱动,而投资计划的周期是年度的,具有周期跨度较大的特点。但是在较长的计划周期内,需求是实时产生和变化的,因此一年之中的需求具有较大的不确定性。为了尽量降低这种不确定性,最重要的是从导致需求产生不确定性的原因或源头入手,来寻找引起需求变动的各种因素,即需求变动的影响因素。据调研分析,影响需求变动的因素主要包括内部因素以及外部因素两大类。内部因素主要指与电力物资自身属性有关的因素,外部因素主要指物资外部环境的变化所造成的需求变动的因素,这种外部环境包括规划因素、经济因素、环境因素等。表6-1列出了导致电力物资需求变动的各种内外部影响因素。

诸多影响因素意味着需求变动分析变得异常困难,而且过于复杂和烦琐的需求分析会影响到需求分析方法的可推广性。为此,考虑各因素对物资需求影响程度的不同,对表6-1所列的影响因素进行筛选,剔除不重要的、干扰性的影响因素,保留关键的、主要的影响因素。

表6-1　电力物资需求变动的内外部影响因素

内部因素	外部因素
物资重要性 物资价格 物资质量 物资采购周期	计划变更 地域经济水平 地域用电规模 设备故障率
物资生产周期 招投标时长 需求迫切程度	季节因素 自然灾害 环保要求

在此,采用问卷调查的方式,设计量表式计分问卷,向电网系统内、外部专家发放和回收问卷。从专家那里获得各个候选主要影响因素的打分,根据这些打分数据,筛选获得电力物资需求变动的主要影响因素。通过删除无效问卷、保留有效问卷,以及对问卷的信度和效度分析进行之后,获得最终的主要影响因素为:季节波动、计划变更、需求迫切程度、物资价格、地域用电规模、自然灾害等,其中记 j 因素影响对物资需求预测值影响的权重为 w_j。

6.1.2　多维融合与贝叶斯概率更新的物资需求预测方法

(1)多维融合与贝叶斯概率更新的预测框架。

根据以上分析,为获得需求的基准预测数据,可收集"按年度的配网基建项目投资计划"和"按月度的分地区需求计划跟踪信息",由这两者的信息所推算出的需求基准预测数据一般都小于真实需求,但是与真实需求具有很大的相关性,大体上可以代替真实需求。由此,将需求设置成具有已知概率分布的随机变量,将投资计划所推算的需求数量作为需求的基准值,将需求数量按照需求情境进行层级划分,通过从历史数据中分析需求的主要影响因素对需求数量的影响机制,得出经影响因素融合后的需求预测值,其流程如图6-1所示。

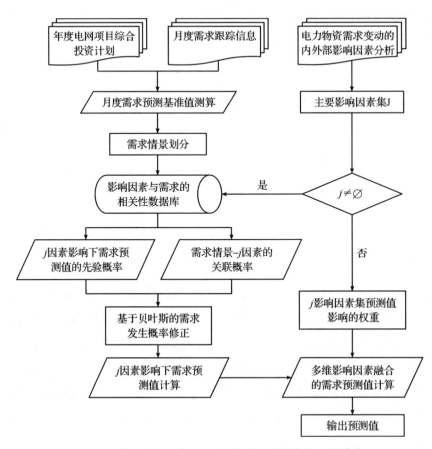

图6-1　基于多维融合与贝叶斯概率更新的电力物资需求

（2）基于贝叶斯概率更新的需求预测步骤。

①j因素影响下需求基准值及发生概率。考虑电力物资需求的计划驱动特点，可将投资计划所推算的需求数量作为需求估算值，但因该数值相对粗糙，将其定义为季节波动（$j=1$）影响下的需求基准值$Q_{1,i}^n$，其中i表示月份，n表示年份。则n年份各季度需求的基准值为$\bar{Q}_{1,l}^n = Q_{1,3l-2}^n + Q_{1,3l-1}^n + Q_{1,3l}^n$，其中$l = 1,2,3,4$。

②j因素影响下需求情景划分。即对电力物资的需求基准值按离散的需求情境进行层级划分。在此将需求分为五个需求情境，对应的需求量区间为$(a_k, b_k]$（其中$k = 1,2,3,4,5$，且$a_1 < b_1 = a_2 < b_2 = a_3 < b_3 = a_4 < b_4 = a_5 <$

b_5），即很低需求情景下需求区间为$(a_1,b_1]$、较低需求情景下需求区间为$(a_2,b_2]$、一般需求情景下需求区间为$(a_3,b_3]$、较高需求情景下需求区间为$(a_4,b_4]$、很高需求情景下需求区间为$(a_5,b_5]$5种需求情景。

③j因素影响下需求预测值的先验概率。计算历年各月份需求基准值$Q_{1,i}^n$在5种需求情景中的发生概率，如式（6-1）所示，并将其作为预测年份对应月份需求预测值为Q_1^n的先验概率。

$$Pro_i(k) = \frac{countif(Q_{1,i}^n \in (a_k,b_k])}{n} \qquad (6-1)$$

其中，$countif(\ )$为$Q_{1,i}^n$归属$(a_k,b_k]$的计数函数，$n = 1,2,3,\cdots$，$i = 1,2,3,\cdots,12$。

④需求情景-j因素的关联概率。为了量化电力物资需求在需求情景k与季度l间的相关关系，采用似然函数反映这种相关关系的概率分布，其概率如式（6-2）所示。

$$Pro(l|k) = \frac{countifs(Q_{1,i}^n \in (a_k,b_k], i \in [3l-2,3l])}{\sum_l countifs(Q_{1,i}^n \in (a_k,b_k], i \in [3l-2,3l])} \qquad (6-2)$$

其中，$countifs(\ )$为$Q_{1,i}^n \in (a_k,b_k]$且$i \in [3l-2,3l]$的组合计数函数，$n = 1,2,3,\cdots$。

⑤j因素影响下需求发生概率修正。为求出j因素影响下（即受季度l影响）的需求以特定值发生的概率，考虑需求情景-季节关联概率与需求预测值先验概率，基于贝叶斯定理进行需求发生概率修正，如式（6-3）所示。

$$Pro_i(k|l) = \frac{Pro_i(k) \cdot Pro(l|k)}{\sum_k [Pro_i(k) \cdot Pro(l|k)]} \qquad (6-3)$$

⑥j因素影响下需求预测值。计算5种需求情景对应需求量区间的中值为$q_k = \dfrac{a_k + b_k}{2}$，则$j$因素影响下需求预测值如式（6-4）所示：

$$Q_j^F = \sum_k [q_k \cdot Pro_i(k|l)] \qquad (6-4)$$

⑦多维影响因素融合的需求预测值。考虑各影响因素对物资需求预测

值影响的权重为 w_j，通过加权平均，可得多维影响因素加权的需求预测值，如式（6-5）所示。

$$Q^F == \frac{\sum_j \left(Q_j^F \cdot w_j \right)}{w_j} \tag{6-5}$$

6.1.3　多期滚动贝叶斯概率更新预测算例

以下以国网温州供电公司 10kV 配网项目的电力电缆需求预测为例进行说明，其中历史年限为 2016—2019 年。受篇幅所限，此处仅预测 2020 年受季节波动因素影响的需求值。

（1）测算月度需求基准值。将 2016—2019 年历年投资计划与各月份需求跟踪数据推算的需求数量作为需求估算值，其结果如表 6-2 所示。

表 6-2　温州市 2016—2019 年电力电缆的月度需求的基准值

（基准值单位：千米）

年月	需求基准值	年月	需求基准值
2016-01	0	2018-01	853.0754921
2016-02	0	2018-02	544.4669484
2016-03	404.7780432	2018-03	255.6141243
2016-04	74.88393799	2018-04	920.3540296
2016-05	607.1670648	2018-05	536.8476157
2016-06	0	2018-06	532.9953356
2016-07	0	2018-07	284.8130437
2016-08	1882.217901	2018-08	509.0464263
2016-09	463.3899038	2018-09	198.9037888
2016-10	526.2114562	2018-10	942.5472538
2016-11	20.23890216	2018-11	189.1708157
2016-12	330.2988832	2018-12	0
2017-01	0	2019-01	853.0754921

续　表

年月	需求基准值	年月	需求基准值
2017-02	0	2019-02	544.4669484
2017-03	2534.307583	2019-03	255.6141243
2017-04	38.75643615	2019-04	920.3540296
2017-05	661.2816918	2019-05	536.8476157
2017-06	2187.195251	2019-06	532.9953356
2017-07	0	2019-07	284.8130437
2017-08	0	2019-08	509.0464263
2017-09	121.113863	2019-09	198.9037888
2017-10	15.13923287	2019-10	942.5472538
2017-11	0	2019-11	189.1708157
2017-12	60.55693148	2019-12	0

（2）需求情景划分。对基准数据按离散的需求情境划分层级,如表6-3所示。

表6-3　电力电缆需求情景的层级划分

需求情境	很低需求	较低需求	一般需求	较高需求	很高需求
数量区间(千米)	200以下	200—400	400—600	600—800	800以上

（3）需求预测值的先验概率。将表6-2的需求基准值按月根据式(6-1)进行概率拟合,预测2020年温州市电力电缆的月度需求先验概率如表6-4所示。

表6-4　2020年温州市电力电缆的月度需求先验概率

月份	需求情境	先验概率	月份	需求情境	先验概率	月份	需求情境	先验概率
01	很低需求	0.5	05	很低需求	0.25	09	很低需求	0.5
	较低需求	0.25		较低需求	0		较低需求	0.25

月份	需求情境	先验概率	月份	需求情境	先验概率	月份	需求情境	先验概率
01	一般需求	0	05	一般需求	0.25	09	一般需求	0.25
	较高需求	0		较高需求	0.5		较高需求	0
	很高需求	0.25		很高需求	0		很高需求	0
02	很低需求	0.75	06	很低需求	0.25	10	很低需求	0.25
	较低需求	0		较低需求	0.5		较低需求	0.25
	一般需求	0.25		一般需求	0.25		一般需求	0.25
	较高需求	0		较高需求	0		较高需求	0
	很高需求	0		很高需求	0		很高需求	0.25
03	很低需求	0	07	很低需求	0.5	11	很低需求	0.75
	较低需求	0.25		较低需求	0.5		较低需求	0.25
	一般需求	0.5		一般需求	0		一般需求	0
	较高需求	0		较高需求	0		较高需求	0
	很高需求	0.25		很高需求	0		很高需求	0
04	很低需求	0.5	08	很低需求	0.25	12	很低需求	0.75
	较低需求	0.25		较低需求	0		较低需求	0.25
	一般需求	0		一般需求	0.25		一般需求	0
	较高需求	0		较高需求	0		较高需求	0
	很高需求	0.25		很高需求	0.5		很高需求	0

（4）需求情景-季节的关联概率计算。由表6-2统计出需求情境与季节间的关联概率,如表6-5所示。

表6-5　需求情景-季节的关联概率

季节	很低需求	较低需求	一般需求	较高需求	很高需求
春季	0.142857143	0.2	0.375	1	0.285714286
夏季	0.19047619	0.3	0.25	0	0.428571429

季节	很低需求	较低需求	一般需求	较高需求	很高需求
秋季	0.285714286	0.3	0.25	0	0.142857143
冬季	0.380952381	0.2	0.125	0	0.142857143

（5）季节波动因素下需求发生概率修正。根据式（6-3），得出经季节波动影响因素更新后的需求发生概率，如表6-6所示。

（6）计算季节波动因素影响下需求预测值。计算5种需求情景对应需求量区间的中值，根据式（6-4）计算需求预测值，如表6-7所示。

（7）计算多维影响因素融合的需求预测值。对其他影响因素，采用上述分析计算过程皆可获得该影响因素下的需求预测值。此时，考虑各影响因素对物资需求预测值影响的权重，通过加权可得最终预测值。

表6-6　更新后的2020年温州市电力电缆的月度需求概率

月份	需求情境	先验概率	后验概率	月份	需求情境	先验概率	后验概率
01	很低需求	0.5	0.689655	07	很低需求	0.5	0.38835
	较低需求	0.25	0.181034		较低需求	0.5	0.61165
	一般需求	0	0		一般需求	0	0
	较高需求	0	0		较高需求	0	0
	很高需求	0.25	0.12931		很高需求	0	0
02	很低需求	0.75	0.901408	08	很低需求	0.25	0.146789
	较低需求	0	0		较低需求	0	0
	一般需求	0.25	0.098592		一般需求	0.25	0.192661
	较高需求	0	0		较高需求	0	0
	很高需求	0	0		很高需求	0.5	0.66055
03	很低需求	0	0	09	很低需求	0.5	0.509554
	较低需求	0.25	0.16185		较低需求	0.25	0.267516
	一般需求	0.5	0.606936		一般需求	0.25	0.22293
	较高需求	0	0		较高需求	0	0
	很高需求	0.25	0.231214		很高需求	0	0

月份	需求情境	先验概率	后验概率	月份	需求情境	先验概率	后验概率
04	很低需求	0.5	0.37037	10	很低需求	0.25	0.291971
	较低需求	0.25	0.259259		较低需求	0.25	0.306569
	一般需求	0	0		一般需求	0.25	0.255474
	较高需求	0	0		较高需求	0	0
	很高需求	0.25	0.37037		很高需求	0.25	0.145985
05	很低需求	0.25	0.056738	11	很低需求	0.75	0.740741
	较低需求	0	0		较低需求	0.25	0.259259
	一般需求	0.25	0.148936		一般需求	0	0
	较高需求	0.5	0.794326		较高需求	0	0
	很高需求	0	0		很高需求	0	0
06	很低需求	0.25	0.183066	12	很低需求	0.75	0.851064
	较低需求	0.5	0.576659		较低需求	0.25	0.148936
	一般需求	0.25	0.240275		一般需求	0	0
	较高需求	0	0		较高需求	0	0
	很高需求	0	0		很高需求	0	0

表6-7　2020年温州市电力季节波动因素影响下电缆月度需求预测

预测值单位:千米

月份	更新前预测值	更新后预测值	月份	更新前预测值	更新后预测值
01	350	239.6551724	07	200	222.3300971
02	200	139.4366197	08	600	705.5045872
03	550	560.1156069	09	250	242.6751592
04	350	448.1481481	10	450	380.2919708
05	500	636.1702128	11	150	151.8518519
06	450	530.1425662	12	350	239.6551724

　　由表6-5可以看出,已知需求情境为"较高需求"的条件下,季节为"春

季"的概率非常高,可见"春季"是容易产生较高需求的季节,则可推断春季这一影响因素会促进需求的增加。此外,通过表6-7的需求发生概率更新前、后的需求数量均值比较可以看出,3月、4月、5月更新后的需求均值均高于更新前的需求均值。

6.2 电网物资实物储备库存清单优化——以业扩配套项目为例

6.2.1 电网业扩配套项目需求标签

基于历史业扩配套项目报装、工程联系单及其物资需求提报等数据,经多次梳理和业务分析,筛选得到6项标签如表6-8所示。

表6-8 业扩配套项目需求标签

序号	标签	标签说明
1	项目性质	低压、高压供电接入,以及线路整治等业扩电网配套工程
2	项目类型	按供电线路及敷设方式对项目进行划分
3	季节特性	项目类型因施工季节不同而存在差异
4	建设时限	用户从申请用电到竣工接电的用时及天数
5	配套工程量	配套工程量所涉及的工程量
6	接入方式	业扩项目所采用的接入方式

各标签属性如图6-2所示,其数值化处理以图中顺序自左向右取值逐步递增,如建设时限中,3天内取值1;7天内取值2;35天内取值3,以此类推。

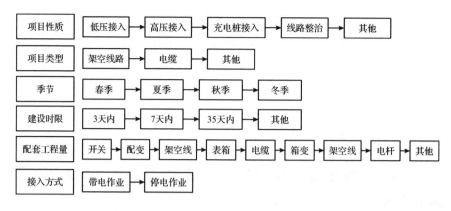

图6-2 需求标签属性及其数值化处理

6.2.2 基于FCM的业扩配套项目需求聚类

(1)业扩配套项目FCM聚类算法。

模糊 C 均值算法(Fuzzy C-Means,FCM)原理简单,操作简便,是目前应用最为广泛的聚类方法之一[126][127]。FCM通过模糊数学优化了硬划分聚类算法,通过计算待聚类样本与聚类中心的隶属度实现样本的聚类划分,其优点在于FCM以使各聚簇类内距离最小、类间距离最大为优化目标,在迭代过程中不断调整各样本数据的类属,使聚类结果不断优化完善。目前FCM聚类算法在图形分割[128]、客户分类[129]、故障诊断[130]、负荷聚类[131]等领域得到广泛应用。

假定待聚类的业扩配套项目为 n 条项目样本的 m 维数据集:

$$X = \begin{bmatrix} x_{11} & x_{12} & \cdots & x_{1j} & \cdots & x_{1m} \\ x_{21} & x_{22} & \cdots & x_{2j} & \cdots & x_{2m} \\ \vdots & \vdots & \vdots & \vdots & \ddots & \vdots \\ x_{i1} & x_{i2} & \cdots & x_{ij} & \cdots & x_{im} \\ \vdots & \vdots & \vdots & \vdots & \ddots & \vdots \\ x_{n1} & x_{n2} & \cdots & x_{nj} & \cdots & x_{nm} \end{bmatrix}$$

将业扩配套项目聚类为 K 个子集 $C = \{c_1, \quad c_2, \quad \cdots, \quad c_k, \quad \cdots \quad c_K\}$,即可得业扩配套项目聚类的聚类中心。假定某业扩配套项目 i 属于第 k 个业扩配套项目聚类子集的概率为 μ_{ki},则隶属度矩阵为:

$$U = \begin{bmatrix} \mu_{11} & \mu_{12} & \cdots & \mu_{1i} & \cdots & \mu_{1n} \\ \mu_{21} & \mu_{22} & \cdots & \mu_{2i} & \cdots & \mu_{2n} \\ \vdots & \vdots & \vdots & \vdots & \ddots & \vdots \\ \mu_{k1} & \mu_{k2} & \cdots & \mu_{ki} & \cdots & \mu_{kn} \\ \vdots & \vdots & \vdots & \vdots & \ddots & \vdots \\ x_{K1} & x_{K2} & \cdots & x_{Kj} & \cdots & x_{Kn} \end{bmatrix}$$

为此,有关业扩配套项目的FCM可定义为一个含等式(式6-6)约束的最优化问题:

$$\min Z = \sum_{k=1}^{K} \sum_{i=1}^{n} \mu_{ki}^{h} \left(x_i - c_k \right)^2$$
$$s.t. \quad \sum_{j=1}^{K} \mu_{ki} = 1 \tag{6-6}$$

其中,Z为有关业扩配套项目的FCM的价值函数;h为加权系数,用于调整业扩配套项目隶属度指标在优化目标中的影响程度,取值为2。

为求解该优化问题,一般采用拉格朗日乘子法将等式约束引入目标函数中,得到式(6-7):

$$Z' = \sum_{k=1}^{K} \sum_{i=1}^{n} \mu_{ki}^{h} \left(x_i - c_k \right)^2 + \sum_{k=1}^{K} \lambda_k \left(\sum_{j=1}^{K} \mu_{ki} - 1 \right) \tag{6-7}$$

该无约束优化问题的极值点,可以通过偏导数求得,这里需要对聚类中心c_k和隶属度μ_{ki}求导,见式(6-8):

$$\begin{cases} \dfrac{\partial Z'}{\partial \mu_{ki}} = h\mu_{ki}^{h-1} \left(x_i - c_k \right)^2 + \lambda_k = 0 \\ \dfrac{\partial Z'}{\partial c_k} = \sum_{i=1}^{n} -2\mu_{ki}^{h} \left(x_i - c_k \right) = 0 \end{cases} \tag{6-8}$$

通过上式,可求得业扩配套项目FCM的聚类中心和隶属度系数的迭代公式(6-9):

$$\begin{cases} c_k = \dfrac{\displaystyle\sum_{i=1}^{n} \mu_{ki}^{h} x_i}{\displaystyle\sum_{i=1}^{n} \mu_{ki}^{h}} \\ \mu_{ki} = \dfrac{1}{\displaystyle\sum_{k=1}^{K} \left(\dfrac{x_i - c_i}{x_i - c_k} \right)^{\frac{2}{h-1}}} \end{cases} \tag{6-9}$$

参照迭代式(6-9)对隶属度系数和聚类中心迭代,以此循环往复,直至达到FCM的收敛条件(达到最大迭代次数或业扩配套项目FCM目标函数小于预设值)。

(2)基于FCM的业扩配套项目需求聚类。

基于FCM算法的业扩配套项目需求模式聚类流程,如图6-3所示,具体包括:

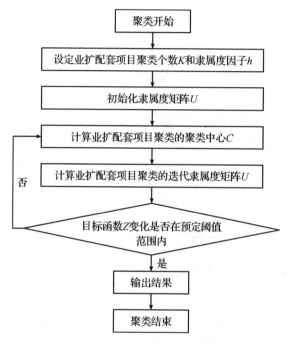

图6-3 业扩配套项目需求模式聚类流程

步骤①初始化:设定业扩配套项目聚类个数K和隶属度因子h,随机初始化隶属度矩阵U。

步骤②参数更新:按式(6-8)计算聚类中心C,按式(6-10)计算各需求标签与聚类中心的迭代隶属度矩阵U,并将项目归于隶属度最高的聚类中心。

步骤③收敛判断:业扩配套项目FCM目标函数的变化是否在预设阈值范围内,如果是,输出聚类结果;如果否,转步骤②。

步骤④聚类结束:保存并输出聚类结果。

6.2.3 基于需求聚类的实物储备库存清单

首先根据业扩配套项目物资供应历史数据,结合项目典型设计材料清册,基于业扩配套项目需求画像的项目聚类数据,通过物资品项(含规格型号)、数量、时间等数据汇总五类业扩配套项目主要物资。其次基于ABC分类管理原则形成具体品项物资的小类清单。实物储备库存清单优化步骤如下。

(1)基于项目典型设计材料清册的业扩配套项目主要物资分类,就某项目类型其具体操作流程如下:

①根据典型设材料清册和项目聚类数据,梳理汇总各类项目的关键物资类别。

②按型号和技术参数统计各关键物资类别细分物资小类,并统计需求频率。

(2)基于ABC分类管理原则的各品项物资的小类清单,就某具体物资其具体流程如下:

①收集数据:收集具体物资各型号的类别数量,以及各型号的所有项目的需求频率/次数。

②处理数据:对收集来的数据资料进行整理,对两类数据分别计算累计数和累计百分比。

③确定ABC分类标准:结合物资数据情况,拟定分类参考标准,如表6-9所示。

表6-9　ABC分类标准参考标准

ABC类别	累计型号百分数	物资需求频率/次数累计百分数
A	20%—25%	0—75%
B	25%—50%	75%—90%
C	50%—100%	90%—100%

④根据ABC分析表确定分类:列出ABC各类所包含的具体物资型号。

根据上述步骤实现的实物储备库存清单优化,一方面基于项目典型设计材料清册的业扩配套项目主要物资分类确保了各类业扩配套项目物资的完备性,另一方面基于ABC分类管理原则的各品项物资的小类清单实现了小类物资的明细化,有利于指导在库存储作业和成组配套配送等作业方式的开展。

6.2.4 实物储备库存清单优化应用与实践

(1)典型业扩配套项目需求画像。

以国家电网公司杭州公司余杭分公司2018年871项样本业扩配套项目为例,首先对各项目需求标签进行统计,分析结果如图6-4所示。

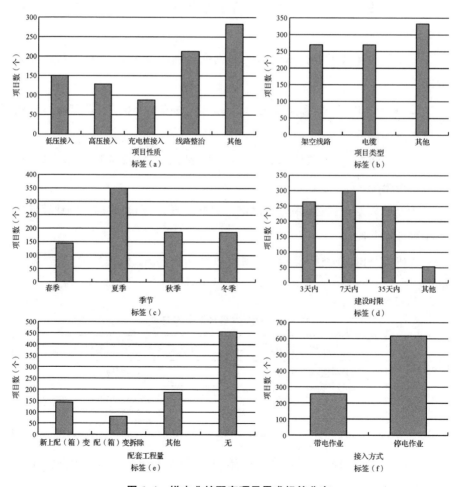

图6-4 样本业扩配套项目需求标签分布

从图6-4中可以看出,871项样本业扩配套项目需求标签分布特性如下:

①项目性质分布相对均衡,从小到大均有分布,其中近半为接入项目。

②就项目类型而言,三种情形差异不大。

③季节特性而言,夏季业扩配套项目较多,其他三季相差不大。

④建设时限方面,各类时限分布相对均衡,其他情况较少。

⑤配套工程量方面,大多数项目为无。

⑥接入方式上,大多数项目为停电作业。

同时,应用Matlab对FCM聚类算法进行实现,并对上述871项样本业扩配套工程项目进行标签聚类,其中未聚类样本散点图、聚类区域为$K=1\sim5$个的聚类示意图,如图6-5所示。将$K=5$时的聚类结果作为现阶段分类依据,可得表6-10。

表6-10 五大典型业扩配套项目需求标签特征

标签	类型1	类型2	类型3	类型4	类型5
项目性质	高压	低压	低压	高压	低压
项目类型	架空线路	架空线路	架空线路	电缆	架空线路
季节	四季均衡	四季均衡	四季均衡	四季均衡	四季均衡
建设时限	35天	7天	7天	35天	35天
配套工程量	开关、配变	架空线、表箱	架空线、表箱	电缆、箱变	架空线、电杆
接入方式	带电作业	带电作业	带电作业	停电作业	停电作业

其中类型1指的是"10kV业扩开关接入工程",类型2指的是"0.4kV低压非居业扩接入工程",类型3指的是"160kVA及以下用户接入工程",类型4指的是"充电桩业扩接入工程",类型5指的是"0.4kV配电线路整治工程"等。从表6-10来看,五类项目特性鲜明,说明了五类项目的6项需求标签较合理,所设计的聚类算法有效。

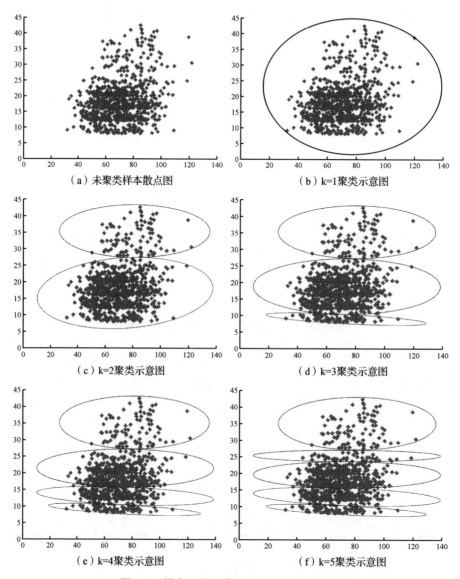

（a）未聚类样本散点图　　　　　　　（b）k=1聚类示意图

（c）k=2聚类示意图　　　　　　　　（d）k=3聚类示意图

（e）k=4聚类示意图　　　　　　　　（f）k=5聚类示意图

图6-5　样本业扩配套项目标签聚类示意图

（2）典型业扩配套项目实物储备库存清单。

以国家电网公司杭州公司余杭分公司2018年业扩配套项目为例，各类型业扩配套项目关键物资类别，如表6-11所示。

表6-11 各类型业扩配套项目关键物资类别

项目类型	重点物资
10KkV业扩开关接入工程	架空绝缘导线、真空开关、柱上断路器、交流避雷器、电杆、跌落式熔断器
0.4kV低压非居业扩接入工程	10米电杆、导线、拉线、三相四线表箱、单相表箱
160kVA及以下用户接入工程	电缆、CT表箱、电杆、100A三相表箱
充电桩业扩接入工程	低压电缆、落地式计量箱
0.4kV配电线路整治工程	10米电杆、电缆、接户线、拉线

相较于现行物资管理中有关"部分160kVA及以下用户接入工程"业扩配套项目的具体物资明细,如表6-12所示,表6-12中"160kVA及以下用户接入工程"所列重点物资现行目录更具针对性和简约性。

表6-12 部分160kVA及以下用户接入工程物资明细一览表

物资明细	总需求次数	总数量	物资明细	总需求次数	总数量
电缆 YJV22-1kVA-4×150	3	50	导线 JKLYJ-240	1	60
电缆 YJV22-4×70	3	370	12米电杆	1	8
电缆 YJV22-4×95	2	122	15米电杆	1	2
CT表箱	2	2	100A三相表箱	1	1
电缆 JKLYJ22-4×240	2	100	表箱	1	1
导线 0.4kV 4×120	2	2			

同时,以"160kVA及以下用户接入工程"业扩配套项目的重点物资电缆为例,其ABC分类分析表如表6-13所示。

表6-13 业扩配套项目电缆类物资ABC分类表(电缆)

电缆物资型号	物资类型累计百分比(%)	项目需求次数	项目需求次数累计百分比(%)	类别
YJV22-8.7/15-3×70	14	77	47	A
YJV22-8.7/15-3×50	29	45	74	

电缆物资型号	物资类型累计百分比(%)	项目需求次数	项目需求次数累计百分比(%)	类别
YJV22-8.7/15-3×120	43	25	90	B
YJV22-8.7/15-3×300	57	6	93	C
YJV22-8.7/15-3×185	71	6	97	
YJV22-8.7/15-3×400	86	3	99	
YJV22-8.7/15-3×240	100	2	100	

6.3 面向电网物资需求计划管理的实物库存储备阈值优化

6.3.1 实物储备补库及其阈值优化需求分析

(1)电网物资需求计划与实物储备补库。

物资需求计划指的是对物资的流通进行组织和管理的一系列计划手段[132]。物资计划管理是电网企业管理的重要组成部分,其管理水平的高低直接影响到企业的效益与长远发展[133]。但由于电力物资的专业性强、品种多、规格杂、数量差异大[119],且物资消耗规律性不显著并呈现季节性波动[134][135],同时物资间存在一定替代性[136],因此其需求具有高度复杂性和高度不确定性的特点。长时间以来,配电网每年的物资需求与计划量之间不具备精确性,对物资计划管理的效率造成了极大影响[137]。

同时,现行电网系统所采用的物资需求提报模式,使得需求的实际产生者无法实时地传达和反馈需求数据,真实的需求数据很难被精确获得[138]。邹治洁[137]指出在配电网中,因库存物资所具备的特点,如类型、数量较多,需求量的波动较大等,在后期的运用中,计划预报与实际需求之间存在较大的差别。同时由于缺少专业间的协同机制,工程、物资管理相互独立,且未进行充分的沟通与协调,导致物资需求信息不能正确、及时获得[139]。

另外,物资需求上报的准确率和及时率普遍偏低[140]。由于缺乏较为统一的计划上报标准,各级电力部门需求上报时主要依据项目初期的计划,或是凭借需求计划编制人员过往积累的相关项目经验。但是由于计划编制人员的经验水平存在差异、项目初期计划的内容存在不完整甚至会有错误，导致需求计划制订时经常发生错报、漏报等情况。由此，实物储备补库的精确性操作难度进一步加大。

（2）电网物资需求提报与物资补库流程。

电网物资计划管理环节中主要有以下节点设置[141]：

①各物资需求单位在ERP系统中选择物料创建采购申请，设计人员线下编制技术规范书。

②各物资供应分中心在ERP系统中对本单位已创建的采购申请进行核对，对正确的采购申请完成一级审批。

③省公司物资部通过ERP系统查询出"一级审批"通过的采购申请并编制汇总清册，导出清册及需求单位线下提供的技术规范书，组织召开计划、招标文件审查会，最终形成按批次、按招标模式划分的线下需求清册。

④物资部根据线下审核后的最终清册，在ERP线上完成采购申请的招标模式划分，并进行二级审批，将线下需求清册和最终招标清册移交至招标部门。

具体就基层单位的月度需求计划提报而言，各单位物流客服经理于每月初协同项目管理部门结合次月项目开工、实施进度计划和中心库集中配送物资目录，充分考虑协议库存匹配和合理生产、质量检测、配送时间等因素，按项目细分实际需求，包括物料名称、WBS元素、工程名称、供应时间等信息，经本单位平衡利库及项目管理部门审核后，于每月5日前上报中心库调配室，图纸定制加工类物资需结合合理生产周期提前提交。中心库调配室汇总各单位月度物资需求，结合各单位项目实施数量、进度和月度需求领用情况与物流客服经理核实确认，重点对大宗物资、容易形成积压的个性化物资、供应商供应时间大于30天的A类物资（如铁件、JP柜）等物资的需求信息进行核实。需求计划经省公司调配中心匹配确认后，中心库调配室在1个工作日内将匹配结果通知各单位物流客服经理。物流客服经理按照物资品类，协同项目管理部门、设计部门与供应商确定技术规范，以纸质传真形式通知供应商落实物资排产，明确物资到货时间，协调供应商按标准盘段长、最小包装规则等生产或包装,并要求供应商盖章确认后反馈,同时将供应商排产及发货计划安排情况及时上报中心库调配室。

典型的物资需求提报与补库流程如图6-6所示。

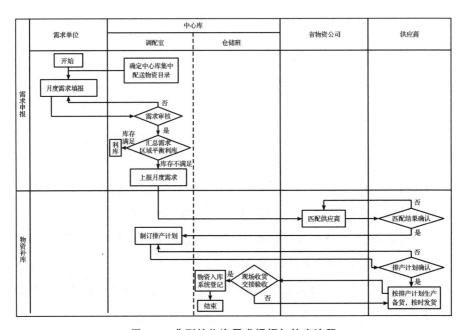

图6-6 典型的物资需求提报与补库流程

因项目综合计划未正式下达,编制计划时难免会出现项目缺漏,物资少报、多报,影响后续履约、物资到货,从而对电网建设进度造成影响[142]。同时,在实际工作运作中发现,有的需求单位已经提报需求计划,但因为工程施工计划变更、停电计划未落实,导致无法办理物资领用,造成中心库库存增加;有的未在ERP系统中提报需求计划,等到工程施工需要物资时才临时在系统中填报领用计划,产生计划外领用,增加后续物资配送协调工作量。因计划与领用执行偏差,导致集中配送效率降低。

以主网物资需求计划为例,其存在的问题主要体现在[143]:一是主网工期跨度大,项目和工程前期的不确定性,给主网物资计划前期的跟进及计划编制工作带来了困难。二是主网物资需求计划的提报阶段,其准确性难度较大。

（3）实物库存储备阈值优化的需求分析。

由于电力建设项目建设周期集中、体量庞大、社会关注度高，对物资供应的响应速度和保障能力要求更高。同时，电力建设项目在报装流程中各部门间不能有效实现信息共享、有序传递、协同运作，往往导致电力建设物资真实需求迟迟不能确认，供应配送周期长而难以满足一线作业需要。因此，需通过电力建设项目物资实物储备补库阈值的优化，从源头上、过程上防止库存积压或储备过多而造成资源浪费，从根本上降低库存成本、提升物资供应绩效。

①应从电力企业物资部门角度审视物资需求计划提报全过程，以实物储备阈值优化实现电力建设项目需求提报过程的跨专业协调，以及供需两侧数据的同步闭环。

②考虑历史订单信息所反映的需求与季节之间的相关性，以及提报期间需求的易变性，基于项目物资补库量与物资需求季度、需求提报阶段间的关联性分析优化电力建设项目实物储备阈值。

③从需求与季节间的相关性角度来分析，物资需求水平与季节之间存在明显的波次关系，不同物资的需求数量在季节分布上与电力建设项目建设周期分布上具有高度一致性，如夏季电力建设项目较多，则相应的物资需求在夏季相对集中。

④借鉴关联规则分析方法和加权移动平均法，从历史订单中发现有关电力建设项目物资需求与季节的关联规则，如月度储备系数。

由此，通过物资需求计划提报的物资数量逐渐明确，对相关项目物资储备阈值数量进行修正，以帮助电力公司开展精准化的储备计划和精益化的过程管控。

6.3.2　基于需求提报前延的实物库存储备补库阈值优化

（1）需求提报前延储备补库阈值优化路线。

为解决前述问题，基于需求提报前延，提出一种电力建设项目实物储备阈值优化方法，对电力建设项目实物储备量进行精确的预测。为了达到上述目的，本方案技术路线如图6-7所示。其中，周期可根据具体管理的实际情况采用相应的供应周期予以替换,如2个月、3个月、4个月或5个月,鉴于目前物资供应、质量检测等环节作业的时长需求,建议周期时长为4个月,记为 $T = 4$。

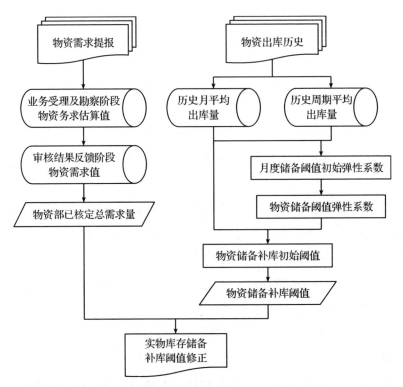

图6-7 需求提报前延储备补库阈值优化路线

(2)需求提报前延储备补库阈值优化步骤。

根据上述优化路线,需求提报前延储备补库阈值优化步骤具体包括:

步骤①:计算业务受理及勘察阶段物资需求估算值。记 $\hat{D}_{ij}^{h,k}$ 为营销部门或项目联系人 h(电力建设项目 h)所提报的当前年度 i 季度 j 月份 k 类物资需求量。运检部门负责项目需求审核、汇总,得到无项目设计的当前年度 i 季度 j 月份提报的 k 类物资需求值 $\sum_h \hat{D}_{ij}^{h,k}$,即无项目设计需求为 $\hat{D}_{ij}^k = \sum_h \hat{D}_{ij}^{h,k}$。

步骤②:计算审核结果反馈阶段物资需求值。设计部门对所送达的当前年度 i 季度 j 月份电力建设项目 h' 的物资需求进行分析,并将结果反馈至项目营销管理部门;项目营销管理部门根据设计和审核结果,对电力建设项目 h' 的物资需求做相应调整,得到电力建设项目 h' 的正式需求 $\check{D}_{i,j}^{h',k}$,并下达给物资部;物资部汇总得到有项目设计的当前年度 i 季度 j 月份提报的 k 类物资需求值 $\check{D}_{i,j}^{h',k}$,即有项目设计需求为 $\check{D}_{i,j}^{k} = \sum_{h'} \check{D}_{i,j}^{h',k}$。

步骤③:计算物资部所有项目物资需求的估算值。物资部汇总所得到的无项目设计的当前年度 i 季度 j 月份提报的 k 类物资需求值 $\hat{D}_{i,j}^{k}$ 和有项目设计的当前年度 i 季度 j 月份提报的 k 类物资需求值 $\check{D}_{i,j}^{k}$,从而得到 i 季度 j 月份 k 类物资已核定总需求量 $D_{i,j}^{k} = \hat{D}_{i,j}^{k} + \check{D}_{i,j}^{k}$。

步骤④:计算物资部门储备阶段各月份的历史月平均出库量和各季度的历史平均出库量。物资部进行历史物资出库数据的分解和估算,汇总历史 m 年各月份的历史月平均出库量 $\bar{q}_{j'}^{k} = \dfrac{\sum_{m} q_{i'j'}^{k}}{m}$ ($i' = i - m, \cdots, i - 3, i - 2, i - 1$,且 $i = m + 1$),以及各季度的历史季度平均出库量 $\bar{Q}_{l}^{k} = \bar{q}_{3l-2}^{k} + \bar{q}_{3l-1}^{k} + \bar{q}_{3l}^{k}$ ($l = 1,2,3,4$)。

步骤⑤:计算物资部门储备阶段物资月度储备阈值初始弹性系数。计算历史 $i - 1$ 年度月度储备阈值初始弹性系数,即以月度所在季度 m 年历史季度平均出库量 $\bar{Q}_{l}^{k}$ 与该月实际出库量 $q_{i-1,j'}^{k}$ 的比值作为各月度储备阈值初始弹性系数,即 $r_{i-1,j'}^{k} = \dfrac{q_{i-1,j'}^{k}}{\bar{Q}_{l}^{k}}$ ($j' = 3l - 2, 3l - 1, 3l$,且 $l = 1,2,3,4$)。

步骤⑥:计算物资部门储备阶段物资月度储备阈值弹性系数。对历史 $i - 1$ 年度 j 月份储备阈值初始弹性系数 $r_{i,j}^{k}$,采用步长为 n 的移动平均值(历史年度前 j' 月份的 n 个月储备阈值初始弹性系数的移动平均值),估算历史 $i - 1$ 年度 j 月份物资储备阈值弹性系数 $r_{i-1,j}^{k} = \dfrac{r_{i-1,j'-n}^{k} + \cdots + r_{i-1,j'-3}^{k} + r_{i-1,j'-2}^{k} + r_{i-1,j'-1}^{k}}{n}$。

步骤⑦:计算物资部门储备阶段物资月度储备补库初始阈值。计算历史 $i - 1$ 年度 j 月份储备补库初始阈值,即以月度储备阈值弹性系数 $r_{i-1,j}^{k}$ 与历史季度平均出库量 $\bar{Q}_{l}^{k}$ 的乘积作为历史 $i - 1$ 年度 j 月份物资储备补库初始阈值,即 $\hat{q}_{i-1,j}^{k} = r_{i-1,j}^{k} \bar{Q}_{l}^{k}$。

步骤⑧：计算物资部门储备阶段物资储备补库阈值。对 i 历史年度 j 月份储备补库初始阈值，采用步长为 p 的移动平均值（j 月份的前 p 个月的储备补库初始阈值移动平均值），估算 i 历史年度 j 月份物资储备补库阈值为：

$$q_{i-1,j}^k = \frac{\hat{q}_{i-1,j-p}^k + \cdots + \hat{q}_{i-1,j-3}^k + \hat{q}_{i-1,j-2}^k + \hat{q}_{i-1,j-1}^k}{p}。$$

步骤⑨：计算提报前延需求融合的当前实物库存储备补库阈值修正。获取 i 季度 j 月份 k 类物资已核定总需求量 $D_{i,j}^k$ 和历史 $i-1$ 年度各月份物资储备补库阈值 $q_{i-1,j}^k$，则基于提报前延需求融合的实物库存储备补库阈值优化为 $Q_{i,j}^k = q_{i-1,j}^k + D_{i,j}^k$。

6.3.3　实物库存储备补库阈值优化算例

以 2019 年某电力企业仓库锥形水泥杆（非预应力，整根杆，15m，190mm，M）的实物库存储备阈值优化为例。表 6-14 列出了该物资在业务受理及勘察阶段、审核结果反馈阶段该年度 j 月份所有项目的物资需求量和需求（预期无项目设计需求、有项目设计需求）数量。

表 6-14　2019 年提报业务受理及勘察阶段各电力建设项目需求量

月份	$\hat{D}_{i,j}^k$	$\check{D}_{i,j}^k$	$D_{i,j}^k = \hat{D}_{i,j}^k + \check{D}_{i,j}^k$	月份	$\hat{D}_{i,j}^k$	$\check{D}_{i,j}^k$	$D_{i,j}^k = \hat{D}_{i,j}^k + \check{D}_{i,j}^k$
01	0	0	0	07	650	800	1450
02	0	0	0	08	0	0	0
03	0	0	0	09	0	0	0
04	0	0	0	10	0	0	0
05	0	0	0	11	0	0	0
06	50	0	50	12	0	0	0

根据步骤①，2019 年各月份无项目设计需求为表 6-14 第 2、6 列所示。

根据步骤②，2019 年各月份有项目设计需求为表 6-14 第 3、7 列所示。

根据步骤③，2019 年各月份该物资已核定总需求量为表 6-14 第 4、8 列所示。

根据步骤④,2016—2018年3月平均出库量为表6-15第5列所示,3年平均季度出库量为表6-15第6列所示。

根据步骤⑤,历史年度储备阈值初始弹性系数为表6-15第7列所示。

根据步骤⑥,历史年度储备阈值弹性系数为表6-15第8列所示,其中移动平均步长为6。

根据步骤⑦,历史年度各月度物资储备补库初始阈值为表6-15第9列所示。

根据步骤⑧,历史年度各月度物资储备补库阈值为表6-15第10列所示,其中移动平均步长为3。

根据步骤⑨,2019年各月度储备补库阈值为表6-15第8列所示,其中储备阈值弹性系数第8列所示取值为上年度(2018年)的储备阈值弹性系数,储备补库阈值第8列所示取值为上年度(2018年)的储备补库阈值。

表6-15 2016—2018年锥形水泥杆实际出库量及储备补库阈值计算结果

		实际储备量(杆)	实际出库量$q_{i'j'}^{k}$(杆)	3年月平均出库量$\bar{q}_{j'}^{k}$(杆)	3年平均季度出库量$\bar{Q}_{i}^{k}$(杆)	历史年度储备阈值初始弹性系数$r_{i-1,j'}^{k}$	历史年度储备阈值弹性系数$r_{i-1,j}^{k}$	物资储备补库初始阈值$\hat{q}_{i-1,j}^{k}$	物资储备补库阈值$q_{i-1,j}^{k}$
第4季度	201601	250	193	64					
	201602	250	0	3					
第1季度	201603	800	354	489		0.6334			
	201604	800	1144	818	559	2.0469			
	201605	800	424	369		0.7586			
第2季度	201606	250	4	127		0.0279			
	201607	800	188	256	143	1.3106			
	201608	800	96	48		0.6692			
第3季度	201609	800	60	193		0.3758	0.9078		
	201610	500	425	142	160	2.6618	0.8648		
	201611	250	86	144		0.5386	0.9673		

		实际储备量（杆）	实际出库量$q_{i'j'}^k$（杆）	3年月平均出库量$\bar{q}_j^k$（杆）	3年平均季度出库量$\bar{Q}_l^k$（杆）	历史年度储备阈值初始弹性系数$r_{i-1,j}^k$	历史年度储备阈值弹性系数$r_{i-1,j}^k$	物资储备补库初始阈值$\hat{q}_{i-1,j}^k$	物资储备补库阈值$q_{i-1,j}^k$
第4季度	201612	250	236	176		3.9553	0.9307		
	201701	250	0	0	60	0.0000	1.5852		
	201702	250	9	3		0.1508	1.3668		
第1季度	201703	800	505	371		0.9036	1.2804		
	201704	800	96	437	559	0.1718	1.3684		
	201705	800	536	228		0.9590	0.9534		
第2季度	201706	250	376	325		2.6212	1.0234		
	201707	800	444	844	143	3.0953	0.8011		
	201708	800	48	39		0.3346	1.3170		
第3季度	201709	800	94	173		0.5887	1.3476	215	
	201710	500	0	0	160	0.0000	1.2951	207	
	201711	250	59	116		0.3695	1.2665	202	
第4季度	201712	250	292	97		4.8939	1.1682	70	208
	201801	250	0	0	60	0.0000	1.5470	92	160
	201802	250	0	0		0.0000	1.0311	62	121
第1季度	201803	800	609	203		1.0897	0.9754	545	75
	201804	800	1214	405	559	2.1722	1.0588	592	233
	201805	800	148	49		0.2648	1.4209	794	399
第2季度	201806	250	0	200		0.0000	1.4034	201	644
	201807	800	135	696	143	0.9411	0.5878	84	529
	201808	800	0	23		0.0000	0.7446	107	360
第3季度	201809	800	425	142		2.6618	0.7446	119	131
	201810	500	0	0	160	0.0000	1.0067	161	103
	201811	250	288	96		1.8038	0.6446	103	129

	实际储备量（杆）	实际出库量 $q_{i',j'}^k$（杆）	3年月平均出库量 $\bar{q}_j^k$（杆）	3年平均季度出库量 $\bar{Q}_i^k$（杆）	历史年度储备阈值初始弹性系数 $r_{i-1,j'}^k$	历史年度储备阈值弹性系数 $r_{i-1,j}^k$	物资储备补库初始阈值 $\hat{q}_{i-1,j}^k$	物资储备补库阈值 $q_{i-1,j}^k$
第4季度	201812	250	0	0	60	0.0000	0.9011	54	128

注：本表所列季节依据气象行业标准《气候季节划分》采用气象划分法，即以3月至5月为春季，6月至8月为夏季，9月至11月为秋季，12月至2月为冬季。

结合实际出库信息，可得2019年锥形水泥杆实际出库量及实物库存储备补库阈值修正算结果，如表6-16所示，并得2019年各月度储备补库阈值比较示意图，如图6-8所示。

表6-16　2019年锥形水泥杆实际出库量及实物库存储备补库阈值修正算结果

月份	原计划储备量（杆）	实际出库量（杆）	储备阈值弹性系数	物资储备补库初始阈值	物资储备补库阈值	已核定总需求量	实物库存储备补库阈值修正
01	250	0	1.5470	92	160	0	160
02	250	0	1.0311	62	121	0	121
03	800	0	0.9754	545	75	0	75
04	800	0	1.0588	592	233	0	233
05	800	0	1.4209	794	399	0	399
06	250	600	1.4034	201	644	50	694
07	800	1952	0.5878	84	529	1450	1979
08	800	70	0.7446	107	360	0	360
09	800	0	0.7446	119	131	0	131
10	500	0	1.0067	161	103	0	103
11	250	0	0.6446	103	129	0	129
12	250	0	0.9011	54	128	0	128
小计	6550						4511

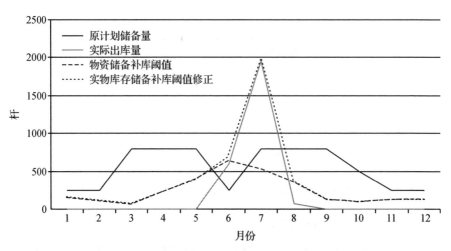

图6-8 2019年各月份与储备相关量的比较示意图

实施案例中,物资储备补库阈值考虑了历史实际出库量对预测结果的影响,结果表明其补库阈值均低于原计划储备量;同时由于考虑了电力建设项目物资需求提报前延,主动获取项目需求信息,实现电力建设项目物资实物库存储备补库阈值的优化,在6—8月能较好地满足实际需求,且未出现缺货月份。此外,2019年总库存由6550杆下降至4511杆,较好地实现了库存资金的控制。总体来看,所提出的方法有效地减小了电力企业电力建设项目实物库存储备的精度和有效性,能更好地满足项目工程施工需求,并降低了项目物资的积压与浪费。

第二篇　标准规范篇

7

电网现代仓储物流管理标准化体系及业务规范

7.1 仓储物流管理标准化概述

7.1.1 仓储物流标准化和标准化管理

物流标准化是指在运输、配送、包装、装卸、保管、流通加工、资源回收及信息管理等环节中,对重复性事物和概念通过制定、发布和实施各类标准,达到协调统一,以获得最佳秩序和最大的社会效益。物流标准化包括以下三个方面:一是从物流系统的整体出发,制定各子系统的设施、设备、专用工具等的技术标准,以及业务工作标准。二是研究各子系统技术标准和业务工作标准的配合性,按配合性要求,统一整个物流系统的标准。三是研究物流系统与相关其他系统的配合性,谋求物流大系统的标准统一。以上三个方面分别是从不同的物流层次上考虑实现物流标准化。

仓储物流标准化是基于仓储物流管理及其业务操作设定的标准,包括各类物流仓储设备的标准、包装容器标准、仓储作业工时标准、仓储管理与控制标准、仓储管理业务规范等一系列的仓储物流系统标准。例如,针对仓储设备工具(货架、堆场、立体库等)、包装工具(物料箱、物料托盘、周转箱等），制定不同环节或范畴的标准，如包装、装卸、搬运、存储等。仓储物流标准化以仓储物流系统为出发点，研究仓储物流系统各领域的技术标准和工作标准的协调，并根据协调要求统一整个仓储物流系统的标准，进而实现标准化运作和规范化管理。

标准化管理是随着工业技术发展起来的一种管理方法。仓储物流标准化管理是对制定、修订和贯彻实施仓储物流标准等整个标准化活动进行计划、组织、指挥、协调和监督，以保证仓储物流标准化任务的完成。这5个职能相互联系和制约，共同构成一个有机整体。通过计划，确定仓储物流标准化活动的目标；通过组织，明确实现仓储物流标准化目标的手段；通过指挥，建立正常的仓储物流标准化工作秩序；通过监督，检查仓储物流标准化计划实施的情况，纠正偏差；通过协调，使仓储物流标准化各方面的工作顺序开展。

标准化活动的共同行为是"制定—发布和实施—反馈修订"标准的一个闭环式管理模式。其中，标准贯彻于标准化管理活动全过程，是标准化管理的主导部分和核心部分。标准化管理的主要目的和作用，都是通过制定和贯彻标准来体现的。标准化管理模式如图7-1所示。

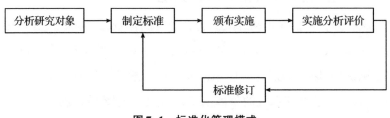

图7-1　标准化管理模式

7.1.2　电网仓储物流标准化管理的意义

（1）标准化是奠定电网现代仓储科学管理和高质量发展的基础。

从总体上讲，标准化管理是组织现代化管理的基本手段，也是从传统经验管理模式向现代化仓储管理模式转变的必要条件。现代仓储管理正在朝着全面、综合、科学的方向发展，而仓储管理机构的高效化、管理技术的现代化、管理计划的科学化，都是建立在仓储管理工作标准化基础之上的。立足新发展阶段、贯彻新发展理念、构建新发展格局,加快构建以新能源为主体的新型电力系统,助力实现碳达峰、碳中和目标,对国家电网公司提升管理水平提出了新的更高的要求。从这个意义上讲,要实现电网现代仓储管理的高质量发展,首先必须搞好仓储管理的标准化。如果没有统一的、系列的、科学的标准作为基础,现代化仓储管理就无法实现高质量发展。在长期的仓储管理实践中,仓储行业积累了不少好经验、好做法,而这些都有待于总结提高和统一规范。因此,国家电网公司现代仓储管理的提升和发展必须以同业对标为抓手,通过标准化管理才能使这些好经验、好做法转化为提高仓储管理水平的推动力,通过大力实施物资仓储标准化管理,规范物资出入库管理,才能逐步形成仓库标准化建设的精益模式,提升仓储运营成效。

(2)标准化是提高电网现代仓储管理质效的措施。

提高管理质效是电网现代仓储管理最基本的也是最重要的任务,要在财力、物力投入有限的情况下把仓储管理工作搞好,就要切实规范仓储管理的投入标准及管理使用标准。仓储管理标准化的全部过程不但要运用统一性原则而且还要运用最优化原理,最终目标是取得最佳仓储管理经济效益。因而,在制定仓储管理标准时,不仅要考虑单项标准是否符合最优化原则,更要按照协调性原则使整个仓储标准化系统最优化。只有对仓储标准化建设不断地强化,从而提升仓库管理效率,促进电力企业更好地运作。开展并强化仓储标准化建设,对于全面提升仓储管理的能力,降低库存和减少成本支出有很大的影响,能够推动电力企业走向规范化、科学化的生产运作管理体系,对企业的发展来说是非常重要的。

(3)标准化是履行电网仓储管理职能的依据。

在电力行业仓储管理的全过程中,存在大量的重复性工作,它们彼此之间在技术上、时空上、数量上、程序上和工作关系上,都存在着相对稳定的内在联系。如果把它们以及它们中间的各个要素和环节以标准的形式固定或统一下来,并加以贯彻执行,使其各个环节分散的活动都能够按照现代仓储管理的统一标准和要求运行,就能起到整体协调的作用,就能建立起正常运行的管理秩序。仓储管理过程中的控制是非常重要的,如对仓储人员的管控,对仓储管理投入的财力和物力的控制,对仓储管理消耗的控制,对库存物资质量的变化控制,等等。但有效的控制需要具备以下两个基本条件:一是确定管理标准。二是明确表示并切实纠正实际管理效果与标准之间的差距。也就是说,没有统一的标准也就没有衡量的依据,没有信息反馈无法知道管理的效果,而不纠正偏差则控制就没有意义,仓储管理就无法实现既定的目标。

(4)标准化是衡量电网仓储管理质量的尺度。

仓储标准化管理,要求针对不同的仓储专业、不同仓储单位、处在不同地区的仓储部门和不同的仓储管理要求,分别制定出相应的标准,从而将这些标准作为仓储管理全部活动必须遵循的准则和检查衡量管理水平的尺度。无论对仓储系统中的某个单位、某个人,还是某项具体的工作进行科学合理的评价,都应以标准为尺度看其执行和达到标准的程度,从而得出正确的结论。电网物资供应强调其保障特性,必须确保物资供应准确、可靠、发放及时到位,要通过对标评价确保仓库及物资安全,规范、完善仓储业务流程,促使在库物资严格按照标准化要求规范管理,以全面提高仓储管理效益,促进仓储事业的发展。

7.1.3　仓储标准化体系构建方法

标准体系是一种现有的和预计应发展的标准的全面蓝图[144],是指导标准制定、修订计划的依据和基础。仓储物流标准体系是将仓储物流部分作为一个系统,制定系统内部设施、机械装备等的技术标准和包装、装卸、运输、配送等各类作业和管理标准,以及作为现代物流突出特征的仓储物流信息标准,并形成一个完整的标准体系表。一般来说,标准体系建立共有以下3种做法。

(1)系统集成方法。在该方法中,将拟制定标准的对象按照一定的划分规则组成子系统,然后对各子系统中的标准对象进行研究分析与概括,形成各子系统的具体标准,并通过各子系统的集成来形成拟制定标准的对象的标准体系。

(2)组织层次方法。此种方法从分析组织构成和职能的角度,将拟制定标准的对象的组织层次划分为领导和战略决策层、执行层,并以此结构作为基本框架来研究分析各层次中所需应用的具体标准以形成拟制定标准的对象的标准体系。

（3）基准标准方法。以技术标准、工作标准以及管理标准为分类基准，收集拟制定标准的对象现有的所有标准进行分类，并与国际先进标准进行比较，从而进行修改与补充，按照层次或者序列结构来确定各具体标准在标准体系中的位置，并最终形成拟制定标准的对象的标准体系。

①层次结构：将拟制定标准的对象的通用的基础标准、标准化管理规定、方针目标、标准化法规等，作为第一层次的指导性标准；将涉及拟制定标准的对象的生产、技术、经营管理和考核等作为第二层次的标准，将工作标准作为第三层次的标准。

②序列结构：以产品或服务标准为核心，根据产品生产或服务交付的流程，即涉及采购，工艺、半成品、设备、设施与工艺装备，测量、检验与实验，包装、搬运、储运与标志，安装、交付，服务，能源，安全，职业健康，环境，信息等，分别确定相对应的标准模块与其中的各项具体标准。

7.2 电网仓储物流管理标准化现状及其发展需求

7.2.1 电网仓储物流管理标准化现状

（1）电网现代仓储物流管理标准化现状。

电网物流成本极高，仓储种类极多，这是为了确保电网在断电情况下能够应急恢复，然而高效运行的需求造成了高物流成本。仓储物流环节是电网物资管理的重要内容，通过仓储物流管理对库存量的调节，可以有效降低仓储物流成本，此外建立标准化的仓储物流管理，还可以大幅提高物流配送效率。

20世纪末到21世纪初，我国电网企业物资采购规模逐年扩大，专业化程度越来越高，体现出集约化、信息化和一体化的特征。在此背景之下，大物流、大配送的模式应运而生。根据"三级管理、五级服务"要求，国家电网公司分层明确管理权限、工作目标和职责要求，逐层落实责任目标，逐层评价,将责任落实到每一个执行人;建立物资管理一体化系统和财务、工程、业务实现对接;统一物资品类及采购技术选型标准,建立标准化的操作模式,降低供应链操作的复杂性;统一物资配送网络,通过建立扁平化仓库,避免重复浪费的操作;逐步细化仓储功能,仓储设施按层级功能分为应急仓储、中心仓库、周转仓库、终端库等。

国家电网公司 2019 年物资工作会议指出,以现代(智慧)供应链建设为物资管理高质量发展的重要抓手,坚持集中统一集约化管理基本模式不动摇。物资集约化管理的核心和落脚点在于仓储管理和流程的规范化以及库房建设的标准化,为此国家电网公司出台了《国家电网公司标准化管理手册》《国家电网公司仓储管理标准化建设指导意见》《国家电网公司有限公司关于加强实物资源规范管理的通知》等文件,并陆续编制发布了《国家电网公司物资管理通则》《国家电网公司专业仓建设标准》等相关标准和规范。2020 年国家电网公司重点围绕仓储技术对现行相关标准进行复审,部署开展仓储技术标准体系建设,该体系以《仓储技术基础标准》为基础,涵盖《仓储网络规划标准》《仓库建设设计导则》《仓储设备选型指南》《仓储运营作业规范》《设备运行维护规程》《仓库安全环保规定》《仓储信息技术方法》与《检储配建设标准》等 8 项技术专业标准。

(2)电网现代仓储物流管理标准化存在的问题。

①仓储标准化体系不完善。相比于国外的电力物流仓储,我国的物资标准化起步晚,管理模式更新不及时,无法满足现代社会的发展需求,如仓储流程不同,缺乏统一、科学的指导,基础设施配套性差,缺乏统一的物流信息共享体系,标准建设和其他行业有所不同。

②电网仓储标准化建设水平低。仓库标准化建设水平低,物资维护保养不到位,仓库分区分类管理有待加强,库存积压较为严重,仍存在仓库物资混存、混用、互相拆借现象;普遍物资入库管理仍是人工操作,严重影响了工作效率,降低了电力企业的物资供应能力。

③仓储管理信息化和信息共享程度有待提高。我国电网企业普遍存在信息传递慢、仓储分散、利用面积低的问题。入库出库在没有实现信息化管理的情况下,录入进度明显滞后,信息共享程度低,物资可追溯性较差,人工

工作量大,机械工作效率不高,动态管理不足,分类管理不规范。许多资源存在重复买入的情况,低效重复操作没有被优化,比如物资随意摆放,储位不够精确,出库、移库中出现较高差错率。部门之间协同性差,不同部门频繁转单,工单处理没有共享信息,缺乏统一标准,物资的标准化建设落后,物资编码工作差,难以实现规范化管理。

7.2.2　电网现代仓储物流管理标准化需求

首先,以提高库房和仓库运作效率为目标,统一电网仓储库房和仓库建设标准,确保布局合理、功能齐全、规范一致、配置实用、满足要求。比如规范仓储库房建设要求,对不同物资规定不同的储藏方式,选址、规划、设计要符合统一要求,仓库布局合理规划最小单元,明确室内外地坪、道路、货位线标识,布局便于机械作业和信息调取,明确各种设备的配置、摆放和操作要求,确保不影响操作效率。这一部分工作的效率经过仓储技术标准体系的建设已得到较大幅度的提升,为现代仓储物流管理标准化奠定了扎实的技术基础。但随着信息技术的快速发展和用地模式的转变,以及物流仓储共享业态的兴起,未来电网仓储库房和仓库建设标准势必朝多元化、柔性化的方向发展。

其次,高度规范仓储物流作业过程,将一切作业活动都纳入 ERP 和 EWMS 系统当中,在物资规范方面逐渐建立统一的编码标准,以信息和数据掌控各类作业活动及其流程。基本的思路和现行的做法是应用 ERP 和 EWMS 系统,所有物资统一采购,统一库存管理。例如,在入库阶段采用扫码入库方式,改善过去人工录入的缺陷,在出库阶段直接采用 ERP 系统自行出单,业务结算流程直接出单领料,不同权限的用户登录不同的界面进行操作,避免人工操作带来的失误,力求物资配送从分拣到运输都必须采用最节约效率的方式。仓储物流作业过程的规范化,其核心在于以现代仓储物流的标准化作业取代仓储人员基于个体技术判断的经验式作业。

再次,优化库存管理机制,完善库存管理清单。库存管理机制主要围绕仓储资源优化、仓储周转率、仓储账卡物一致性三个方面对区域仓储管理工作进行有效的监督与管控,进一步提升集约化管理水平,推进仓储体系建设工作,提升公司仓储管理效率效益。例如,根据历史物资周转率情况和品类优化的结果,建立动态库存管理机制,减少储备数量,形成"定额储备、动态补仓、按需领用"的机制,提高物资周转率;将所有物资纳入网络管理系统,实行库存绩效评估标准化,全面清理库存,减少闲置资产。同时,库存管理长效机制的建立也需要管理标准化的加持与助推。例如,标准化通用物资的库存采用集中储备、统一掌控的模式;区域库通过协议库存、供应商寄售和联合储备等方式,以期压缩供应周期。此外,在针对性地引导市县公司做好库存物资管控工作方面,亦急需采取科学合理的库存物资指标管控措施,以标准化的库存物资管控绩效考核办法提升管理水平。

从次,扩大信息技术和智能装备在仓储物流作业及管理中的应用。通过仓储物流信息管理建设,结合条形码、无线射频识别(RFID)、自动化立体仓库等现代物流技术的应用,简化仓库人员的操作步骤,减少系统录入工作量,提高工作效率,构建与国家电网公司物资集约化变革相适应的仓储管理模式。例如,在仓储管理系统(WMS)应用的基础上,基于智能重力感应货架对库区、货位的存取作业进行数字化采集;在应用自动化立体仓库的基础上,配合无人驾驶AGV、机器人等智能设备来提高仓储管理效率,应用高层货架、巷道堆垛起重机、出入库输送机系统、无人引导小车、自动机器人手臂等,实现对集装单元货物自动化保管。通过ERP(企业资源管理系统)、WMS(仓库管理系统)及WCS(仓库工控系统)的集成,实现电力物资智能化仓储作业。

最后,完善物资供应服务体系规范化。完善公司在物资仓储管理方面的不足,还需要在服务体系规范化建设上做出努力。既要加强仓储配送服务的规范化建设,又要大力推进电力物资质量集中检测的规范化建设,完善流程制度的规范化体系(如业务流程规范化、安全作业规范化、人员管理规范化等),以保障仓储服务质量,提升仓储管理水平。通过仓储业务外包,引入专业的第三方物流团队,提升人员专业化水平与用工灵活性,并进一步降低物流运营成本,提高作业效率;综合运用主动配送与自提相结合的配送方式,通过建设配送管理信息系统,对所有物资配送状态实施监控,提高配送效率和配送服务水平,实现服务体系规范化。

7.3　电网现代仓储物流管理标准化框架

7.3.1　仓储物流标准的分类与内容

（1）仓储标准的分类。

①仓储基础标准。仓储基础标准是指在一定范围内作为其他标准的基础，具有基本和通用的性质，亦即是在仓储管理活动的限定范围内普遍使用或具有宏观指导意义的标准。仓储基础标准涉及面广，对其进行规范统一主要包括对仓储术语、物资序列、分类、名词代号、计量单位、标记、管理规范、统计标准、效益指标等的标准化。

②仓储管理标准。仓储管理标准是为了建立正常的仓储工作秩序和顺畅的运行机制所规定的标准。这是针对每一个人工作中的行为规范而言的，目的是最大限度地调动每一个人的劳动积极性和主观能动性，限制和制约与工作行为无关的个体行为。这类标准要求从全系统的管理要求出发，以达到全系统最佳效果。

③仓储工作标准。工作标准，是为了界定仓储工作领域中需要协调统一的工作事项所制定的标准。是以人或人群的工作为对象，对工作范围、责任、权限以及工作质量所作的规定。其通常由五部分内容组成：仓储管理总则，即仓储工作标准的总纲，包括工作方针、总体目标等；仓储管理的基本任务和主要内涵，包括仓储工作任务、业务技术范围、管理工作性质、人员职责内涵以及岗位责任制等；仓储工作的程序和方法，包括完成任务的具体步骤、基本方法和注意事项等；仓储管理质量和工作效率，它对仓储工作要求作出具体规定，从质和量两个方面保证仓储管理效益的实现；仓储管理工作绩效考核和检验方法，包括考核检验的内容、时序、方法及评分。

④仓储技术标准。仓储技术标准是以反映仓储物资、设施、设备技术性能为主要内容并为仓储技术工作服务的标准。根据各类物资的技术性能、规格型号、大类编号、质量等级，采取必要的验收手段，制定必要的验收规则，针对物资的性能、要求达到的技术条件和可能出现的问题，提出最佳保

管方法。仓储技术标准其一般包括两大类：产品技术标准和技术方法标准。

a. 产品技术标准，它是规定产品除自身功能外需要在运输、使用、储存、保管等事务处理中加以注意的事项等技术性标准。仓储系统通常有产品验收及维修保养标准。

b. 技术方法标准，它是指在储存、管理、收发、保养、维修等仓储环节中，以化验、试验、检查、分析、抽样、统计、动态作业、废品利用、危险品处理等各项方法为对象而制定的标准。其主要特点是技术性强，内容具体单一，与现代科学技术和方法联系紧密。

（2）仓储标准的分级。

①国家仓储标准。它是指国家对于仓储系统的管理工作做出的统一标准。一般包括仓储人员的安全、健康和仓储环境保护标准、仓储管理所用的量具标准、仓储通用试验和检验方法标准、仓储物资的包装标准、各种货物的危险等级标准等内容。这个级别的标准一般是指影响重大而必须在全国范围内统一规定的标准系列。它不允许仓储系统的各个部门和各基层仓储单位自行制定。

②专业仓储标准。专业仓储标准又称部颁标准，是指在全国性的仓储专业范围内统一使用的标准。其内容主要包括仓储物资的检验标准、维修保养标准、管理设备标准、管理工艺规程、专业范围内的通用术语、符号、规则、方法等基础性标准。此类标准内容较多也较具体。

③企业仓储标准。它是指各地区仓储专业范围内统一制定的标准，这个层次的标准一般应是国家仓储标准和专业仓储标准在基层单位的具体补充，与上述两个级别的标准构成一个有机的、完整的仓储管理标准体系。抑或是在没有国家标准、部颁标准的情况下，基层仓储单位为建立正常管理秩序而自行确定的标准。

仓储标准体系作为公司整体标准体系框架下的子体系，其所有标准应在公司发展战略和目标、有关标准化法律法规、国家行业通用基础标准的指导下形成，同时必须与公司层面的标准体系保持一致。其体系框如图7-2所示。

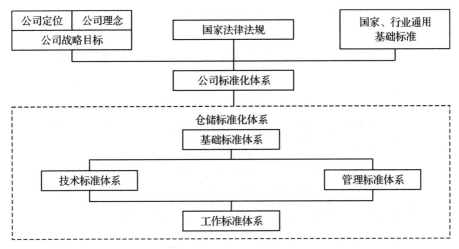

图7-2 仓储标准化体系框

　　各项标准之间应相互协调、相互制约,处理好与其他业务间的接口问题,实现仓储管理业务范围内的技术标准全业务覆盖、管理标准全流程覆盖、工作标准全岗位覆盖,将技术标准的要求全面贯彻到管理标准中,将管理标准的落实全面分解到工作标准中,从而形成严密完善的仓储标准体系。

7.3.2 物流标准化及其标准体系表

　　物流标准化是指以物流为一个大系统,制定系统内部设施、机械装备、专用工具等各个分系统的技术标准;制定系统内各分领域如包装、装卸、运输等方面的工作标准;以系统为出发点,研究各分系统与分领域中技术标准与工作标准的配合性,按配合性要求,统一整个物流系统的标准;研究物流系统与其他相关系统的配合性,进一步谋求物流大系统的标准统一[145]。物流行业标准体系内的标准按一定规则和形式排列起来的图表称为物流行业标准体系表,它是物流行业标准体系的表述形式[146],其结构形式如图7-3所示。物流标准化工作的主要内容是研究和编制完整、合理和科学的标准化体系表,在此基础上,通过标准体系表找出标准化发展方向和工作重点,有计划、稳妥地制定标准,逐步完善标准体系[147]。物流行业标准体系表主要从本行业的实际和特点出发,遵循《标准体系编制原则和要求》(GB/T 13016—91)的相关内容[148],并参考其他行业标准体系表的结构,特别是根据《物流术语》国家标准的总体分类原则进行编制。

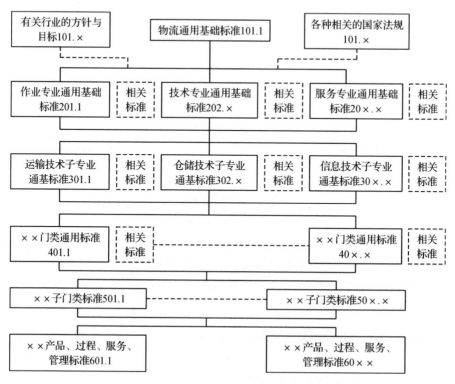

图7-3 物流行业标准体系表的结构形式

电力行业相关物流标准体系框架属于行业体系框架的范畴,且分为两个层次:第一个层次为基础及通用标准,第二个层次为专业标准。术语和编码及代码规则标准是电力行业物流相关标准中引用较多的基础性标准,是物流活动的各个环节均需使用的标准,是标准制定的基础和重点,应作为基础通用标准。因此标准体系框架第一个层次包括基础术语、代码及编码规则,其中代码及编码规则划分为基础代码和编码规则。第二个层次包括物流设施与技术装备、物流作业规范、物流服务与管理、物流信息化。物流设施与技术装备扩展为物流节点设施、物流装备;物流作业规范扩展为运输作业、装卸和搬运作业、堆存和仓储作业、包装作业;物流服务与管理扩展为物流服务、物流管理;物流信息化扩展为数据元、信息共享与交换、信息采集。电力行业相关物流标准体系的框架结构如图7-4所示。

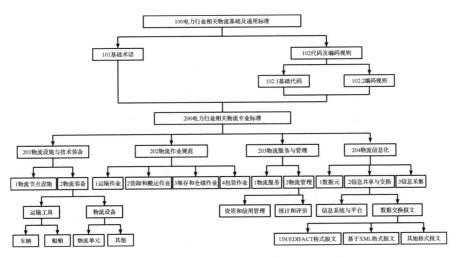

图7-4　电力行业相关物流标准体系的框架结构

仓储物流标准体系属于特定行业背景下仓储分领域体系框架的范畴。仓储系统一般指的是产品分拣或储存接收中使用的设备和运作策略的组合,就其类型分类而言包括了人工管理仓库、半自动化仓库和全自动化立体库等;就其构成而言包括了存储空间、货物、仓储设施设备、人员、作业及管理系统等要素,从作业过程来看作业一般包括收货、存货、取货和发货等环节。仓储物流管理标准化作为物流标准体系的一个重要组成部分,同样具有一个系统所具有的层次性和可分割性,同时这种可分割性又可以递延到好几个层次,如按作业环节可分为[149]以下几类(如图7-5所示):

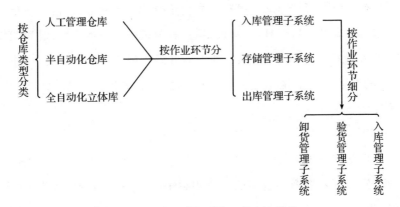

图7-5　仓储物流标准体系的层次结构

7.3.3　国家电网公司仓储技术标准体系

电网仓储技术标准体系作为物资专业仓储技术标准化工作的重要文件,是促进仓储活动积极规范采用国际、国内先进标准的重要措施,其体系应适应现代智慧供应链建设需求,深化国家电网公司物资仓储活动的系统性、专业性,可起到统筹协调仓储各环节在技术标准体系中的地位和相互关系,解决仓储专业标准化基础薄弱、技术标准总体水平不高、分散及滞后等问题的作用。其编制应遵循以下原则。

①统一性:统一规划、归口管理、分工负责、统一审定、统一发布;

②完整性:技术标准的门类齐全、系统、完整;

③层次性:技术标准的适用范围表现出层次性;

④协调性:技术标准与国家和行业的相关法规制度协调衔接;

⑤明确性:技术标准类目划分得清晰准确,避免标准的重复制定;

⑥可扩展性:考虑技术发展的趋势,技术标准具有可扩展性、适用性;

⑦实用性、可操作性:应结合仓储专业的特点和需求,指导具体工作;

⑧创新性、科学发展观:营造良好、规范的仓储环境,引领物流行业仓储专业的科学可持续发展。

仓储技术标准体系可采用分层结构,主要由两个层次组成。第一层为仓储技术基础标准,是整个体系形成标准的基础,并在仓储专业范围内普遍使用,具有广泛的指导意义。第二层为仓储技术专业标准,结合仓储专业的特点,覆盖从规划、设计、开发、建设、运营等全过程的技术应用,进而细分为7项技术专业标准。其中,检储配建设标准涵盖在7项专业标准中,并未构建独立的专业标准。国家电网公司仓储技术标准体系的框架结构,如图7-6所示。

国家电网公司仓储技术标准体系框架及内容如图7-7所示,具体包括:

(1)仓储网络规划标准。建立仓储网络规划模型,精细测算网络节点,科学规划、合理设置各级仓库的位置和数量,计算配送范围,合理规划仓储配送资源,从而提升仓储的效率效益,形成仓库分类、运作模式、规划选址、辐射范围与配置数量、建筑规模等专业标准;基础综合和其他是对整个规划标准的补充扩展。

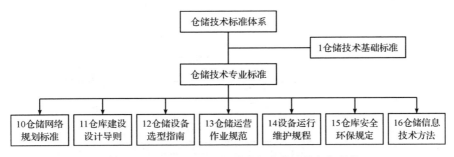

图7-6　国家电网公司仓储技术标准体系的框架结构

（2）仓库建设设计导则。建立一套符合电力仓库建设设计的指导通则，实现包括需求分析、功能设计、布局规划、设备规划、建筑设计要求、配套工程与设施要求、评审验收等在内的设计全流程的指导和评价，使得仓库设计方案更加规范化、程序化和科学化；基础综合和其他是对整个设计导则的补充扩展。

（3）仓储设备选型指南。仓储设备选型指南是仓储作业设备配置、选择的指导性技术标准，结合仓储各环节设备的作业特点与性能要求，帮助仓库合理地配置和选择仓储设备的类型、技术性能参数、型号规格和设备接口等，发挥设备最佳效能。

（4）仓储运营作业规范。仓储运营作业规范是为了有效规范仓库的内部活动，确保仓储各项作业有序和可控，形成良性运行机制，对涉及仓储运营作业范围的各项工作，包括库区管理、物资入库、物资检测、物资存储、物资盘点、物资出库、装卸搬运作业、运输配送进行集中管理；基础综合和其他是用于对整个作业规范的补充扩展。

（5）设备运行维护规程。设备运行维护规程是为了规范仓库设备的使用操作、维护检修，提高设备安全管理和运行操作的水平，保证仓库安全作业，规程主要包括运行检查、维护保养、设备操作、技术资料等分项内容；基础综合和其他是用于对整个规程的补充扩展。

（6）仓库安全环保规定。仓库安全环保规定是为了加强仓库安全和环境管理，保障人身安全和身体健康，保护物资和环境安全，最大限度节约资

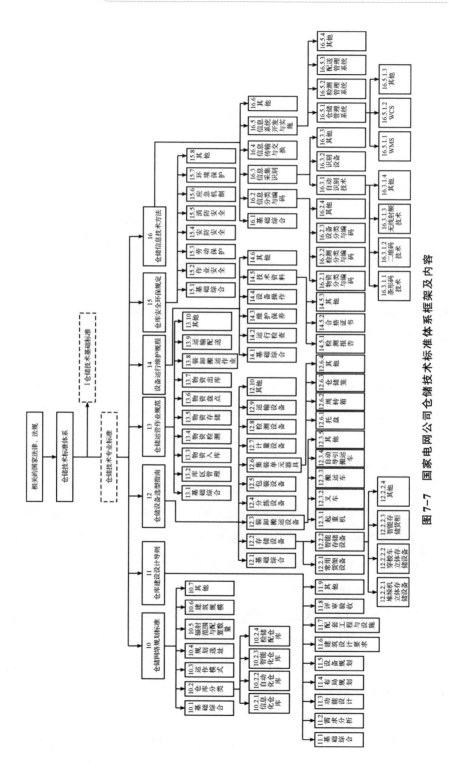

图 7-7 国家电网公司仓储技术标准体系框架及内容

源、减少污染,提供高效、适用、安全的仓储空间。规定包括作业安全、劳动保护、安防安全、消防安全、应急机制、环境保护等;基础综合和其他是对整个规定的补充扩展。

(7)仓储信息技术方法。仓储信息技术方法是与仓储中各环节的信息应用直接相关的,涉及信息基础数据、信息格式、信息交换共享、信息系统开发等的技术方法。

7.3.4　仓储专业化下的浙电仓储物流标准体系

为全面贯彻党的十九届五中全会和中央经济工作会议部署,落实公司"两会"精神,围绕建设"具有中国特色国际领先的能源互联网企业"战略目标,根据国家电网公司2021年物资工作会议"十四五"物资发展新要求,立足"一业为主、四翼齐飞、全要素发力"的总体布局,发挥供应链生态圈引领作用,以"加强实物资源管理,强化全网仓储资源统筹利用,盘活沉淀资源"为方向,全面推进智慧柔性仓储和物流精准管理。为此,电网仓储专业化工作成为提升物资服务能力、供应链运营效率的重要抓手。在此背景下,浙江电力聚焦"提供更高水平的物资服务保障""全面推进提质增效""筑牢夯实供应链发展基础"等"十四五"物资发展新任务,提出推进实施仓储专业化专项提升工作。通过总结仓储专业化的浙江实践,提炼仓储物流管理理论的浙电体系,固化仓储物流能力建设的浙电模式,打造仓储物流专业服务的浙电样板,全面推动仓储专业管理机制变革、运营模式创新和业务流程再造。

立足电网仓储专业化生态体系构建,以理论创新为引领,以标准与制度建设为核心,以专业能力打造为抓手,加快推进传统日常仓库保管向提供优质、高效的柔性综合物流服务转型。立足电力特色和既有经验,参考物流行业标准体系框架,汲取头部企业仓储专业化先进经验,深化建设标准化、运营规范化、管理制度化、服务品牌化,以数智技术加快仓储专业化转型,以浙电仓储物流理论体系建设推进"四化"能力建设,指导公司各级仓库同质同效管理,服务公司物资链有序周转,夯实公司经营的物质基石,促进公司物资供应提质增效。具体工作内容包括:

(1)建设标准化。推进弹性物流网络架构建设,整合并优化物资库、专业仓节点功能定位,完善以分层分类为原则的各级物资库、专业仓建设标准,研究发布各层级对应的存储设施、仓储装备、周转容器等配置标准和选型要求。

(2)运营规范化。深化仓储、配送、废旧业务规范体系建设,优化物资库标准化作业流程并向专业仓推广,推进物资库的作业工单化运维和6S现场管理,强化ELP应用推进仓配一体化联动,引导废旧"应拆、实拆、实收"闭环推进颗粒归仓。

(3)管理制度化。推进内外部指标、绩效评价机制等管理制度建设,对内引入行业运营绩效框架促进内部运营效益提升;对外建立完善评价标准,尤其是第三方仓储服务和配送承运单位,健全资质准入、运营标准、绩效考核等配套管理标准。

(4)服务品牌化。打造以优质、高效为特征的电力物流品牌,强化仓储网络、配送运力、废旧处置的核心产品,健全电网专业化仓储物流品牌化运营机制,推进运营团队、前瞻业务、数据驱动等的能力建设,依托产业混改平台整合社会资源,制定仓储物流专业化服务标准与信息服务规范,以机制创新推动服务创新。

8

电网现代仓储物流设施建设标准化

8.1 浙江电力仓储建设标准

8.1.1 浙江电力仓储标准化设计

（1）设计内容。

基于仓库现有布局，以满足当前仓储业务要求和后续扩展需要，对仓储进行整体设计和分步实施；明确各功能区划分及面积占用、设施（建筑+室外）情况和单元化方式、存储形式、仓储空间利用情况。基于物流能力、仓储形式、管理需求等因素，进行细化的仓库布置设计与功能区划分；根据物资的种类、体积、存放要求、存储形式等，对室内外仓储区进行设计、划分；基于仓库作业特点、物流量、作业效率等因素，设置完备的作业功能区。

（2）基础设计。

中心库、周转库非自动化仓库地坪承载要求不低于4吨/平方米；自动化立体仓库地坪承载需满足货架承载货物重量及相关设备承载要求。仓库地坪平整度良好，没有明显的地面开裂、洼陷。

库房高度根据仓库设计布置方案使用的仓储设备（如货架、吊车）室内净高要求确定,取地坪到柱轴线与斜梁轴线交点之间的高度。通常情况下,无吊车仓库的房屋门式钢架结构高度宜取4.5—9米;有吊车的仓库应根据轨顶标高和吊车净空要求确定,一般宜为9—12米。为维修方便,设屋顶检修梯。

库房大门净宽不小于4米,高度不低于4.2米,采用电动防火卷帘。门上设雨篷,每边宽于门不小于300毫米,外挑1500毫米,并设小门供日常人员出入。

叉车充电区地面应在库内地面要求基础上,再做防酸防碱环氧处理;区域周边设计出水道,并做防酸处理;附近墙体上设计排风扇。

仓库对电源应设总闸和分闸,定期查看电量负荷情况和接地系统工作情况,对一般仓库照明和应急仓库照明进行巡检,及时更换老化损坏设备。

(3)布置设计。

仓库明确划分仓储区、作业区和办公区等配套区域。仓储区应明确划分室内货架区、室内堆放区、室外露天区,如有室外料棚区也需明确划分。作业区设置包括装卸区、入库待检区(入库暂存区)、不合格品暂存区、出库(配送)理货区、仓储装备区,按需配置拣配区。根据整体布局,合理安排仓储配送服务中心(办公室)。按需设置工作间,用于进行收发货业务单据受理及业务处理。

8.1.2 浙江电力仓储信息化建设

以省公司的EWMS数字化仓储系统为运行平台,以库位管理为核心,采用RFID电子或条形码标签对货物/托盘、库位等进行标识,并融合数据采集手段和自动化控制技术,实现库房物流管理的信息化和高效精准零误差的实物管理效果。

仓储EWMS系统要求采用RFID电子标签对货物/托盘、库位等进行标识,并在WMS系统中融合先进的RFID数据采集手段和自动化控制技术,实现库房物流管理的信息化。仓储EWMS系统与RFID采集高度集成,并完全与条形码采集系统无缝对接,与企业内的ERP系统可实现信息共享,留有信息接口。

采用 RFID 技术应用在仓储管理中,以 RFID 标签标识的托盘、库位为基本识别单位;通过 RFID 移动终端,实现托盘 RFID 标签与所装载货物的相关信息进行关联;通过 RFID 叉车系统,在上架和下架环节实现货物与库位的精确对应;通过 RFID 手持终端,实现对货物/托盘、库位等 RFID 标签信息的查询;将托盘作为最小存储单元,采用先进的 RFID 技术附着于托盘,在物资到达集中仓储地以后,仓储管理人员通过管理系统或手机终端或 PDA 设备下达物资清单和分拣任务清单,系统自动分配物料对应的托盘号,工作人员根据指令,利用搬运工具将物料分拣到各自对应的托盘,完成自动分拣功能。

8.1.3　浙江电力仓储智能化建设

结合"大云物移"技术,实现物联网智能化、信息化供应链管理。采用自动立体库、AGV 等自动化设备和智能化系统,保证仓储管理的先进性。控制自动化实现仓库的日常作业、库存管理和安全管控等方面的自动化,这可以有效地节约人力、减少差错并防范安全事故的出现。

(1)自动化立体货架。采用高位立体货架,确保主业库寄存物资和产业库物资的存储需要;采用智能化立体仓库代替人工叉车搬运,初步设计 600 托/日的吞吐量;设计库位管理模式,采用条形码标签对货物/托盘、库位等进行标识,并融合数据采集手段和自动化控制技术,实现库房物流管理的信息化。

(2)AGV 搬运。采用无人搬运车、自动导航,实现智能仓储无人化搬运,二层可设置独立升降机配合 AGV 无人作业。

配备自动化裁剪设备、自动化搬运设备,以及信息管理系统,实现自动化作业和可视化管理,配合省公司智慧供应链平台,实现电力物流的快速仓储和配送,以满足物资配送需求。

8.1.4　浙江电力仓储建设标准

浙江电力仓储建设标准主要包括各类仓储节点仓库参考占地面积以及仓库各功能区域建筑参考面积,其中仓库参考占地面积主要根据仓储节点所辖售电量进行配置,仓库各功能区域建筑参考面积要考虑各功能区面积配置,具体如表8-1和表8-2所示。

表8-1　浙电仓储建设规模与参考占地面积

仓库属性	所辖售电量(亿千瓦时)	单体仓库参考占地面积(平方米)
中心库、周转库	600以上	30000
	300—600	20000
	200—300	10000
	100—200	8000
	100以下	5000
县仓储点	10以上	1000
	10以下	500
专业仓	/	200

表8-2　仓库各功能区域建筑面积参考表

功能区	面积	仓库面积(平方米)							
		30000	20000	10000	8000	5000	1000	500	200
仓储区	货架存储区	8000	5000	2200	2000	1400	250	168	100
	室内平面堆放区	4000	2500	1500	1800	800	200	132	45
	室外料棚区	3700	2500	1100	/	/	/	/	/
	室外堆场区	4000	2800	1500	1400	1000	200	100	/
作业区	装卸区	100	100	80	70	50	20	10	5
	入库待检区	200	200	150	120	100	/	/	/
	不合格品暂存区	100	100	70	60	50	/	/	/
	仓储装备区	500	400	200	150	100	30	10	5
	出库(配送)暂存区	400	400	200	/	/	/	/	/
通道		6000	4000	2000	1600	1000	200	80	40

8.2 浙江电力中心库建设标准

8.2.1 中心库位置及规模标准

(1)位置。中心库应选择在交通方便、基础设施和公共配套设施齐全的区域。中心库占地面积一般不大于30000平方米,中心库建筑密度不大于60%,容积率不大于1.5,绿地率不小于10%,配电房、门卫、网络机房等设施齐全。

(2)室内库房规模标准。室内库房占地面积不少于5000平方米,层高不低于12米。大于3吨重型货位不少于500个,1吨轻型货位不少于1500个。重型货位尺寸容积:2m(W)×1.45m(D)×2m(H),轻型货位尺寸容积:1m(W)×1.2m(D)×1.15m(H)。

(3)室外堆场规模标准。室外堆场面积不少于5000平方米。配备龙门吊(室外),各类货位不少于500个。

8.2.2 中心库建筑设计要求

(1)中心库建筑形式。

中心库主要建筑分为库房、室外料棚、露天堆场、道路等。库房类型包括单层库房、多层库房。

中心库配套建筑包含办公室(值班室)、保安室(监控室)、资料档案室、休息室、卫生间、工具室、车辆库等。各单位根据中心库基础条件和业务实际需要选择配置配套建筑。

(2)新建中心库主要建筑要求。

①地坪承载要求。中心库的地坪承载需满足物资存放要求,运输车辆进入中心库地坪承载要求不低于20吨/平方米,自动化立体中心库地坪承载不低于30吨/平方米,且需满足按货架承载货物重量及相关设备动载要求。

②库房建筑要求。新建中心库主通道大门采用电动移门。物资出入频

繁的大门两侧加装防撞杆,直径150毫米,高度1000毫米,并涂刷橙色警示。库房大门净宽不小于4米,高度不低于4.2米,采用电动防火卷帘。门上均设雨篷,每边宽于门不小于300毫米,外挑1500毫米,并设小门供日常人员出入。

新建库房宜采用轻型门式钢架结构,严格遵守《门式刚架轻型房屋钢结构技术规程》(CECS102:2002)的规定设计。钢梁挠度控制,应该按照《门式刚架轻型房屋钢结构技术规程》(CECS102:2002)控制屋面坡度变化率,避免屋面积水。钢结构库房建筑外墙板主体采用竖条板,板型统一,厚度不低于0.6毫米,北方地区应加内保温,保温层厚度根据所在地区的不同情况进行选取。建筑外墙自室外地面起1.1米高度范围采用砌体结构。

库房高度根据使用要求的室内净高确定,取地坪到柱轴线与斜梁轴线交点之间的高度。无吊车房屋门式钢架结构高度宜取4.5—9米;有吊车的中心库应根据轨顶标高和吊车净空要求确定,一般宜为9—12米。为维修方便,设屋顶检修梯。屋顶面板采用彩钢板双坡屋面,颜色为灰色,采用角弛Ⅲ,坡度取5%—10%,屋面板两侧设外檐沟,屋面以及檐沟的板缝均需填塞密封条,封堵密封胶。

库房建筑地面统一为彩色耐磨地面,荷载较大者配置构造钢筋,不建议使用环氧自流地坪。地面承重要求大于10吨/平方米,安装高层货架的地面需进行抄平和硬化地面处理。叉车充电区地面应在库内地面要求基础上,再做防酸防碱环氧处理;区域周边设计出水道,并做防酸处理;附近墙体上设计排风扇。

③多层库房的一般建筑要求。多层库房的建筑应严格按照《中华人民共和国工程建设标准强制性条文》《建筑设计防火规范》《建筑结构荷载规范》《建筑抗震设计规范》《钢结构设计规范》《混凝土结构设计规范》《建筑地基基础设计规范》等国家有关规程、规范进行设计。二层以上的库房应设置货梯,货梯在一层应有独立的出入口,方便使用。

④室外料棚一般建筑要求。室外料棚堆场屋顶采用角弛Ⅲ型钢结构,屋顶坡度5%—10%。屋顶必须可以承受突发性的暴风雨雪,符合《建筑结构荷载规范》(GB 50009—2012)要求。北方地区应考虑冬季积雪荷载。立

柱采用圆形或多边形钢柱。

地面应采用不吸水、易冲洗、防滑的面层材料,对物资载荷大的地面采取配筋,采用现浇混凝土垫层。地面平整,结合实际情况设计承重,原则上不小于5吨/平方米。

⑤室外露天堆场一般建筑要求。露天堆场平面应比周围道路高出约50毫米,周边设计排水系统,防止堆场积水;露天堆场周边安装可活动的围栏围挡或设置标识线。

堆场地面应采用不吸水、易冲洗、防滑的面层材料,采用现浇混凝土垫层。地面平整,结合实际情况设计承重,原则上不小于5吨/平方米。露天堆场堆放荷载较大时,地坪应采取配筋地面。龙门吊轨道采用预埋件处理,轨道上表面与地面平齐。

⑥道路一般建筑要求。库区道路宜采用混凝土路面。主干道宽度可按双车道标准确定,道路转弯半径不小于9米,道路面层承重要求大于5吨/平方米。库区可设置环形消防车道,或采取其他措施满足防火规程要求。

⑦卸货平台要求。新建卸货平台,高度统一为1.1米,宽度4米,并加装防撞垫。

(3)中心库配套工程和设施要求。

①给排水系统。中心库采用市政供水系统供水或符合国家现行标准《生活饮用水卫生标准》规定的水源供水,给水系统包括生活供水系统、生产供水系统、消防给水系统。中心库的库区应采取有效的排水系统。市区内建设的中心库应采用地下管道排水,在郊区或山区建设的中心库可采用明渠排水。排水系统包括生活污水、生产废水、雨水排放系统。卫生器具均选用节水、节能型产品。按规范要求实行雨、污分流。

②电气工程。中心库的电源应设总闸和分闸,宜有独立的配电间或配电箱。库房电源应与道路照明、生产和生活等其他电源分闸控制。照明灯具应采用防爆的,各中心库照明系统应满足有关规程规定。

③防雷系统。中心库必须按照现行国家标准《建筑物防雷设计规范》的有关规定,设置防雷装置。防雷设防类别应根据相关规范计算确定。防雷接闪器利用屋顶避雷带,引下线利用结构柱内主筋,接地装置利用结构基础

钢筋。防雷接地系统与其他接地系统共用基础接地钢筋。

④通信和信息。中心库通信联系除内线电话外,应装设公网电话;中心库装设的信息终端,能够接入公司信息内网。

⑤消防设施。中心库库区应有可靠的消防水源。独立设置消防给水管道,按中心库消防等级需要设置消防喷淋系统,并配备满足需要的消火栓、消防水池、消防管道、自动报警、自动灭火系统和灭火器材。地处防火重点地区的中心库,应当按照地方政府的有关规定设置周界防火隔离带。多层库房的耐火等级不应低于二级,单层库房的耐火等级不应低于三级。中心库的存储区、作业区及其他重要部位属消防安全重点部位,应当设置明显的防火标志牌,中心库库房配备消火栓、防火门、消防安全疏散指示标志、应急照明、机械排烟送风等消防器材设备和防火设施。消防设施设备配置参照内容如表8-3所示。

⑥安保设施。中心库应在公安机关的指导下,根据实际需要安装公共安全技术防范设施。在中心库大门、库房出入口、围墙等重点监控区域装设高清晰度监视摄像头来满足安保人员对指定区域内人员活动的即时监视和历史监视查询,条件允许可与远程公安监管系统联网。红外报警系统,主要应用于室内中心库的防盗。电子围栏系统,应用于中心库库区的边界防御。在每个库房内安装烟感探测器,当烟雾到达一定浓度时,就会自动报警。安保设施设备配置参照内容如表8-3所示。

表8-3　消防安保设施设备配置参照表

仓库层级	仓库规模（平方米）	自动喷淋灭火设备（套）	消火栓设备（套）	电子围栏（套）	干粉灭火器（只）	图像监控（套）
省级中心库	30000	1	1	1	30	1
	20000	1	1	1	20	1
	10000	1	1	1	10	1

注:表中计列设备配置数量为参考,各单位根据实际需求可进行调整。

(4)改造中心库建筑设计要求。

改造中心库要充分应用现有仓库基础,结合存储物资的特点和要求,进行中心库外观、内部墙面、地面基础设施的修缮,配置满足仓储业务及安全要求的消防安保等配套工程和设施。

8.2.3　中心库区域设置标准

(1)中心库区域设置。中心库根据业务需要设置仓储区、作业区和办公区等配套区域。

(2)仓储区设置。省级中心库按需配置仓储区,仓储区包括室内货架区、室内堆放区、室外料棚区、室外露天区。

(3)作业区设置。作业区设置包括装卸区、入库待检区、入库暂存区、不合格品暂存区、出库(配送)理货区、拣配区、仓储装备区。

(4)工作间设置。按需设置工作间,用于进行收发货业务单据受理及业务处理,不小于6平方米,配置电脑、打印机、内网网络、PDA等设备,以及人员安全物品和信息系统。

(5)中心库内作业通道要求。中心库内和货架间预留作业通道,通道尺寸与作业车辆转弯半径匹配。采用液压手推车、平板手推车时通道宽度以2—2.5米为宜,采用电动托盘堆垛叉车时通道宽度以2.8—3.3米为宜,采用平衡重式叉车时通道宽度以4—4.5米为宜。

8.2.4　设施设备配置

以安全、实用为原则,在中心库内配置必要的仓储设施设备、装卸搬运设备、计量设备及剪线工具等辅助工器具,满足专业仓储管理需要。

(1)自动化立体仓库。日出库量在300托/日及以上的中心库,宜配置自动化立体仓库。

自动化立体仓库采用自动化立体货架,以立体方式存储,堆垛机用货叉或串杆攫取、搬运和堆垛货物,或用专用起重机从高层货架上存取单元货物。

自动化立体仓库可配置自动导引车(AGV),其装有自动导引装置,能够沿规定的路径行驶,在车体上有编程和停车选择装置、安全保护装置,以及各种物料移载功能。自动化立体仓库可配置穿梭车(RGV),能够沿固定的轨道行驶,在车体上有编程和停车选择装置、安全保护装置,以及各种物料移载功能。

自动化立体仓库应配置输送机,根据需要可分为辊道输送机、链条输送机、皮带输送机三类。其中辊道输送机是以辊柱作为牵引和承载体输送物料的专业输送设备,链条输送机是以链条作为牵引和承载体输送物料的专业输送设备,皮带输送机是以皮带作为牵引和承载体输送物料的专业输送设备。

(2)存储设施。中心库室内货架以横梁式货架和悬臂式货架为主,线缆类物资可采用线缆盘贮存货架。零星散件物资采用托盘或周转箱保管,各中心库配置货架的种类和数量结合仓储储备物资类别配置。货架摆放要求如下:

①以门为参考,进入后货架纵向排列的,货架的列号自前向后,从小到大排列,如图8-1所示。

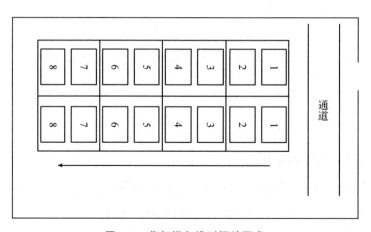

图8-1 货架纵向排列摆放要求

②以门为参考,进入后货架横向排列的,货架的列号自左向右,从小到大排列,如图8-2所示。

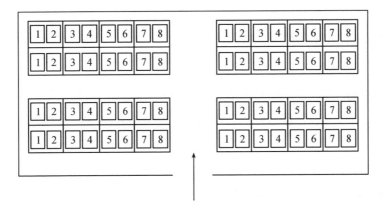

图8-2 货架横向排列摆放要求

(3)装卸搬运设备。包括装卸运输设备(起重机、叉车、辅助运输设备等),结合存储物资类型及库存量配置不同装卸搬运设备,中心库配置装卸搬运设备种类参照如表8-4所示。各中心库配置装卸搬运设备种类和数量结合中心库储备物资类别进行调整。

表8-4 中心库配置装卸搬运设备种类参照表

仓库层级	仓库规模 （平方米）	行车10T （辆）	行车5T （辆）	叉车5T （辆）	叉车3T （辆）	堆垛车1.6T （辆）	手动推车2T （辆）
省级中心库	10000	4	0	4	4	0	2

注:表中计列设备配置数量为参考,各单位根据实际需求可进行调整。

(4)计量设备及辅助工器具。计量设备包括地磅、台秤等,辅助工器具包括断线钳、电缆切断钳、手锯等。各中心库可结合存储物资类型及库存量配置计量设备及辅助工器具,配置标准参照如表8-5所示。

表8-5 中心库配置计量设备种类及数量参照表

仓库层级	仓库规模 （平方米）	地磅30T （台）	地磅3T （台）	台秤6T （台）	台秤0.6T （台）
省级中心库	10000	0	0	1	2

注:表中计列设备配置数量为参考,各单位根据实际需求可进行调整。

8.2.5 智能化配置

(1)信息系统配置。

需配置 WMS 仓库管理系统(为库内各项作业提供智能化指导)、WCS 仓库控制系统(实现管理系统与自动化物流设备的互通互联)、TMS 运输管理系统(为物资配送运输提供智能装车辅助、车辆调度和路线规划支持)、GPS 全球定位系统(实现运输过程的实际监控与管理),支持系统集成与可视化,以及 RFID 或条码标签等信息采集方式。

(2)智能化功能配置。

①智能收货辅助功能。收货时,根据物资属性和包装数据,智能推荐适合的仓储单元化容器(托盘、仓储笼、托盘框、周转箱等)。对于托盘单元化物资,系统根据物资包装尺寸、重量和历史码盘信息,智能推荐最优的码盘方式。

②供应商智能评价。基于每次到货差异、准时性、质量情况等数据对供应商进行智能评价。评价结果为供应商分级管理提供评价指标。

③智能入库辅助功能。执行入库及库位分配,如基于物资和单元化类型,将物资放入对应的仓储货位;基于物资用途,将同一工程项目的物资集中放置;根据物资存储需求,如无尘、防潮物资放入对应存储区;基于发货时物资的关联程度,将经常同时发货的物资就近放置,提高拣货效率;基于物资发货频率,将经常发货的物资放置在就近货位,提高发货效率。在推荐货架区库位时,考虑货架载荷均布分配,提高货架稳定性和仓储安全。开展最优上架顺序与路径规划,并实现其他用户需求的分类标准,如供货批次、货品价值、供应商等。

④智能仓储管理辅助。基于历史库存、发货数据和计划信息,智能预测安全库存水平,主动补库,有效满足需求波动。在库物资数量低于下限和高于上限时进行智能补库推荐与实时智能预警。监控物资在库时间,对呆滞物资进行智能预警。根据实际作业情况对仓库的存储空间进行智能优化,包括货位排放优化、存储空间优化等。

⑤智能拣货辅助。基于订单信息,根据最优拣货规则,智能拆分与组合

拣货任务,如分区型拣货、分类型拣货、摘果式拣货、播种式拣货等。根据拣货物资位置,计算规划最优拣货路径。根据发货相关性和工程项目进行闲时智能预拣货。实时监控拣货位物资存量,实施自动补货与闲时补货。

⑥智能发货辅助。系统基于发货物资类型、数量、距离等数据,智能推荐最优物资发货模式,采用仓库发货或供应商越库发货。系统基于物资类型和尺寸智能推荐发货容器与装箱方式,为拣货人员智能指导不同发货订单的集货位置。

⑦智能盘点辅助。其支持动碰盘点、循环盘点、定期盘点等任务的执行。智能触发盘点,由特定事件自动触发并创建盘点任务。

⑧智能配送运输。智能车辆调度管理功能根据各工程需求时间,自动预约配送时间。对于多站点配送任务,系统可根据装货地点、目的地、运输线路等智能推荐最佳配送线路,根据配送路径,智能推荐物资装车顺序,先配送的物资后装车。基于GIS与GPS系统对运输车辆进行实时动态监控与进度跟踪。

⑨系统集成与可视化(报表)管理。将WMS/WCS/TMS/GPS功能与网络化平台集成,实现数据共享和操作整合。通过现场监控与图形化报表实时动态展示和指导库内作业实现库内作业可视化。结合地理信息系统,实时动态展现物资配送进程,实现配送过程可视化。系统基于过程数据,智能分析并生成可视化KPI管控指标图表,实现仓库KPI管理指标可视化。

8.3　浙江电力检储配一体化建设标准

8.3.1　检储配一体化建设总体要求

(1)检储配一体化建设基本要求。

检储配一体化建设以检储配基地网络的合理布局、检储配业务信息的统一贯通为基础,以供应链运营中心为管理核心,以供应链分中心为管理支撑,按"就地抽检、检后入库、集中储备、按需配送"的原则,一体化配备检储配业务功能。在保证检储配各业务具备独立作业能力的前提下,通过一体化管理平台的搭建,实现各业务信息系统间的互联互通和信息共享,通过管理制度的完善配置保障检储配一体化协调能力,确保检储配基地业务的整体联动和协同。

①功能配置一体化。在供应链运营中心统一管理与控制下,协调检测中心与储配中心业务,以检储配一体化基地为支撑,依托一体化管理平台,开展检储配调度业务,实现检测中心、储配中心、供应商、项目单位、第三方物流等参与主体的高效协同。

a. 检储配一体化建设应配置覆盖主要物资品类的 C 级检测能力,形成覆盖服务区域的质检网络,检测中心具备的检测项目级别应符合《电网物资质量检测能力评价导则》要求,并经国家电网公司评审通过,检测中心检测功能分区完备,实验设备及信息系统能智能集成,实验安全管理机制健全,确保入网物资即来即检。

b. 检储配一体化建设应配置规模较大的存储功能,形成合理布局的仓储网络,仓储网络的存储规模及功能区域设置应满足服务区域的入网物资存储需求,仓储网络各类仓储节点的设备设施、信息系统和管理制度配置应满足专业仓储管理需要,确保入网物资即检即储。

c. 检储配一体化建设应配置完善的配送功能,形成能覆盖服务区域的配送网络,配送网络的配送能力与运力资源管理应满足基地服务区域的入网物资供应需求,并能与仓库资源统筹管理,确保项目物资即需即配。

②运营管理一体化。检储配一体化运营管理业务流程环节完备,按一体化运作要求设置到货待检、抽样送检、收样检测、回样处理、入库存储、按需配送等基本环节,文书与信息提报应采用一体化格式和统一编码,确保检储配业务高效衔接和管理协调。

a. 检储配一体化基地及其检测中心和储配中心应按各业务管理体系要求配置岗位与人员,应按检储配业务运作体系要求明确责权,确保检储配一体化业务运营的质量、效率和安全。

b. 检储配一体化基地及其检测中心和储配中心应实行制度化管理、标准化流程及规范化运营,应设置业务监督、绩效考核、周汇报月总结、应急和突发事件响应等工作机制与程序文件,应制定涵盖作业管理、运营管理与信息安全等方面的各项规章规范,确保检储配一体化业务稳定、高效运作。

③信息管理一体化。检储配一体化建设应具备统一的信息管理平台,平台应具备检测、仓储、配送等专业模块,其中检测模块应实现抽检计划管理、送样管理、检测过程管理、回样管理等;仓储模块应实现入库管理、出库管理、在库管理等;配送模块应实现运输管理、运输跟踪等。支持各专业模块关键节点在线管控,安全防护系统全覆盖,保障业务安全、规范操作。

a. 一体化管理平台各业务模块间应相互协同,以供应链运营中心为指挥中枢,对各专业工作任务统一协调、统一指挥;应具备作业自动预警、问题主动督办、数据归集分析能力,通过业务操作与数据分析融合,推动业务高效开展,辅助业务创新发展。

b. 一体化管理平台应具备与ERP、ECP、ELP、E物资、供应链运营中心等智慧供应链系统集成的能力,通过集成实现检储配业务与其他供应链场景数据贯通,确保一体化系统数据完善及业务流畅。

c. 一体化管理平台应制定统一的接口规范,可支持手持终端PDA、无线射频设备RFID、定位设备GPS、智能检测设备、智能调度设备WCS、安全消防设备等多种规格智能设备接入,通过智能设备与一体化系统数据实时交互,实现管理物联可视,辅助业务效率提升,支持异常现象发现和各类安全风险预警。

(2)检储配一体化建设其他要求。

①检储配一体化基地规划。检储配一体化基地规划应因地制宜,根据仓储网络基础条件和检储配业务实际需要,按相关规定和标准编制建设技术方案,方案应经过科学论证并报批实施,并做好方案存档;检储配一体化基地建设技术方案的技术标准应涵盖建筑、消防、照明、供配电、电气、库房、试验室等相关国家标准,并符合《国家电网公司物资仓库标准化建设指导意见》《"检储配"一体化基地标准化建设指导意见》等文件要求。

②检储配一体化基地建设。检储配一体化基地建设应按《国家电网公司小型基建管理办法》(国网[后勤/2]232—2014)、《国家电网公司小型基建项目建设标准　第五部分物资仓库》(国家电网公司企管〔2015〕625号)、《建筑设计防火规范》(GB 50016—2014)、《厂房建筑模数协调标准》(GB/T

50006—2010)、《建筑工程建筑面积计算规范》(GB/T 50353—2005)、《建筑地面设计规范》(GB 50037—2014)等文件的要求进行管理,应按规划、按程序进行工程项目建设,不宜擅自扩大建设规模,不进行不考虑实际需求的建设,方案变更需论证并报批实施,并做好过程资料存档。

检储配一体化基地建设过程,应严格按国家标准控制废弃物、污染物的排放与噪声影响,应建立与其规模相适应的环境保护和监管系统,并定期开展环境质量监测活动,减少项目建设对周边环境的影响。

③检储配一体化基地的设备配置与管理。检储配一体化基地设备配置应符合《"检储配"一体化基地建设指导意见》要求,并按要求进行相应设备的购置工作;检储配一体化基地设备配置应在物资类别、检测能力上相匹配,鼓励有利于检储配基地获取 ISO9000、CNAS、CMA 资质的设备配置;检储配一体化基地设备管理应按照质量手册要求,编制设备台账,并设置计量溯源、周期检定等管理工作细则。

8.3.2 检储配一体化基地选址与建设

检储配一体化基地是检储配一体化建设的基础性工程,其选址与建设应有利于检储配资源的合理布局,应有利于检储配一体化业务的开展和信息的贯通。

(1)检储配一体化基地选址要求。基地建设选址应充分考虑仓储网络、供应需求、质量监督、辐射半径、交通条件、用地条件、业务增长潜力、一体化协作条件等因素,具体包括:

①仓储网络,即检储配基地选址应考虑与现有仓储网络间的匹配,尽可能在以现有国网储备库、省中心库、地(市)周转库、县公司和专业支撑机构终端库为节点的仓储网络中进行选址。

②供应需求,即检储配基地选址应考虑与现有物资供应链网络间的匹配,尽可能在物资供应商与物资需求间科学选址。

③质量监督,即考虑物资质量检测模式、抽检范围、检测项目,以及抽检规范对检测资源及其资质的要求,选址时应考虑物资质量监督管理完成率等指标达成的影响程度。

④辐射半径,即考虑物资检测、物资配送的服务半径,选址时应考虑对物资供应保障时效指标达成的影响程度。

⑤交通条件,交通条件是影响物流效率和配送成本的重要因素,应尽可能靠近交通要道,如高速公路、铁路货运站、港口、空港等,落实检储配基地选址。

⑥用地条件,检储配基地建设须占用大量的土地资源,土地的来源、地价、土地的利用程度等要充分考虑并落实。

⑦业务增长潜力,考虑物资来源和去向分布情况,应该尽可能地与生产地和配送区域形成短距离优化,同时关注检储配业务要求对选址的空间距离要求。

⑧一体化协作条件,基地建设选址应优先利用和充分挖潜现有资源,原则上检测中心与仓库车程距离控制在半小时以内。

(2)检储配一体化基地建设要求。

①检储配一体化基地的功能与能力。

除满足基本要求外,检储配一体化基地的功能规划还应有利于与现有各类检测资源互补构成省级质量检测网络,有利于与现有仓储资源融合完善省级仓储网络;在能力上满足服务覆盖区域检测业务、仓储业务、配送业务的需要,同时能辐射本片区相关业务;在检测功能配置上应用有利于ISO9000、CNAS、CMA认证,有助于申报并获得相应检测资质认证。

检储配一体化基地的检测范围应按照国家电网公司《电网物资质量检测能力标准化建设导则(试行)》要求,涵盖配电变压器、高压开关柜、环网柜、柱上开关、0.4kV电缆分支箱、10kV电缆分支箱、JP柜、低压开关柜、电力电缆、架空绝缘电缆、电缆保护管等大宗配网物资品类。

检储配一体化基地的检测能力应按照国家电网公司《电网物资质量检测能力标准化建设导则(试行)》要求,对各物资种类能进行C级以上检测项目。检储配一体化基地的存储能力应满足《国家电网公司物资仓库标准化建设指导意见》相关要求,储备物资类别应与检测能力要求相符。

②检储配一体化基地的场地配置。

按照"检测区域不得进入无关人员、检测人员不得与供应商直接接触"

的"两不"原则,就地、就近建设的检测场地必须与仓储场地之间有明确分界面,确保各区域功能明确。

　　检储配一体化基地检测场地要充分满足检测业务承载力、检测时效要求、设备布置、安全管理、风险防控等要求。检储配一体化基地检测场地推荐设置包括待检区、留样区、加工区、检测区、已检区、集控室、办公区等区域,检储配基地检测中心各区域面积配置推荐如表8-6所示,场地面积可根据检测量进行适当调整。

表8-6　检储配基地检测中心各区域面积配置推荐表

序号	场地名称	场地面积(平方米)
1	待检区	400
2	留样区	200
3	加工区	300
4	检测区	1200
5	已检区	400
6	集控室	50
7	办公区	200
合计		2750

　　检储配一体化基地储配场地推荐配置包括仓储区、装卸区、入库待检区、收货暂存区、不合格品暂存区、出库(配送)暂存区、仓储装备区、管理工作区等区域,或开展货位管理满足上述功能需求。

　　③检储配一体化基地的设备配置。

　　检测中心设备配置考虑:针对线圈类、开关类物资检测,鼓励使用智能化、自动化检测工位;针对线缆类物资检测,鼓励使用自动化加工、检测装置,以提高检测效率;检测项目和仪器设备配置要求详见《国家电网公司物资仓库标准化建设指导意见》,各单位可结合实际情况调整此配置。

　　储配中心设备配置考虑:储配中心设施与设备应符合《国家电网公司物资仓库标准化建设指导意见》"附录3-1仓库各类设施设备配置标准"相关

要求；在仓库内配置必要的存储设施设备、装卸搬运设备、计量设备及剪线工具等辅助工器具，满足专业仓储管理需要；应用各类存储设施存放物品，主要包括横梁式货架、悬臂式货架、线缆盘贮存货架、搁板式货架、托盘、可堆式周转箱、塑料零件盒等；应用各种装卸搬运设备进行物资的出入库、库内堆码及翻垛作业；应用各类计量设备进行物资进出库的计量、点数以及存货期间的盘点、检查等；日出库量在300托及以上的储配中心，可考虑配置自动化立体仓库，同时考虑专用起重设备、自动引导车（AGV）、穿梭车（RGV）与输送机等自动化装备。

④检储配一体化基地的配套设施。

各建筑物应考虑室内给排水、循环水、雨水、消防系统和户外给排水、消防系统等设计；检测中心配套设施方面，检测试验室接地应考虑建筑物接地，各检测区设专用人工接地系统；检测区采用三相四线制电源，电源波动不大于3%，频率波动不大于2%，总谐波畸变不大于5%。

储配中心配套设施应考虑配置满足仓储业务及安全要求的消防安保等配套工程和设施；在公安机关的指导下，根据实际需要安装公共安全技术防范设施。

基地道路宜采用混凝土路面；主干道宽度可按双车道标准确定，道路转弯半径不小于9—12米，道路面层承重要求大于10吨/平方米；交通流线合理流畅，整个交通系统构架清晰，分级明确，同时满足消防、救护等要求，满足防火规程要求。

公用和保安电源应设双回路，同时满足试验室（系统）配套公用设备供电；事故照明电源、消防设备电源、网络设备电源等，按二级负荷要求供电；其他用电设备均按三级负荷供电。

基地内作业通道要求试验工位和样品放置区要预留作业通道，通道尺寸与作业车辆转弯半径需相互匹配。采用液压手推车、平板手推车时通道宽度以2—2.5米为宜；采用电动托盘堆垛叉车时通道宽度以2.8—3.3米为宜；采用平衡重式叉车时通道宽度以4—4.5米为宜；采用AGV小车时通道宽度以4—4.5米为宜。

⑤检储配一体化基地的安全规划。

消防设施要求：检储配一体化建设必须按照现行国家标准《建筑设计防火规范》的相关规定，检储配一体化基地及其检测中心和储配中心应设置防火分区；检储配一体化基地及其检测中心和储配中心其防火和安全疏散设计中的交通流线应合理流畅，整个交通系统应构架清晰，分级明确，同时满足消防、救护等要求；检储配一体化基地及其检测中心和储配中心应设有主入口、安全楼梯以及直接对外的安全疏散口，所有的对外出入口都应直接与外部的消防车道连接；检储配一体化基地及其检测中心和储配中心的疏散通道、人流货流入口、门窗的设置应符合规范要求，四周有环路、间距、消防通道、消防入口均应满足规范要求，并且应设有应急指示灯、监控系统等设施；检储配一体化基地及其检测中心和储配中心内的带电火灾危险区域，内有电气设备，根据标准要求配置相应灭火设备，消火栓箱要求接地处理；检储配一体化基地及其检测中心和储配中心应配备可靠的消防水源，独立设置消防给水管道，并按消防等级需要设置消防喷淋系统，配备满足需要的消火栓、消防水池、消防管道、自动报警、自动灭火系统和灭火器材等设备。

场地承载要求：检储配一体化基地及其检测中心和储配中心各区域的地坪承载需满足设备安装要求，并设有专用设备基础；检储配一体化基地及其检测中心和储配中心其他区域需满足设备重量及静荷载和动荷载要求。

检测场地办公区应与仓储场地办公区物理分离，不得混合办公。检测场地应按照安全管理和质量管理要求，设置必要的安全标识、作业标识，配备必要的安全工器具。

⑥检储配一体化基地的环境与能耗。

环境保护要求包括以下内容：检储配一体化基地及其检测中心和储配中心的生活污水处置，要求设化粪池处理；检储配一体化基地及其检测中心和储配中心的生产废水处置，针对可能有变压器油泄漏的情况，应设置油水分离池，油水分离后排入市政污水管网；仓储废弃物、检测废料堆放及处置，应设置专门废料分类堆放点，并定期按规定进行消纳处理。针对线缆类燃烧试验，在线缆加工、高温加热试验区域需设置机械强排风系统，燃烧试验区域需配套建设烟气净化处理系统。检储配一体化基地及其检测中心和储配中心各建筑单体按照容积率要求留有绿化,可种植花草、树木,道路和空场地不漏土,可阻止噪声传播,减少风沙、扬尘飞扬。

能耗规划要求包括以下内容:检储配一体化基地及其检测中心和储配中心输入能源应包括主输入电网、发电机及非主要能源输入;应以检储配一体化基地及其检测中心和储配中心正常运行下的输入有功功率为基础参照,规划能耗监控机制。

8.3.3 检储配一体化运营与作业

检储配一体化运营与作业以供应链运营中心为管理中枢核心,以供应链分中心为管理支撑,按"就地抽检、检后入库、集中储备、按需配送"的原则,检储配业务功能一体化运作,在保证检储配各业务具备独立作业能力的前提下,通过一体化管理平台的搭建实现各业务信息系统间互联互通和信息共享。

(1)检储配一体化运营规划与作业设置原则。

①检储配一体化运营规划与作业设置应符合国家电网公司规定的技术条件,并结合检储配业务一体化的需要展开规划设计。

②检储配一体化运营规划与作业设置应综合考虑服务覆盖区域内现有的检测资源、仓储资源与配送资源的配置情况和未来的规划水平。

③检储配一体化运营规划与作业设置应能为质量监督、仓储管理与物资配送提供明确的业务内容、标准化的业务流程和必要的配套业务。

(2)检储配一体化运营的业务内容、流程及配套。

①检储配一体化运营的业务内容。

a. 到货待检。在供应链运营中心统一协调下,物资到货后经必要的仓储作业后进入抽检待命状态,且到货信息、货位信息上传一体化管理平台。

b. 抽样送检。市供应链运营中心由平台获取相关计划,制订抽检工作方案,协调检测工位安排,并经平台下达抽样指令,执行抽样送检作业。

c. 收样检测。样品送达检测中心信息上传一体化管理平台,经平台关联检测计划任务,按任务送至样品检测工位,检测任务结束向平台上传检测结果。

d. 检后处置。根据检测结果,一体化管理平台触发合格品入库储备流程或不合格品退换货处置流程。

e. 入库存储。合格品到库,市供应链运营中心将相关信息上传平台,更新物资状态信息,并根据需要启动货位调整、平衡利库等库内作业。

f. 按需配送。项目单位按需向平台申报领用需求,经供应链运营中心匹配后向市供应链运营中心下达供应计划,分中心形成配送计划并下达到配送班组和配送车队,拣配集货作业执行完毕即时装配发车,项目单位上传配送执行反馈信息,完成按需配送。

②检储配一体化运营的业务流程。根据检储配一体化运营的业务要求,检储配一体化业务流程规划应在保证设备质量、提高供应配送时效的前提下,把中间冗余环节减到最少,检储配一体化业务建议流程如图8-3所示。

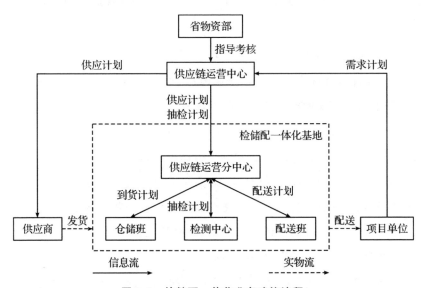

图8-3 检储配一体化业务建议流程

(3)配套业务规划要求。

根据检储配一体化作业需求,配套业务规划可考虑向前延伸至供应商、向后延展到物资需求点,具体内容如下:①基于电网物资全寿命周期的产品型试验数据、出厂试验数据、抽检试验数据、运行过程中的质量信息、质量事件,以及物资需求点供应服务质量反馈信息,开展物资质量分析,质量预报预警,并根据质量问题督促供应商整改。②基于检储配基地各业务运行绩效评价,考虑不同类型和层级检储配基地业务的侧重点和需求变化,开展储配中心与检测中心的业务优化与协调工作。③基于检储配一体化管理平台,应用大数据技术优化配网物资需求预测和库存定额配置,优化实物储备结构和协议储备物资类别。

(4)检储配一体化作业的内容要求及流程。

①检储配一体化作业的内容规范。

到货待检作业规范,内容推荐如下:

a. 市运营中心根据省物资公司供应计划、供应商排产计划,结合下一阶段配送需求与库容情况,与各供应商协商发货计划,制订到货计划,同时上传一体化管理平台。

b. 仓储班按到货计划做好接收准备,物资到货后库管人员收集到货信息,分配货位并完成实物存放,同时上传一体化管理平台。

c. 物资存放后与货位绑定,批次物资冻结,设为抽检待命状态。

抽样送检作业规范,内容推荐如下:

a. 市运营中心根据省物资公司的抽检计划、到货计划,细化抽检计划并下达,同时上传一体化管理平台。

b. 检测中心根据抽检计划及检测中心工作情况制订抽检工作方案,检测工位空闲状态待命。

c. 市供应链运营中心下达抽样指令,系统根据抽检策略自动随机选择检样,仓储班接收信息开始取样、封样、送样,全程视频记录,全程监督。

d. 就地建设检测中心的,直接送至检测工位;就近建设检测中心的,送样车辆车厢内配置摄像头,在途监控,送至检测中心。

收样检测作业规范,内容推荐如下:

a. 样品送达检测中心时,收样人员检查封样标签完整性,粘贴检测样品唯一码,关联检测计划任务,送至检测工位。

b. 检测人员开展物资检测工作,并第一时间向平台上传检测结果。

检后处置作业规范,内容推荐如下:

a. 检测合格,合格信息自动传送至仓储模块,样品回送至储配中心。

b. 检测不合格,系统触发不合格品退换货处置流程,省物资公司启动供应商不良行为处理、供应商合同违约处理流程。

入库存储作业规范,内容推荐如下:

a. 接收检测合格信息后,物资批次解冻入库,转为可领用状态。

b. 物资解冻入库后,可结合实际库容情况、业务需要,进行货位调整。

按需配送作业规范,内容推荐如下:

a. 项目单位结合工程进度安排,在平台实时申报领用需求。

b. 供应链运营中心匹配需求,制订配送计划。

c. 配送班按计划开展拣配、集货作业,与第三方物流合作的,通知第三方物流装车发运。

d. 项目单位收货,反馈到货信息。

②检储配一体化作业的流程规范。

根据上述作业内容规范,结合岗位设施,检储配一体化业务建议作业流程规范如图8-4所示。

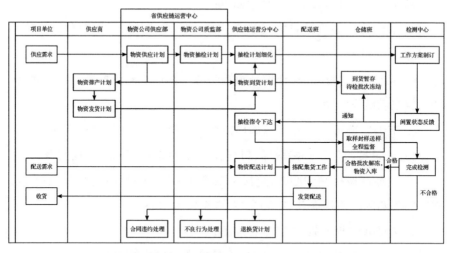

图8-4 检储配一体化业务建议作业流程规范

8.3.4 信息化建设基本要求

(1)硬件配置要求。

①服务器配置。检储配一体化管理平台服务器宜采用小型机,应用服

务器与数据库服务器宜分开部署,配置相当于IBM power5 4核CPU、32GB内存。应用服务器和数据库服务器宜进行双机热备。

②数据备份配置。系统备份分为数据库备份和文件系统备份,数据库备份采用在线全备 + redolog 备份机制,文件系统备份采用目录备份机制,使用磁带库作为备份介质,保证数据的安全性。数据库备份应每天备份,文件系统备份每周一次。

③网络通信。检储配一体化管理平台应搭建在公司信息内网环境中,光纤接入,带宽百兆,实际网速达到2Mb/s。检储配一体化管理平台宜与ERP系统实现实时信息接口,并能达到与PDA、平板电脑、自动化设备系统(硬件)、智能化检测设备、智能化仓储设备等的实时通信。

(2)软件功能要求。

①总体要求。检储配一体化管理平台设计原则应符合共享性、安全性、可扩充性、兼容性和统一性的要求,对同类系统应统一接口规范,并支持智能终端、多个异构系统和数据源之间的数据交换。平台功能模块应涵盖总体调度模块、检测模块、仓储模块和配送模块,各模块系统设计可根据各检储配基地的类型、特点等各有侧重,各业务模块数据应互联互通、实时共享。平台需具备数据应用功能包括统计、分析、预警、督办功能,有效支撑检储配业务开展及完善提升。平台应用需确保物资编码、各业务记账方式等符合一本账管理规范。平台应建设智能终端各类型集成功能,包括智能调度设备 WCS、定位设备 GPS、智能检测设备、无线射频设备 RFID、安防消防门禁设备、手持终端 PDA 等。平台应实现与上位系统的对接,包括 ERP、ELP、ECP、E物资、供应链运营中心等智慧供应链系统。

②调度模块。应具备任务管理功能,对检储配各项计划、任务进行统一调度、指令下达,协调各模块规范有序作业,包括抽检计划、配送计划、到货计划、检测计划等模块工作任务的协调派发。应具备问题预警功能,采集各模块数据、监控视频等,对检储配各环节存在的异常信息等进行实时预警,包括状态异常预警、操作异常预警、时长异常预警等,应具备数据统计功能,对检储配业务进行数据统计,动态了解检储配业务执行情况,如历史周转量、历史检测信息分析、历史配送信息统计、当前库存信息、当前检测信息、

在途配送信息等。应具备业务分析功能,采集各模块的数据、监控视频等,对检储配各环节进行业务现状分析,设定相应规则,提供建议策略,辅助业务提升。

③检测模块。应具备抽检计划功能,配备相应的抽检辅助决策,基于全覆盖原则及抽检数据分析结果,形成差异化策略辅助计划制订。应具备送样管理功能,并对样品检测过程详细记录,包括取样、封样、送样、到样等时间节点及过程进行视频或图片记录,保证样品的真实性、唯一性和封样规范性,实现过程可追溯。应具备检测过程管理功能,需要涵盖检测任务登记及指派、检测过程自动流转及数据归集、检测结果自动研判及检测报告自动出具等检测过程的在线管控。应具备回样管理功能,并对样品回库过程详细记录,包括样品状态、实物回库、报废回库等信息。宜实现检测模块与自动化检测设备间的数据贯通,通过接口实现工位内的试验对象信息、试验项目信息、状态信息的实时查阅和调取。接口应具备良好兼容性,能够采集不同物资种类、设备厂家、试验项目的检测数据,同时实现数据结构的标准化。

④仓储模块。应具备入库管理、出库管理、在库管理等基本功能;应制定统一的接口规范,可支持多种规格智能设备控制系统接入;应具备与ERP业务联动贯通功能,实行库存信息"一本账"管理;应结合自身设备种类、存储模式、业务场景等仓储特点配备相应的策略库,智能规划业务进程,合理安排人工与机械间交互。

⑤配送模块。应具备运输管理功能,进行车辆分派、路线规划,基于配送距离、配送业务类型、配送时效性合理安排运输任务;应具备运输跟踪功能,主要包括送出管理、送达管理、过程监控,具备条件的单位应采用移动APP、电子签署实现配送任务的线上交接;配送模块功能需与仓储模块联动贯通,包括配送任务下达仓储模块接口、仓储装车作业反馈配送业务信息系统接口等。

(3)其他要求。

①门禁系统要求。仓库和检测区域应分别配备门禁系统,对进入人员、车辆、物资进行必要的身份认证。

②监控系统要求。仓库和检测区域配备视频监控系统,实现对所有作

业区域的有效覆盖。

③网络通信要求。检储配基地的网络设施环境应遵循统一设计,确保信号稳定、安全。

检储配一体化信息管理平台架构如图8-5所示。

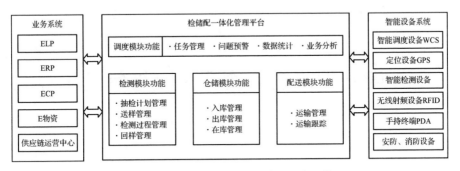

图8-5 检储配一体化信息管理平台架构

9

电网现代仓储物资包装与单元化标准

9.1 电力物资最小包装标准

9.1.1 电力物资最小包装标准制定目标与依据

(1)电力物资最小包装标准制定的目标。电力物资最小包装标准化及其标准的制定主要面向效率、质量和安全3个方面的提升。

①效率提升。首先,物资包装标准化有利于收货清点和仓储单元化,从而提高仓库收货效率。其次,以最小包装为单位进行拣货(发货),可大幅减少拆包与清点工作量,同时减少人工清点工作量、提高拣货准确性,实现仓库拣货(发货)效率的提升。最后,通过最小包装单位,减少盘点清点工作量,从而提高仓库盘点效率。

②质量提升。通过标准规范的包装形式,减少物资在装卸、运输与堆码过程中因挤压或碰撞造成的损坏,减少物流中的质量隐患。

③安全提升。一是通过标准化的包装与仓储单元化管理,预防因物资散落造成的人身伤害,保障作业安全。二是通过物资在库内单元化方式、尺寸与重量标准化,预防因超限对设备造成损坏及衍生安全事故,保障仓库设

备安全。

（2）电力物资最小包装标准制定依据。电力物资最小包装标准制定主要依据以下几个方面：

①各物资仓库历史运作数据统计分析，包括库存数量、拣货频次、每单拣货（发货）数量。

②实际工程项目中，各物资的使用数量统计。

③内部需求与物资供应商操作经济性的综合平衡。

④供应链各环节中，与物资包装或单元化相关的问题。

9.1.2　典型电力物资最小包装与到货单元标准

由于电力物资品类繁多，以下以几个典型电力物资为例进行说明。

（1）铁附件—横担类物资最小包装与到货单元标准。

①包装模式 HD。

包装类型：最小包装单元。

适用范围：铁附件—横担类，如配变台区角铁横担、线路角铁横担。

标准包装数量：单件。

标准包装方式：无，如图 9-1 所示。

图 9-1　铁附件最小包装单元 HD

②包装模式 HD1。

包装类型：到货包装单元。

适用范围：铁附件—横担类，如配变台区角铁横担、线路角铁横担。

标准包装数量：100 根/捆。

标准包装方式：镀锌打包带捆扎，如图 9-2 所示。

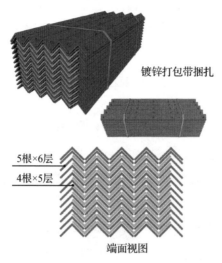

5根×6层
4根×5层

端面视图

图 9-2　铁附件到货包装单元 HD1

③包装模式 HD2。

包装类型:到货包装单元。

适用范围:铁附件—横担类,如配变台区角铁横担、线路角铁横担。

标准包装数量:50根/捆。

标准包装方式:镀锌打包带捆扎,如图9-3所示。

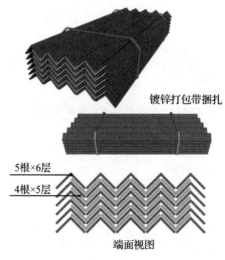

5根×6层
4根×5层

端面视图

图 9-3　铁附件到货包装单元 HD2

（2）熔断器类物资最小包装与到货单元标准。

包装类型：最小包装单元、到货包装单元。

适用范围：高压熔断器。

标准包装数量：3只/箱。

标准包装方式：用纸箱装，如图9-4所示。

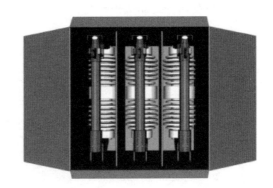

（a）单件　　　　　　　　（b）最小包装单元、到货包装单元

图9-4　高压熔断器包装方式

（3）绝缘子类物资最小包装与到货单元标准。

包装类型：最小包装单元、到货包装单元。

适用范围：绝缘子。

标准包装数量：5个/提。

标准包装方式：用竹排捆扎，如图9-5所示。

（a）单件　　　　　　　　（b）最小包装单元、到货包装单元

图9-5　绝缘子包装方式

(4)金具类物资最小包装与到货单元标准。

①包装模式NLL1—最小包装单元。

包装类型:最小包装单元。

适用范围:耐张线夹—螺栓型。

标准包装数量:1只。

标准包装方式:无,如图9-6所示。

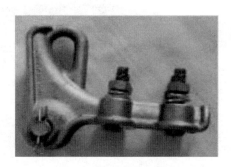

图9-6 耐张线夹—螺栓型最小包装单元

②包装模式NLL1—到货包装单元。

包装类型:到货包装单元。

适用范围:耐张线夹—螺栓型。

标准包装数量:40只/箱。

标准包装方式:纸箱,如图9-7所示。

图9-7 耐张线夹—螺栓型到货包装单元方式

③包装模式PD7—最小包装单元。

包装类型:最小包装单元。

适用范围:联结金具—平行挂板。

标准包装数量:20只/串。

标准包装方式:铁丝捆扎,如图9-8所示。

（a）单件　　　　　　　　　（b）最小包装单元

图9-8　联结金具—平行挂板最小包装单元

④包装模式PD7—到货包装单元。

包装类型:到货包装单元。

适用范围:联结金具—平行挂板。

标准包装数量:4串/袋。

标准包装方式:编织袋,如图9-9所示。

图9-9　电力金具到货包装单元方式

9.2 电力物资仓储单元化标准

9.2.1 电力物资仓储单元化制定依据

（1）仓储单元化制定依据。

①"基于特性——以物流的角度定义货品"：从包装形式的角度对在库物资进行划分，保证包装的低损耗率，提高包装的循环利用率。

②"安全可靠——搬运与存取安全优先"：尤其对于上架物资，要首先保证物资堆码、存放稳定安全，确保其作业时的安全性、可靠性。

③"通用周转——标准容器，高效周转"：单元化容器采用通用标准尺寸规格，便于电力系统内部通用/周转，不仅提高容器的循环利用率，同时提高物流车辆的空间利用率，降低其碳排放量。

④"存取高效——便于堆码、快速清点"：便于人员操作，保证作业效率，同时便于清点，优选"五五堆码"法。

⑤"细化落实——执行标准，形成规范"：为每种物资制定单元化标准，细化落实形成日常作业规范。

（2）电力物资包装与分类。

目前电力物资的包装物主要为纸箱、竹箱、木箱、铁丝、打包带、编织袋、竹排等。诸如打包带、编织袋的材料不能被自然分解，不符合绿色环保的要求。纸箱、竹箱、木箱、竹排等具有可重复利用、环保可降解的特性，铁丝则宜重复利用和回收再制造，它们都具有较高的重复利用价值。因此，日常电力物资管理中通常选取纸箱、竹箱、木箱、竹排、铁丝等作为包装的标准化材料，将主要电力物资按箱装、捆扎、盘装等包装方式进行分类，如表9-1所示。另外对纸箱、竹箱、木箱等的尺寸进行标准化设计，提高包装的通用性，为包装的逆向物流回收体系打下基础。

表9-1 电力物资的类别和包装方式

包装方式	物资类别
纸箱、竹箱	金具、电缆附件、避雷器、低压电器、熔断器
竹排捆扎	绝缘子
铁丝捆扎	导线、地线、绝缘子、铁附件、电缆附件、线路金具串
木箱	交流变压器、交流断路器、电抗器、开关柜(箱)、电力电容器、负荷开关、高压熔断器、支柱绝缘子
盘装	导线、地线、光缆、电缆

9.2.2 电力物资仓储单元化方式

按照绿色物流的要求,选取托盘、仓储笼、托盘+围板、托盘+周转箱、托盘框、直接入库等单元化方式,如表9-2所示。

表9-2 仓储单元化方式

单元化形式		适用物资或包装类型
托盘		•适合箱包装物资 •适合袋装(编织袋/吨袋) •适合地面(货架底层)存放的铁附件 •长托盘适合横担类物资
仓储笼		•适合铁附件上架(2层及以上)单元化 •适合无法稳定堆码的异形物资
托盘+围板		•适合小型铁附件 •适合需要拆零的小件异形物资(如金具)
托盘+周转箱		•适合拆包装后的零散小件物资(如标准件、金具)

续　表

单元化形式		适用物资或包装类型
托盘框		•适合绝缘子(或瓷瓶)
直接入库		•适合大型物资(如变压器、线缆、JP柜等)

9.2.3　典型电力物资单元化方式

(1)箱类包装物资托盘单元化。

纸箱类包装物资一般情况下使用托盘进行单元化,根据不同包装尺寸,有以下几种码盘方式,如图9-10所示。当上架存放时(2层及以上)应注意重量与高度控制,可适当减少堆码层数。实例如图9-11所示。

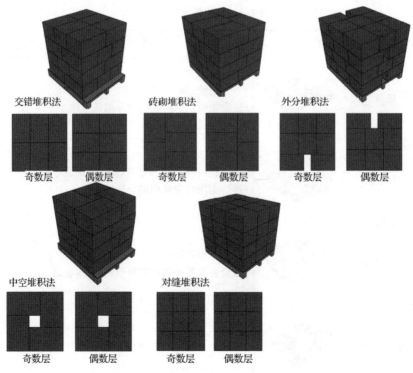

图9-10　纸箱类包装物资典型码盘方式

图9-11 纸箱类包装物资码盘实例

与纸箱类包装物资相似,编织袋类包装物资一般也使用托盘进行单元化,如图9-12所示。

图9-12 编织袋包装物资码盘实例

此外,布电线一般情况下也使用托盘进行单元化,如图9-13所示。

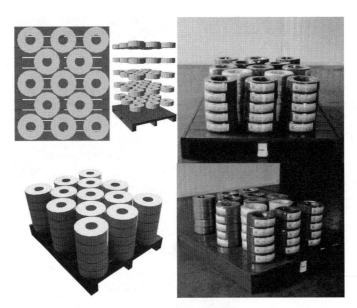

图9-13 布电线码盘实例

（2）铁附件类物资单元化。

对于可以稳定堆码的铁附件，当在地面（货架底层）存放时，可使用托盘进行单元化。如将货品存放在货架二层（含）以上，应采用仓库笼，保障存取安全，如图9-14所示。

地面存放

上架存放

图9-14 铁附件类物资码盘实例

对于无法稳定堆码的铁附件物资,使用仓库笼进行单元化,如图9-15所示。

图9-15　铁附件类物资仓库笼单元化实例

对于铁附件小件(不易堆码)物资,使用托盘+托盘围板进行单元化,在保障存储安全的同时,便于进行物资拣选;对于需要拆零的,其他小件物资(如金具、螺栓等),也可用托盘围板进行单元化,如图9-16所示。

图9-16　铁附件类物资托盘围板单元化实例

（3）绝缘子（瓷瓶）单元化。

绝缘子可使用托盘框进行单元化存储，托盘框可拆装、堆叠，如图9-17所示。

图9-17　绝缘子（瓷瓶）单元化实例

（4）直接入库物资。

大件物资直接上架（如变压器、JP柜、真空开关）或放入平面存储区（货架底层），如图9-18、图9-19所示。

图9-18　大件物资（裸装或木箱包装）储放实例

图9-19　线缆（盘装）储放实例

10

电网现代仓储物流管理业务规范

10.1 浙江电力仓储运维管理规范

（1）运维管理范围。

按物资供应链的管理习惯，仓储运维业务可分为大运维与小运维，大运维业务范围为货物装卸—仓库运营—配送签收；小运维业务范围为仓库理货—打印贴标—上架操作—库存管理—下架操作—盘点管理—系统管理—配送分拣—统计分析等。

（2）运维管理目标。

仓储运营管理团队通过调研仓库现状，为物资管理量身打造智能仓储管理系统、进行检测仓库物资管理，实现物资效率和效益管理。同时，采用军事化的管理模式，提升仓库管理人员的自身素质和物资管理水平，通过智能化管理手段以及优质的管家式服务进行物资管理。

10.1.1 仓储运维管理业务流程

(1)入库分拣。入库分拣流程如图10-1所示,具体步骤如下:

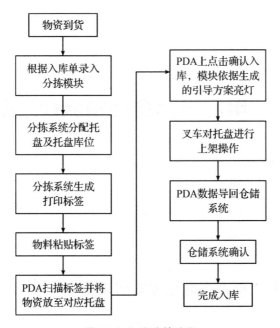

图 10-1 入库分拣流程

①物资货物到达仓库。

②仓管员将入库单数据录入至分拣模块。

③分拣系统分配托盘编号用于存放物资;分拣系统为托盘分配库位。

④分拣系统生成物料标签、库位标签等,模块根据不同属性的物料生成不同颜色的标签方案。

⑤将生成的标签粘贴至相应物料上。

⑥PDA扫描已粘贴标签的物资,并将物资存放到对应托盘上。

⑦PDA上点击确认入库,模块依据生成的引导方案亮灯。

⑧叉车将托盘搬运至指定地点并进行上架操作。

⑨仓管员将PDA的入库数据导回仓储系统。

⑩仓管员在仓储系统上进行入库确认。

⑪完成入库操作。

（2）出库分拣。运维出库分拣流程如图10-2所示，步骤如下：

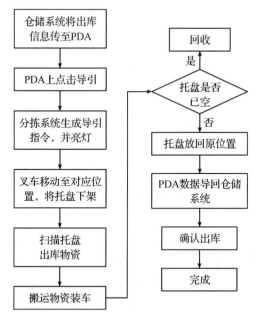

图10-2 出库分拣流程

①仓储系统生成出库信息并传至PDA。

②PDA上点击导引。

③分拣系统生成导引指令，并点亮导引灯，开启声光标签。

④叉车移动至对应位置，将托盘下架。

⑤PDA扫描托盘上需出库的物资。

⑥搬运人员将物资搬运装车。

⑦若托盘已空，则回收托盘；反之，将托盘按照导引路线放回原位置。

⑧仓管员将PDA的出库数据导回仓储系统。

⑨仓管员在仓储系统上确认出库物资。

⑩完成出库。

（3）仓库盘点。仓库盘点流程如图10-3所示，详细说明如下：

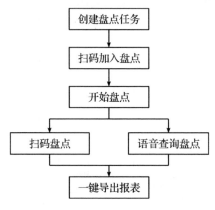

图 10-3 仓库盘点流程

①自定义创建盘点任务。系统根据一定的规则自动创建任务编号,盘点人员输入盘点任务的名称、盘点仓库的名称点击提交创建盘点任务。

②扫码加入盘点。点击任务详情会自动生成盘点任务的二维码,其他盘点人员通过扫描二维码即可快捷地加入盘点。

③开始盘点。点击开始盘点,系统进入盘点界面。考虑到盘点的高效性,系统只采集重要信息,主要包括:物料编号、物料数量、备注信息等。同时,在盘库操作下面会显示历史上传记录,包括盘库总数和最近的数条盘库记录,提供了撤销操作功能,便于及时修正错误操作。

④扫码盘点。盘点界面提供扫描二维码自动识别物料编号的功能。

⑤语音查询盘点。盘点界面提供物料字典功能,在盘点现场遇到无法确定物料号的情形,可以使用物料字典进行查询,包括手动和语音物料查询,查询到相应物料号时,点击选择可将物料号自动填入盘点界面,快捷高效。

⑥一键导出报表。对仓库盘点操作、查询等相关结果可一键导出。

10.1.2　仓储运维管理制度

(1)物资入库管理。

①按"到货通知单"或"退仓单",检验入库物资的型号、数量、包装等基本情况是否符合要求。

②对待入库物资进行理货,打印物资标签并粘贴。

③借助智能仓库管理系统完成物资上架。

④完成物资入账手续,包括系统账与手工账。

(2)物资在库管理。

①保证仓库内物资账、卡、物一致。

②按照标准化仓库要求,对各种物资进行合理分仓、分区、分架、分位规划,提高仓库利用率和物资的流转率。

③物资的摆放做到"定仓、定区、定架、定位"的四定要求,保证物资位置信息、数量信息与系统中一致。

(3)物资出库管理。

①按照"领料单"或"调拨单"进行物料下架、出库。

②带出库物资通过门禁出门,要清点产品型号、数量,并在"领料单"或"调拨单"上签字确认。

③完成出库入账手续(包括系统账与手工账),实时录入,日清日结。

④对于紧急放行的物资,需进行跟踪,三日内必须补办手续。

(4)物资退库管理。

①按"退料申请"检验退料入库物资的型号、数量、包装等基本情况是否符合要求。

②对退料待入库物资进行理货,打印物资标签并粘贴。

③借助智能仓库管理系统完成物资上架。

④重新建立库存台账。要求做到实时录入、日清日结。

(5)物资补库管理。

每天检查物资库存量,对低于安全库存物资提交"物资补库"申请单。

(6)物资盘点管理。

①对实物进行动态盘点和定期盘点,确保账物相符。

②每月全面盘点:每月进行1次全面物资盘点,提交盘点报告。

③盘点结果要求账实相符。

④要求账务清晰、单据齐全、查阅方便。

(7)库存信息维护。

①及时、准确地办理出入库手续,保证仓库账、卡、物一致。

②以定期与不定期盘点保证 ERP 数据与 WMS 数据一致,实现一本账管理。

③库存单据必须填写完整,字迹清晰,日期要以实际填写的时间为准,手工、系统单据应保存完整,作为月底结账核对的依据。

④定时提交入库、在库、出库、退库、补库、盘点等的统计分析报表,定期编制月度、季度、年度分析报告。

(8)库容库貌管理。

①合理划分仓库的库区、库房和仓位(货架),按照仓库编号规则统一编号,并绘制相应的平面布置图,明示在醒目位置。

②库区及料场不堆放杂物,及时清理拆除的物资包装箱(袋、盒),做到院内无垃圾,库场无杂草,道路无积水。

③仓库内要保持清洁卫生,做到货架无灰尘,地面无杂物,库内窗明架净,墙壁无蜘蛛网。

④收发货物后要及时清理,保持货架及物资有序摆放。

⑤仓库建立卫生值日,明确包干范围和责任人,并定期组织检查。

(9)物资保管保养。

①仓库根据物资性质、物资类别、库区库房和仓位(货架)设置,合理规划物资的仓储区位和堆码方式。

②各类物资要按其要求的储存环境和摆放方式进行存放,保证物资不变形、不损坏、不变质。

③对重点物资或保管有特殊要求的物资,采取相应的保管保养措施。

④对于某些特殊物资,如易燃、易爆、剧毒等物资,应设专库存放,并标明储存物品的名称、性质和灭火方法;燃油、化工等易燃、易腐蚀物品的包装容器必须牢固密封,发现物品破损、残缺、变形、变质、分解等应立即进行安全处理。

(10)仓库消防管理。

①仓库消防现场管理的第一责任人,全面负责仓库的消防安全管理工作,发现消防隐患第一时间处理并上报甲方。

②库区的消防车道、仓库的安全出口、疏散楼梯等位置,严禁堆放物品。

③物资存放应分类、分堆、分组和分垛,并留出必要的防火间距。易燃易爆物资以及容易相互发生化学反应或者灭火方法不同的物品,必须分间、分库储存,并在醒目处标明储存物品的名称、性质和灭火方法。

④危险品库区内严禁吸烟,非工作人员不得擅自进入危险品库房。

(11)库存物资报废。

①根据库存物资报废标准及仓库管理的要求,及时提出库存物资报废申请。报废申请须列明报废物资的物料代码、物料规格、品种、数量、库存价值、报废原因等信息。

②根据报废申请单的审批结果最后确认是否报废。对于确认报废的,协助甲方进行报废处理。

③对于报废物资,进行系统报废登记。

(12)消防安全管理。

①进入库区作业人员,必须佩戴安全帽;行车、叉车必须由持证人员操作,其他人不得随意动用;起吊工具使用前需仔细检查,确保装卸工作安全。

②库房(含门、窗)必须安全牢固,仓库门窗要及时关锁。

③仓库保管员应做到每天"四检查",即上班检查仓库门锁有无异常,物品有无丢失;下班检查是否已锁门、拉闸、断电及是否存在其他隐患;经常检查调整库内温度、湿度,保持通风;检查易燃、易爆物品或其他特殊物资是否单独存储、妥善保管。

④保证仓库内安装的所有摄像头7×24小时可用。

(13)仓库值班管理。

①负责仓库内室门的出入登记管理。

②常态化24小时值班待命。

10.2 浙江电力仓储管理作业规范

10.2.1 入库作业规范

(1)采购物资入库。采购物资入库流程如图10-4所示,具体步骤如下:

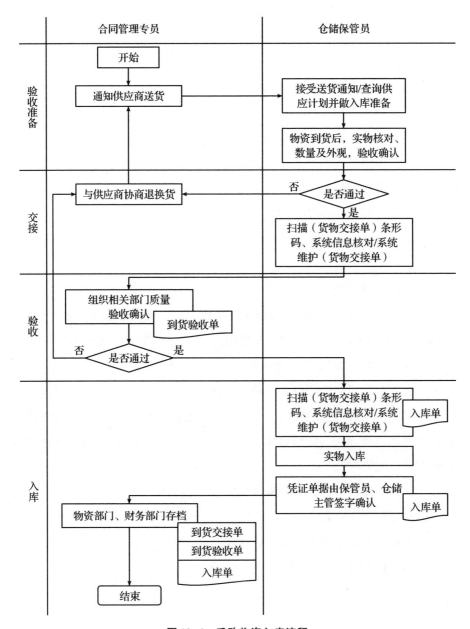

图 10-4 采购物资入库流程

①供应商在电子商务平台确认采购物资交货信息,打印"货物交接单"("到货验收单"),随货物一起配送到仓库。物资保管员接收物资到货信息,提前做好接货准备。

②采购物资到货后,物资保管员(配送员)与供应商根据"货物交接单"("到货验收单")清点到货物资数量(重量),检查包装外观,核对出厂资料。经清点无误后,交接双方在交接单上签字确认。

③工程项目暂时存放仓库需要开箱验收的物资,由物资公司(中心)组织项目管理单位、监理单位、施工单位、供应商等共同进行,按货物清单核对实物及配件数量、资料(包括但不限于合格证、说明书、装箱单、技术资料、商务资料等),检查物资破损情况,验收合格后,共同签署"到货验收单"。

④系统操作员按签字确认的"货物交接单"或"到货验收单",进行收货入账操作,并打印入库单。入库单经物资保管员(配送员)、仓储主管签字后,由物资部门、财务部门分别存档。

(2)工程结余物资退库。工程结余物资退库流程如图 10-5 所示,具体步骤如下:

①工程结余物资退库前,项目管理单位组织开展结余物资技术鉴定。

②鉴定为可用的物资,项目管理单位将项目结余物资的技术鉴定结果和结余物资退库申请,一并移交物资公司(中心);并对鉴定合格后的物资进行包装和封存,保证退库物资及包装完好、完整。

③鉴定为不可用的物资,项目管理部门办理报废手续,按废旧物资处置流程办理移交手续。对不再有利用价值的结余物资,进行报废处理。

④物资保管员依据审批后的结余物资退库申请及技术鉴定表,核对物资的品名、规格、数量(含重量)、相关资料(包括但不限于合格证、说明书、装箱单、技术资料、商务资料等,在资料正本需存档无法拆分时,可提供相关资料复印件)。验收无误后,办理实物入库。

⑤实物入库完成后系统操作员在 ERP 系统中按结余物资退库申请和原出库单号办理冲销或返回交货,打印结余物资退料入库单,经物资保管员、仓储主管、移交人签字后,由物资部门、财务部门、项目管理部门留存。

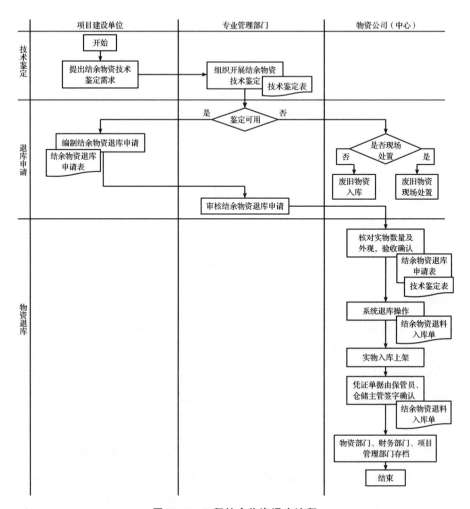

图 10-5　工程结余物资退库流程

(3)调拨物资入库。调拨物资入库流程如图 10-6 所示,具体步骤如下:

①调拨物资到货后,物资保管员(配送员)与送货员根据调拨通知单、调出单位的出库单清点到货物资数量(含重量),检查物资包装外观是否完好。清点无误后,双方在调出单位的出库单上签字确认,返回调出单位存档。

②物资调拨入库按是否跨法人可分为转储调拨入库和销售调拨入库。转储调拨入库时,调入方根据调拨通知单和签字确认的出库单(调出单位),在 ERP 系统内按转储订单进行收货入账操作,打印入库单。

③调拨入库时,调入方根据调拨通知单和签字确认的出库单(调出单

位),在 ERP 系统内按采购订单进行收货入账操作,打印入库单。

④入库单经物资保管员、仓储主管签字后,由物资部门、财务部门进行存档。

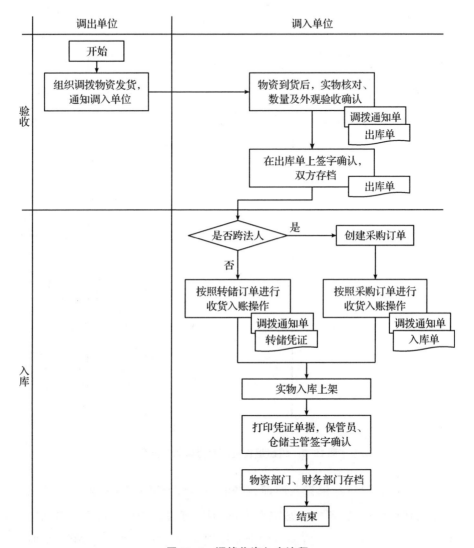

图 10-6　调拨物资入库流程

(4)退出退役资产代保管入库。退出退役资产代保管入库流程如图 10-7所示,具体步骤如下:

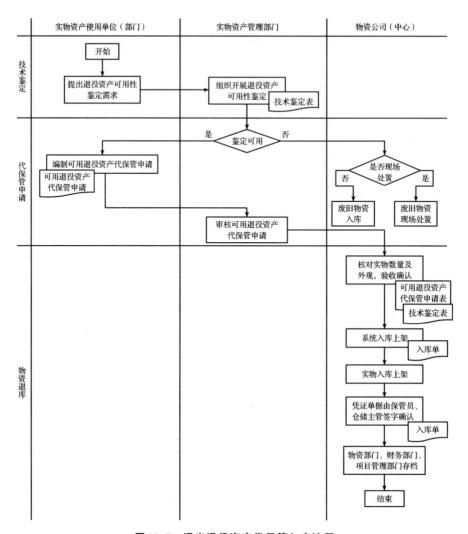

图10-7　退出退役资产代保管入库流程

①退出退役资产保管入库前,实物资产管理部门组织开展技术鉴定。鉴定为可用资产,签署技术鉴定表,填写退出退役资产代保管委托申请单,并随物资一并移交物资部门;鉴定为不可用资产,实物资产管理部门办理报废手续,按废旧物资流程移交物资部门保管。

②物资保管员依据审批后的退出退役资产代保管委托申请单及技术鉴定表,核对实物及相关资料,确认无误后办理实物入库。

③系统操作员按委托代保管申请办理系统入库操作,并打印代保管入

库单,经物资保管员、移交人签字后,由物资部门和委托代保管单位各自存档。

(5)其他单位委托代保管入库。其他单位委托代保管入库流程如图10-8所示,具体包括:

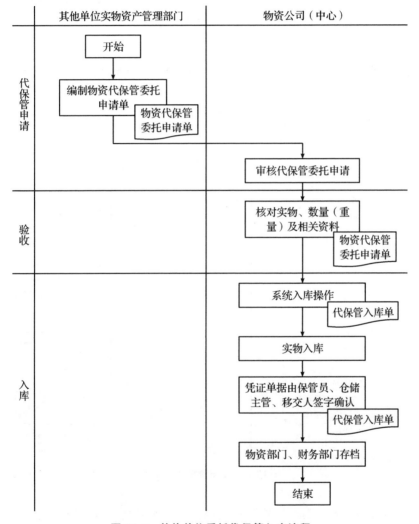

图10-8　其他单位委托代保管入库流程

①其他单位委托物资部门代保管物资入库时,需办理代保管委托申请,经本单位审批同意后,将申请单和物资一起移交物资公司(中心)。

②物资保管员依据审批后的代保管委托申请单,核对实物、数量(含重量)及相关资料(包括但不限于合格证、说明书、装箱单、技术资料、商务资料等),在验收无误后办理实物入库。

③系统操作员根据代保管委托申请单执行ERP系统入库操作,打印代保管入库单,经物资保管员、移交人签字后,由物资部门和委托单位各自存档。

(6)废旧物资入库。废旧物资入库流程如图10-9所示,具体包括:

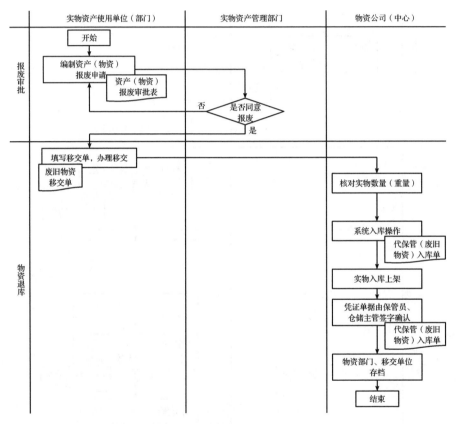

图10-9　废旧物资入库流程

①废旧物资入库前,实物资产使用部门办理报废申请,经流转审批同意后,填写废旧物资交接单,将废旧物资、报废手续、交接单一起移交物资公司(中心),办理废旧物资入库。在建工程废弃或不可用物资经技术鉴定后,建设管理单位填写在建工程废弃物资处置申请表,经项目管理部门负责人审

批后,办理废旧物资入库。

②物资保管员依据审批后的物资报废申请单及废旧物资交接单,核对物资的品名、规格,并清点、过磅、验收数量(含重量),将实收数填入"废旧物资交接单",交接结束后双方再签字确认。

③系统操作人员根据签字确认的废旧物资交接单执行 ERP 系统入库操作,并打印代保管(废旧物资)入库单,经物资保管员、移交人签字后,由物资部门和移交单位各自存档。

(7)借用物资归还。借用物资归还流程如图 10-10 所示,具体包括:

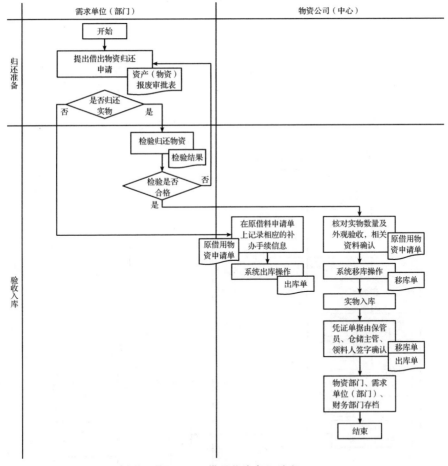

图 10-10　借用物资归还流程

①借用物资实物归还。需求单位(部门)将实物归还物资部门,物资保管员办理实物入库,并在原借用物资申请单上记录实物归还信息后双方签字确认,由物资部门和领料单位分别留存。系统操作员根据借料申请单归还信息,在ERP系统中做转储操作。

②借用物资补办领用手续。需求单位(部门)完成项目需求的提报,打印并提供领料单。系统操作员根据领料单在ERP系统中办理物资出库手续,打印出库单,经物资保管员、仓储主管和实物领料人签字后,由物资部门、财务部门进行存档。系统操作员在原借料申请单上记录补办手续信息,经双方签字后,由物资部门和需求单位(部门)留存。

10.2.2　库内作业规范

(1)库存物资盘点。库存物资盘点流程如图10-11所示,具体包括:

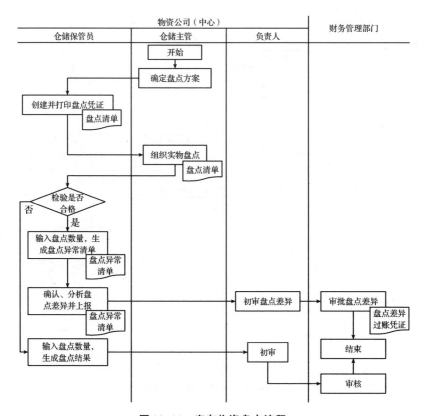

图10-11　库存物资盘点流程

①系统操作员在ERP系统对需要盘点的物资进行冻结,创建和打印盘点表。盘点人员根据盘点表进行实物清点,记录实际清点数量。盘点时应至少有两个人参与,分别负责清点和监督。实物清点完成后双方在盘点表上签字确认。

②系统操作员将盘点结果录入ERP系统,不存在盘点差异的物资,整理盘点结果,经仓储主管和财务审核后结束;存在盘点差异的物资,打印盘点差异表,仓库主管组织人员对差异物资进行核查,总结编制差异分析报告提交物资部门、财务部门和相关领导审批,审批通过后由财务部门在ERP系统中进行核销。

(2)库存物资报废。库存物资报废流程如图10-12所示,具体包括:

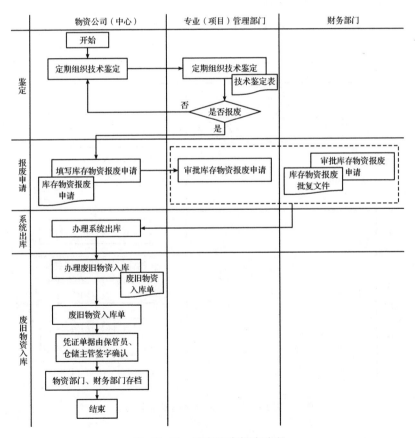

图 10-12 库存物资报废流程

①物资公司(中心)每年定时组织专业管理部门、项目管理部门、财务部门等,对库存物资进行技术鉴定。符合报废条件的,在技术鉴定书中明确和确认。

②物资部门提出库存物资报废申请,提交专业管理部门和财务部门审批。

③审批通过后,物资公司(中心)办理报废手续,在ERP系统打印报废物资出库单,并办理废旧物资入库。

④物资保管员根据物资报废出库单和废旧物资入库单,将实物转移到废旧物资区。物资报废出库单由物资部门和财务部门存档。

10.2.3 出库作业规范

(1)物资领用出库。物资领用出库流程如图10-13所示,具体包括:

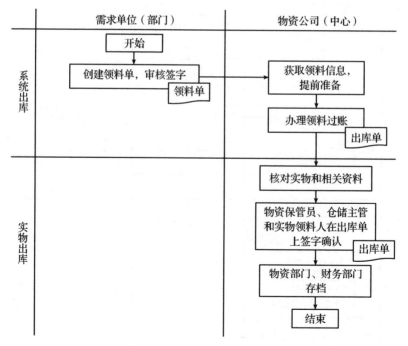

图10-13 物资领用出库流程

①需求单位(部门)在系统内打印领料单,经审核、签字(印章)后交物资公司(中心)。

②系统操作员根据审批后的领料单,在ERP系统内办理领料过账,打印出库单;物资保管员根据出库单,核对实物及相关资料,确认无误后发货。

③物资保管员、仓储主管和实物领料人在出库单上签字确认,物资部门、账务部门进行存档,领料单位(部门)、仓库传达室进行核对和留存。

④物资出库发料时,有配套设备(包括附件、工具备件等)、相关资料(包括但不限于合格证、说明书、装箱单、技术资料、商务资料等)的,应一并交予领料人员。

⑤物资出库按照"先账后物"处理,即先进行ERP系统出库操作,再办理实物发货和交接。物资出库按出库方式不同,可分为物资领用出库、物资调拨出库、代保管物资出库和废旧物资出库。

(2)调拨物资出库。调拨物资出库流程如图10-14所示,具体包括:

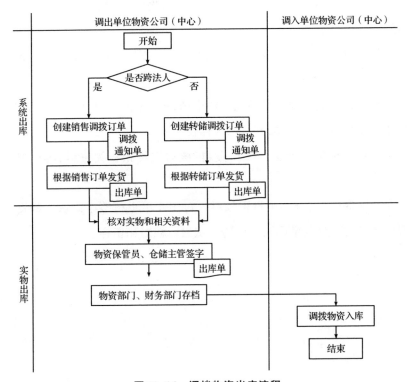

图10-14 调拨物资出库流程

①物资调拨出库按是否跨法人可分为转储调拨出库和销售调拨出库。

②同法人间调拨出库采用转储方式。组织实施的物资公司按照调拨通知单,在ERP系统内创建转储订单,将调拨通知单和转储订单同时下达到调出单位;调出单位物资公司(中心)根据调拨通知单、转储订单,在系统内完成发货,组织物资配送,与调入单位完成实物交接。

③跨法人间调拨出库采用销售方式。组织实施的物资公司将调拨通知单下达到调出单位,调出单位物资公司(中心)按调拨通知单在ERP系统内创建销售订单(价格原则上按照移动加权平均价执行,所属地方性法规另有要求的,从其规定),根据调拨通知单、销售订单,在系统内完成发货,组织物资配送,与调入单位完成实物交接。

④调出方物资保管员、仓储主管和调入方收货人签字确认,调出方物资部门、账务部门进行存档,仓库传达室、调入方进行核对和留存。

(3)代保管物资出库。代保管物资出库流程如图10-15所示,具体包括:

①代保管物资包括其他单位委托代保管物资、实物资产管理部门委托保管的退出退役资产。

②代保管单位填写代保管物资领用申请,审批后和代保管物资入库单一起交物资公司(中心)。

③系统操作员根据审批后的领料申请,核对代保管入库单信息无误后,在ERP系统执行发货操作,并打印代保管出库单。

④保管员根据代保管出库单发料,核对实物和相关资料,确认无误后发货。

⑤物资保管员、仓储主管和领料人对出库单进行签字确认。物资部门进行存档,领料单位(部门)、仓库传达室进行核对和留存。

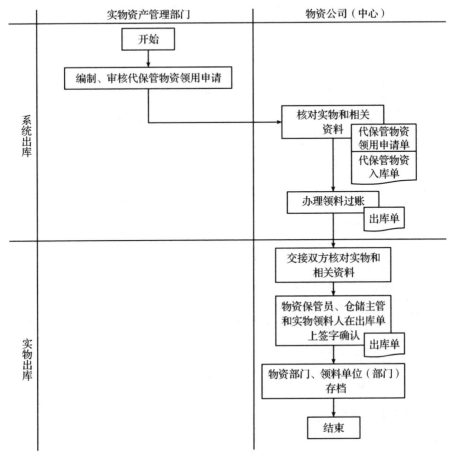

图10-15 代保管物资出库流程

（4）废旧物资出库。废旧物资出库流程如图10-16所示，具体包括：

①系统操作员根据成交通知（废旧物资销售订单）、经财务部门确认的付款凭证，在ERP系统中执行销售发货操作，打印废旧物资出库单。

②物资保管员根据代保管出库单发料，核对物资的品名、规格，并清点、过磅，确认无误后发货。

③由物资保管员、仓储主管和回收商在废旧物资出库单上签字确认，物资部门进行存档，回收商、仓库传达室进行核对和留存。

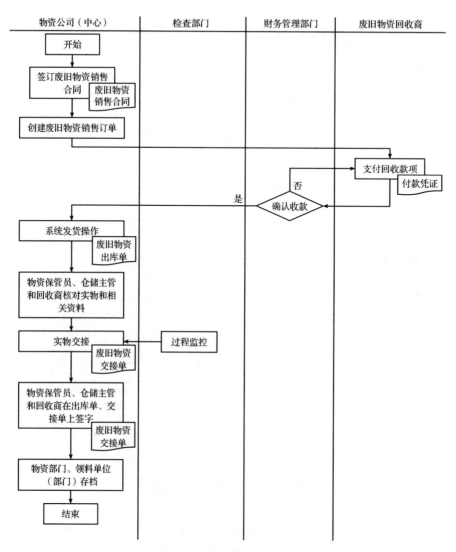

图10-16 废旧物资出库流程

10.2.4 其他作业规范

(1)物资借用。物资借用流程如图10-17所示,具体包括:

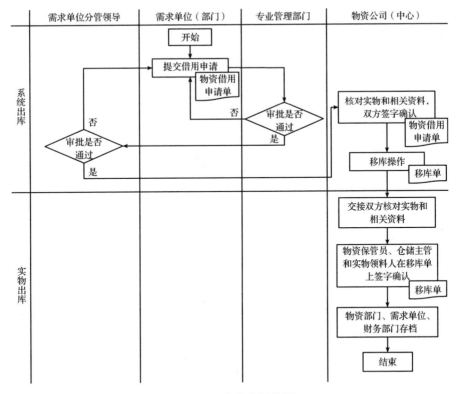

图 10-17　物资借用流程

①需求单位(部门)填写借料申请单,管理部门、物资部门、分管领导审批同意。

②物资保管员按照借料申请单办理实物出库,并在借料申请单上记录发料情况后,双方签字确认,物资部门和需求单位(部门)分别留存。系统操作员根据借料申请单在 ERP 系统中进行移库操作。

(2)物资换货。物资换货流程如图 10-18 所示,具体包括:

①需求单位(部门)提出换货申请,经审核、签字(印章)后交物资公司(中心)。

②物资保管员根据换货申请,核对实物及相关资料,确认无误后核对库存数量是否满足换货要求。

③对于库存不满足换货要求的物资,先进行物资退货,后续再进行物资采购,需求单位(部门)根据正常领料流程进行领料。

④对于库存满足换货要求的物资,保管员核对库存数据,进行物资换货。

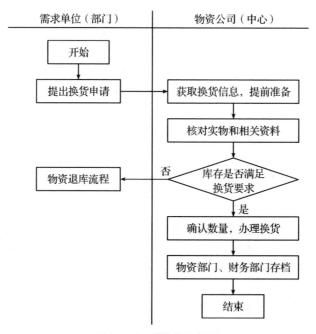

图 10-18　物资换货流程

(3)物资退货。物资退货流程如图 10-19 所示,具体步骤如下:

①需求单位(部门)在系统内打印退料单,经审核、签字(印章)后交物资公司(中心)。

②物资保管员根据退料单,核对实物及相关资料,确认无误后发货。

③物资保管员、仓储主管和实物领料人在退料单上签字确认,物资部门、账务部门进行存档,退料单位(部门)、仓库传达室进行核对和留存。

④物资退料时,有配套设备(包括附件、工具备件等)、相关资料(包括但不限于合格证、说明书、装箱单、技术资料、商务资料等)的,应一并交予仓库保管员。

⑤接收完实物后,进行系统过账。

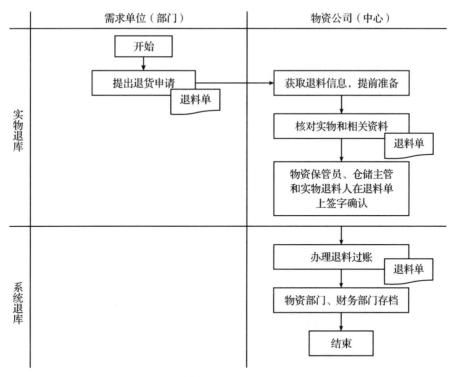

图 10-19　物资退货流程

第三篇　应用实践篇

11

供电所智能微仓库网络创新实践案例

11.1　供电所仓储网络创新背景

（1）公司顺应"大云物移智"新技术发展的必然选择。

近年来,以大数据、云计算、物联网、移动互联、人工智能等为代表的新一代信息技术日趋成熟并得到广泛应用。习近平总书记在党的十九大报告中提出了打造"现代供应链"的新发展理念,国务院明确了"打造大数据支撑、网络化共享、智能化协作的智慧供应链体系"的工作要求。随着新一代信息技术蓬勃发展,企业发展已进入由业务驱动向数据驱动转变的时代,新技术、新思维、新方法将引领业务运作模式、管理方法、决策思路的变革,物力集约化管理必须顺应时代发展趋势,运用新技术驱动公司供应链管理向卓越、智慧模式转变。

公司作为能源行业供应链管理创新的积极倡导者,顺势而为、应势而动,物资工作应围绕建成"具有中国特色国际领先的能源互联网企业"的公司发展新战略目标,开展现代智慧供应链管理创新工作,以"创新、协调、绿色、开放、共享"的发展理念,深化物力集约化建设,创新物联网技术应用,构建智慧供应链；以供应链管理为主线，加强与专业部门的沟通，相互支持，协同发展；统筹布局，试点先行，激发各级员工的积极性、主动性和创造性，用创新推进智慧物流，用实践验证智慧供应链。浙江电力落实国家电网公司现代智慧供应链体系要求，积极探索和推进具有浙江特色的现代智慧供应链体系建设，为公司建设具有卓越竞争力的国际一流现代能源企业提供了坚强的物力支撑。

（2）基层物资精益化管理的需要。

基层供电所物资仓库作为仓储网络的末端，一直是物资管理的重点和难点。这些仓库普遍存在储备品种杂、数量偏多、积压严重、库存周转率低、出入库业务效率低、账卡物不一致等问题。而如今基层供电服务要求不断提高、供电保障强度不断加大、故障恢复时间不断缩短。全省推广实施配网停电计划"五个零时差"管理，要求配网抢修人员到达现场的时间不得超时：城区范围45分钟；农村地区90分钟；特殊边远地区2小时；平均停电抢修时间须控制在3小时以内，严格要求故障抢修时间控制在规定时间内，乡镇供电所肩负着每个片区的抢修救援任务，因此能及时领取物资用于各类抢修工作至关重要。但在实际工作中会发现各环节存在弊端。

①出入库效率低，传统仓库日常管理以库管员人工登记出入库为主，抢修时间紧张时无法保证效率，不能对物资进行科学有效的管理，如领导出差不能及时审批、夜间或节假日抢修不能及时领取材料、仓库保管员不在等情况下如何及时申领材料、退料。

②鉴权记录困难，进入与离开仓库授权比较烦琐，需要库管员人工记录，管理困难，未形成安全可靠的鉴权记录体系，物资遗失责任无法追溯，存在安全隐患。

③无智能数据分析，物资盘点、数据统计分析报表需要人工完成，费时费力，不能做到库存物资实时动态展示，难以对物资统筹管理提供数据支持。

（3）传统仓储向智能仓储转变的需要。

物联网已成为当前世界新一轮经济和科技发展的战略制高点之一，发展物联网对于成为"具有中国特色国际领先的能源互联网企业"具有非常重要的促进作用和推动意义。物联网 IOT(Internet of Thing),就是"物物相连的互联网",是通过各类传感装置、RFID 技术、视频识别技术、红外感应、全球定位系统、激光扫描器等信息传感设备,按约定的协议,根据需要实现物品互联互通的网相连接,进行信息交换和通信,以实现智能化识别、定位、跟踪、监控和管理的智能网络系统。

当今"互联"理念和"物联"技术的快速发展,为打造智慧、柔性的供应链创造了条件。物联网新技术的应用,实现数据实时共享,对物资采购、生产、建设、运营、检修等业务过程进行无缝集成管理,有效推动物资全寿命周期管理,对公司增强供应保障能力、实现设备本质安全将起到突出作用。

面对公司发展、电网建设和科技革新的新形势,物资工作必须在创新管理上寻求突破。浙江电力以业务需求为驱动,积极运用大云物移智技术,探索建设以智慧决策为核心,智能采购、数字物流、全景质控三大业务为支撑的现代智慧供应链体系,充分利用现代科技和信息化手段,通过管理创新、机制创新和技术创新,让物资的供需模式、履约的协调方式,设备的质量管控、仓储的作业水平、结算的流转途径及数据的分析支撑等都有较大的转变,切实开创了"互联、物联"新模式,打造电网智慧供应链体系。

11.2　供电所仓储网络创新的思路

浙江电力以绍兴诸暨公司为试点,围绕"智慧供应",推进物联网与物资专业的深度融合,按照"集约高效、资源利用、供应保证、提升服务"的总体工作思路,运用移动互联网技术、云计算技术、人工智能技术、物联网技术,在不增加公司人力资源负担的情况下,对供电所仓库进行智能化改造,构建"1+10"无人值守的供电所智能微仓库网络管理模式(如图 11-1 所示):"1"是建立运作过程全景可视、管理策略自动优化、数据服务全面精准的智慧调度大脑;"10"是实现 10 家供电所物资应急储备库运转,实现物力资源集中归口、规范管理;实现抢修物资全生命周期库存智能化管理,库存智能预警,主动发起配送,实现入库、出库、退库、移库、盘库管理等信息的自动识别、自动统计、自动预警及智能管理功能,对仓库全方位360°智能监控,促进物资管理廉政建设。打造开放的"自助式"抢修应急物资供应新模式,通过App预约—智能分配仓库—进库身份验证—智能语音选料—RFID及智能压力传感计数自动减库存—单据无线智能打印的模式,实现领料流程精简优化,加快领料速度。解决了抢修物资出入库效率低、物资"账、卡、物"不一致、遗失责任追溯困难、传统仓库管理成本高、无数据智能统计分析等问题,实现了仓库管理的高效智能化,提高公司配网物资供应保障能力,推动公司整体供电服务能力和服务水平的全方位提升。

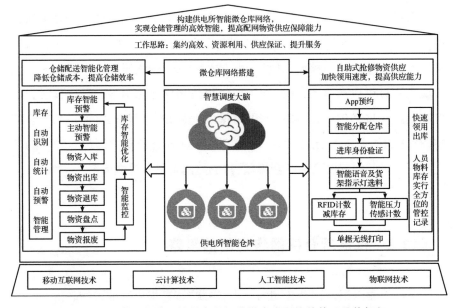

图11-1　基于物联网的供电所智能微仓库网络的管理总体框架

11.3　供电所仓储网络创新的做法

11.3.1　构建"1+10"供电所智能微仓库网络

(1)实施供电所仓库智能化改造。

绍兴诸暨公司结合公司实际情况,编制《诸暨公司供电所仓库智能化改造工作方案》,稳步推进供电所仓库智能化改造,对传统供电所备品备件仓库的升级,以物联网与人工智能技术为依托开展智能化改造,实现"无人值守"、自助领料式的物资仓库。智能仓库系统整体架构如图11-2所示。

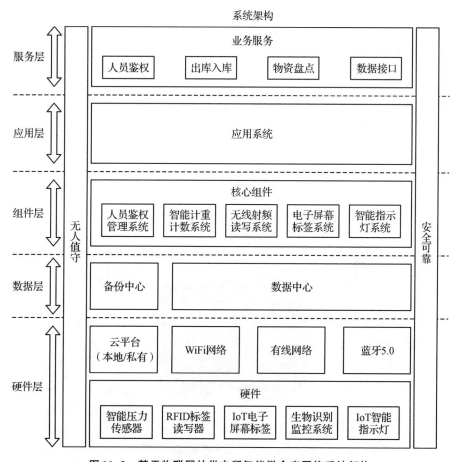

图11-2 基于物联网的供电所智能微仓库网络系统架构

①服务层。对外提供具体的服务,包括人员鉴权、出库入库、物资盘点、数据接口等业务服务。

②应用层。在组件层的基础上,对各种能力进行统一的封装,提供智能仓储管理的各项应用。

③组件层。包括人员鉴权管理系统、智能计重计数系统、无线射频读写系统、电子屏幕标签系统、智能指示灯系统等核心组件。

④数据层。为系统提供数据库服务,是系统的数据基础。

⑤硬件层。包括本地服务器或私有云平台、WiFi网络、有线网络、RFID标签、IoT电子屏幕标签、IoT智能指示灯等设备。

(2)构建"1+10"的供电所智能微仓库网络。

通过对全市10个供电所仓库智能化改造,形成"1+10"的应急抢修物资仓储网络。

"1"即智慧调度大脑(如图11-3所示),应用大数据、人工智能等新技术,构建运作过程全景可视、管理策略自动优化、数据服务全面精准的智慧调度大脑,统筹抢修应急物资的配送,供电所废旧物资的集中回收等工作,实现区域抢修备品备件物资的集中管控、统筹调配,具备强大的资源智能调配、风险自动感知、全局实时监控的指挥能力,促进抢修物资供应的高效运营。

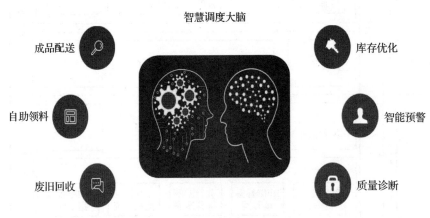

图11-3 智慧调度大脑功能示意图

"10"即以"无人值守"方式实现10家供电所大型物资应急储备库、小型物资应急储备库的运转,实现物力资源集中归口、规范管理。还设想未来将无人值守的智能仓库再向供电所的下一级延伸,比如在规模较大的小区、行政村,建立"微仓库"(如图11-4所示),使得应急抢修物资供应更加快速、便捷。

图11-4　绍兴诸暨公司"微仓库"实物图

11.3.2　实现智能化、精益化仓储配送管理

"无人值守"智能仓库采用智能传感器与无线射频识别、网络通信、信息系统应用等信息化技术及先进的管理方法,实现配送、入库、出库、退库、移库、盘库等信息的自动识别、自动统计、自动预警及智能管理的功能,降低了仓储成本,提高了仓储效率,提升了仓储配送智慧管理能力。同时对抢修物资供应的全流程进行数据收集和跟踪监控,保障抢修物资及时到货,最终提升抢修物资保障响应能力。

(1)库存预警,主动配送。

①库存智能预警。智慧调度大脑高效管控各个无人仓库的库存实况,定期自动生成统计分析数据报表,对紧缺物资、到期物资及时发出警告,对物资质量进行智能分析,为物资统筹管理提供数据支持,如图11-5所示。一是根据安全库存线主动补库,通过分析库存、发货、计划等数据,设定安全库存线,当库存物资数量小于安全库存线,智慧调度大脑将以短信方式提醒配送人员及时补库。二是通过大数据分析优化库存,对物资的使用量、使用频率、重要性、相关性等因素进行深入分析后,优化储备品种,科学制定储备定额策略,优化库存结构。三是当库内废旧物资达到上限时,同样会通知回收人员及时回收。

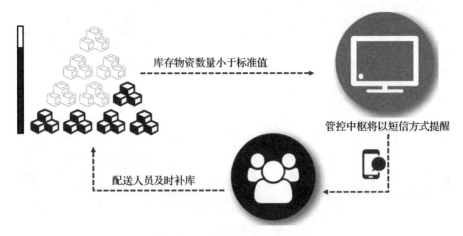

库存物资数量小于标准值

管控中枢将以短信方式提醒

配送人员及时补库

图 11-5　库存智能预警示意图

②主动智能配送。应用大数据和智慧调度大脑统筹分析配送需求、配送地点、配送时间、车辆信息,自动生成配送计划、车辆调度、装运策略、路线规划等内容,指导库内拣配、装运、运输业务开展,形成高效有序的协同机制。

配送人员统筹物资库存,按先进先出原则实施自动推荐拣配和人工优化拣配后,打印拣配任务单,制订配送计划,根据需完成的拣配任务,利用空余时间开展物资配送准备(如导地线分段、物资下架、整理打包等),按智慧调度大脑规定的配送时间、配送地点、配送路线进行配送。按照要求,实施"五准确"物资配送。配送人员照按每天的配送计划,在准确的时间和准确的地点将准确的物资以准确的方式交给准确的人员。

(2)自动记账,智能优化。

利用物联网和人工智能技术,实现入库、出库、退库、移库、盘库等信息的自动识别、自动统计、自动预警及智能管理功能,同时对物资质量进行智能分析,提升了物资仓储精益化水平。

①物资入库。按照物资产品的类型、标准化、体积等特征,通过 RFID 手持机或智能计重传感器让物资产品快速入库,每项物资与其所在货架信息、电子屏幕标签、智能指示灯对应。系统后台全自动记录入库信息,同时可通过数据接口同步提交至大库。

②物资出库。抢修人员或库管人员可直接选择需要的物资,快速提取后离开仓库,系统后台全自动记录出库信息,同时可通过数据接口同步提交至大库。

③物资退库。抢修人员或库管人员将使用后剩余物资放至相应的货架上,电子屏幕标签或指示灯自动提示退回物资数量等信息,系统后台全自动记录退库信息,同时可通过数据接口同步提交至大库。

④物资盘点。安排定期盘库任务或手动盘库,可以对库存物资进行自动盘点。系统自动生成盘点报告,对数据与库存不一致的物资生成详细报表。

⑤物资报废。库管人员可通过手持工作 Pad 对旧物资进行报废处理,确保最新、准确、完整的库存数据。

⑥智能云平台。提供可视化管理功能,实现物资仓库的 3D 建模、物资数据的图像化管理。系统预留扩展接口,可以实现各物资库的库存、物资使用情况等相关信息实时自动与调配平台数据同步,为大库的大数据管理及统筹管理奠定基础。

⑦智能优化。智慧调度大脑科学分析各仓库的物资领用情况,并自动盘点库龄,对紧缺物资、到期物资及时发出警告,对物资质量进行智能分析,方便管理人员及时优化调整,有效避免物资积压和超期存储。

(3)全方位360°智能监控。

智慧调度大脑对物资仓库进行360°无死角、7×24小时完全监控与报警录像,实现人员的全程追踪,为无人值守物资库的安全管理奠定了基础。

智慧调度大脑一旦发现异常会及时通知管理人员,将损失降到最低。例如通过24小时监控库内温度、湿度信息和烟感信息实现仓库防火;通过门禁实时监控和指纹、人脸识别系统,实现仓库防盗;通过智能摄像头和压力传感器,对领料过程全程监控和分析,有效防止误操作,以及多领、私领、冒领等违规操作,提升规范化管理水平,促进物资管理廉政建设。

11.3.3　打造开放的自助式抢修物资供应新模式

在供电所智能微仓库网络搭建完成后,绍兴诸暨公司打造开放的"自助式"抢修物资供应新模式,使用计算机、智能IoT、智能监控等设备,采集相应硬件信息数据来完成物资全流程管理工作,对人、物、库实行全方位的管控与记录。抢修人员进入仓库,可直接选择需要的物资,快速提取后离开仓库,系统后台全自动记载出库信息,同时可通过数据接口同步提交至大库。精简优化了领料流程,加快了抢修速度。自助式抢修物资供应新流程如下:

步骤①:App预约。抢修人员需要在领用物料时,通过移动终端、手机、手持设备、电脑设备等,在移动互联网微信App客户端(具备出入库管理、预约取货、监控管理、申请提交、监控信息实时查看、报表查询打印等功能)中,提出"预约取货"的申请。

步骤②:智能分配仓库。智慧调度大脑通过对报修人员、抢修人员和备选仓库的位置进行三角定位,并结合库存实际,就近匹配领料仓库,同时智慧调度大脑会根据路况,实时导航最快的路线,提高抢修效率,如图11-6所示。

图11-6 抢修仓库智能分配示意图

步骤③:进库身份验证。抢修人员到达仓库,在入口通过人脸识别、指纹验证、刷卡等操作实现抢修人员与库管人员的识别及鉴权。采用了动态人脸采集技术加传统指纹识别等多重智能鉴权,使工作人员与库管人员快速、便捷、准确地实现身份的认证与记录,为智慧化仓库管理提供了基础保障。实现工作人员信息和流程数据化、权责追溯化功能。管理人员可定期查看门禁进出记录报表,可将该记录作为人员出入库的基本依据。

步骤④:智能语音及货架指示灯选料。

a. 人工智能语音选料。查找物资时,可以通过语音识别及货架智能立体指示灯系统,如图11-7所示,快速定位所需物资。抢修人员发出语音指令,系统实时处理并作出响应,实现快速的物资数据提取、智能的物资设备选择,完成简单方便的入库、出库操作。选料系统采用人工智能语音识别和语义理解引擎,通过国际领先的科大讯飞AIUI模块实现了语音指令识别与自动指示功能。

b. 货架智能立体指示。在对物料的领取环节中,对所选物料各个单品的货架和具体位置实现指示灯闪烁指示,方便工作人员快速完成取货,并在取完物料无误后,指示灯恢复正常。另外,如出现错拿错放的情况指示灯会闪烁,提示工作人员纠正误操作行为。对每一款单品实现一对一的智能化匹配指示,实现出库、入库的智慧化提示,节省了出库、入库等操作的时间,防范物资取错还错等问题的出现,大大提高了工作效率。

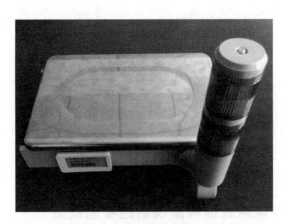

图11-7　货架智能立体指示系统

步骤⑤:依据物料特性,利用RFID、智能压力传感计数减库存。

a. RFID计数减库存。抢修人员领料时,针对大型不规则设备,系统采用了成熟稳定的RFID技术。RFID通过对每一个实体物资绑定对应的

RFID标签,实现物资的信息自动采集查询、自动出入库等功能,提高资产出入库与盘点效率,解决资产"账、卡、物"不一致问题。通过RFID与新型物联网传感器技术的结合,实现了无人值守智能物资仓库管理的自动出入库、退库、移库、盘库等多项功能,两种技术相辅相成、互相补充,解决了传统仓库管理存在的难点问题,实现了物资仓库的大数据分析与智能化管理、物资的全生命周期管理。

b. 智能压力传感计数减库存。对小型的、碎片化的、标准化重量的产品,如螺丝、熔丝、垫片、电缆等,运用智能压力传感器的新技术,做到精准地自动化计数,为无人值守物资仓库管理奠定了基础。通过物联网称重传感器技术对出库、入库实现自动计数,并实现数据上传记载。通过传感器采集数据,自动计算货架上物资的重量并实时转换为数量,实现在本地服务器或私有云的物资计数、自动出入库流程、统计分析等相关操作,结合智能分析系统还可以实现物资质量诊断,为物资采购管理提供数据基础。

步骤⑥:无纸化办公及单据无线打印。

a. 无纸化办公。无人仓库物料信息显示采用无纸化、自动化电子屏信息显示,采用无线低功耗电子屏,每一项物资信息的实时动态更新与提示,实现数据更新稳定、准确。电子屏幕上显示物资的名称、库存数量、生产厂家、产品参数、入库时间等所有相关需要显示的定制化信息,做到了显示信息与数据库信息的实时同步,方便库管人员的数据录入与使用人员的查询验证等操作,为标准化无人值守管理、大数据智能分析保驾护航。

b. 单据无线智能打印。实现了领取物资、出入库盘点报表自动生成及自动打印,便于凭证存档与数据核对。

11.4 供电所仓储网络创新的实施成效

通过"无人值守"智能仓库项目的投入应用,解决了抢修物资出入库效率低、物资"账、卡、物"不一致、遗失责任追溯困难、传统仓库管理成本高、无数据智能统计分析等问题。简化原先烦琐的取料审批、人工清点、纸质台账登记、手工录入等流程,有效减少人力资源投入,出、入库等业务流程更加流畅高效,供电所仓库管理更加科学合理,确保供电所物资账卡物一致率100%,物资可控、在控,规避廉政风险。特别是夜间或节假日抢修、仓库员不在等情况下,实现24小时无人值守、自助领料、退料。通过信息管理系统,可实现全天候自动上传仓库领料信息、库存预警、自动补库,定期自动生成统计数据报表,对紧缺、到期物资及时发出预警。促进抢修物资的集约化、精益化、标准化管理,提高公司配网物资供应保障能力,推动公司整体供电服务能力和服务水平的全方位提升。

(1)管理效益。

基于物联网的供电所智能微仓库网络实现全过程无人值守、全天候自助领料,解决班组级仓库管理运营成本高、效率低的问题,为已领待耗物资管理提供了智慧解决方案。在设备上设置4个核心业务应用,具体包括正常出、入库,应急出、入库,以及5个拓展业务应用,具体包括库存定额优化、补库需求预警、配网薄弱环节分析、抢修质量评估和深化供应商差异化评价等数据分析应用。

智能微仓库网络采用人脸识别、二维码等技术,实现人员及任务识别;采用高精度重量传感装置,实现自动计重计数;采用智能分布式算法研发称重感应器读写模块,实现多货位数据自动实时更新并传输;设置快速自动去皮算法,解决称重漂移问题,真正实现重量传感技术在仓储应用方面的实用化。系统可自动识别、自动计数、自动传输、自动分析、自动校核,显示人员身份、领料信息、库存信息等数据,并实时传送至省公司物资调配平台eWMS,在前端实现无人值守、自助领料,在后台实现集中监控、统一补库。

目前智能微仓库设备可为省公司和地县供电公司服务,为各级用户提供辖区内需求随机、频繁的小件物资存取,特别是抢修备品备件,提供正常出入库、应急出入库、定额优化、补库预警、数据分析等智能仓储服务。目前绍兴地区智能微仓库运行良好,平均领料时间缩短80%,正常领料时间缩短至9分钟以内,应急领料时间缩短至5分钟以内,有效缩短应急领料时间,提速用电故障处理速度,提高客户满意度;库存规模缩减86%,管理效率提升60%,人力资源节约81.8%,无人值守、自助领料因节约基层人力资源,规范基层物资管理,深受基层好评。

(2)经济效益。

①减少人力资源投入。智能微仓库可在前端实现无人值守、自助领料,在后台实现集中监控、统一补库,有效减少了人力资源投入。仅以绍兴诸暨公司为例,区域内10个供电所,原来备品备件物资管理,需要县级公司终端库管理人员1人、供电所保管员10人,使用智能微仓库后,供电所无须保管员(2人)。在不考虑原来供电所保管员加班费用,仅按绍兴地区2018年社会平均工资5.8238万元/人·年计算,绍兴诸暨公司10个供电所,人力资源投入可减少5.8238万元/人·年×(1+10-2)=52.4142万元/年。

②节约库存资金占用。可通过数据分析,实时优化供电所备品备件种类及数量定额,通过分级分类存储、定额定制、循环补库、紧急配送等方式,有效精简各供电所备品备件仓库库存规模。仅以绍兴诸暨公司为例,10个供电所,库存物资种类约113种,平均库存金额为82万元,使用智能微仓库,供电所备品备件仓库资源可统一调配,物资种类精简至51种,且各供电所可根据需要灵活定制库存定额,平均库存金额减少至11万元。不考虑仓库面积以及仓储货架等费用,仅按2018年年利率6%计算资金占用费用,10个供电所,库存资金占用可减少(82-11)×10×6%=42.6万元。

③降低运输成本费用。智能微仓库网络的应用,能实现县级公司终端库对各供电所备品备件仓库统一循环补库,提高资源配送效率效益,降低运输成本费用。10个供电所,原配送运输频次约每月10次(每个供电所1次),使用智能微仓库后,平均运输频次减为每月2次。按每车次运输费用为500元计算(含车辆费用,领料人员及驾驶员等人工费用),运输成本可降低(10-2)×500×12=4.8(万元)。

(3)社会效益。

①缩短抢修领料时间,及时恢复供电,提高客户满意程度。根据国家电网公司对运维抢修的统一要求,未来国家电网公司对客户满意程度将更加重视,及时恢复供电,不仅关系公司的经济效益,更关系着公司的政治效益。因此,对于供电故障复役时长的管控,将更加严苛。

从物资管理上讲,缩短抢修物资领料时间,保障抢修物资24小时供应,有效缩短抢修复役时长,就变得非常有意义,尽量减少故障停电影响的时间和范围,提升用电客户的满意程度。

②规范基层物资管理,防范廉政风险,减轻基层工作负担。基层物资管理,特别是供电所备品备件,长期以来为多专业离散型管理,规范性和专业性不高,需耗费基层大量人力、物力,且这部分已领待耗物资存在一定的廉政风险,仅由供电所或其他部门管理,难度较大。

智能微仓库应用后,实现"即领即用",业内首次消除物资领用后待消耗过程。抢修物资划归物资部门集中运营,物资专业管理直接覆盖至班组,主动服务需求终端,实施远程集中管控,统一循环补库,有效规范基层物资管理,消除已领待耗物资存在的廉政风险,提高资源调配效率。

③加强管理技术创新,完善仓储末端,实现物资智慧供应。浙江省电力公司积极开展管理技术创新,采用智能化仓储设备,完善仓储末端,打造现代智慧供应链的最后一环。

12

浙江电力多元融合检储配一体化
基地建设案例

12.1 浙江电力物资质量监督工作现状与痛点

为落实国家电网公司物资质量监督三个"百分百"全覆盖检测工作要求,所有物资到货后先抽检合格再行出库,以国网温州供电公司为例,其离散式管理架构如图12-1所示,即其下属各单位分别开展物资质量监督工作,不同配网物资供应商向不同地区仓库供货,不同地区仓库又要向不同的检测机构抽样送检,造成供应链错综复杂、管理混乱等问题。现行的物资质量监督管理架构在工作效率、管理模式、工作融合、资源配置等方面存在不足之处,已不能适应浙江电力快速发展以及物力集约化管理的现实需要。浙江电力物资质量监督工作痛点具体体现在:

(1)检测周期长。由于检测机构分布离散,造成送样时间长。由于检测能力参差不齐,造成检测过程拥堵,加长检测周期;由于检测机构与仓库之间缺乏有效信息互通,造成检测过程难以管控,进而影响物资库存和库存周转率。

(2)成本高。异地检测产生颇高的运输成本;离散型供应造成各仓库自

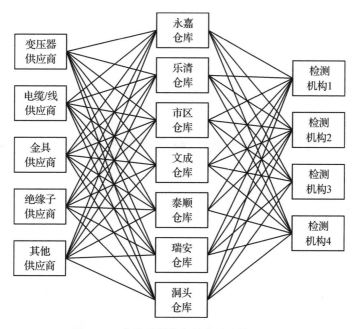

图 12-1 物资质量监督的离散式管理架构

行送样的检测成本攀升。

（3）业务尚未有效融合。其他业务未能根据质量检测情况及时联动，影响供应链的效率；质量信息未及时整合利用，影响质量监督策略的制定和优化。

因此，为推动电网物流向更加智慧、更加高效的方向发展，浙江电力进行了多元融合"检储配"一体化基地的建设探索。以国网温州供电公司为例，至 2018 年底，温州滨海中心库已完成 1 号、2 号库房和 3 号物资质量检测中心建设，其中库房面积 5800 平方米，满足 8000 万元的库存物资储备要求；物资质量检测中心占地 5000 平方米，达到国网 16B、13C 检测能力。在省公司的指导下，借鉴现代社会物流体系运营经验，以国网温州供电公司中心库为支撑，实施区域配网物资集中存储和质量集中检测，开展按项目配送为典型方式的配网物资集中配送，逐步建立了以中心库为核心的仓储配送体系，业务范围辐射整个浙南地区。但检储配一体化运营过程中仍存在部分问题，其中包括：

①仓储内部运作基本依靠人工搬运，自动化程度低，开展省级储检配后，对仓储运营效率提出了进一步考验。

②检储配各环节衔接依靠人工管理,缺乏软件、系统支撑。

③质量检测工作自动化程度低,缺少自动化设备,过程缺乏监督机制。

④供应服务还停留在比较低的水平。

12.2 浙江电力检储配一体化基地建设目标

12.2.1 浙江电力检储配一体化基地建设理念

针对上述问题,依托全省统一的检测资源协同调配体系,浙江电力统筹统配各公司物资质量检测能力,构筑一个国家级检测中心——浙江华电器材检测研究所有限公司,三个省级检测中心——嘉兴、金华、温州,及8个地市级检测中心的"1+3+8"检测中心全覆盖合理布局,实现检测工作全省一盘棋。将检测样品合理统一配送,检测工作与现场工作进度合理同步,进一步提高检测工作的有效性和及时性。

同时,根据国家电网公司检储配一体化基地标准化建设指导意见,充分利用地市资源,将依托条件成熟的中心库,配套建设物资质量检测中心实行就近从速检测,升级为省级检储配一体化基地,实现传统仓库向检储配综合服务中心转变,将质量检测、物资存储、主动配送三个环节深度融合,打造符合现代智慧供应要求的高效智能物资供应链。

12.2.2 浙江电力检储配一体化基地建设策略

在上述建设理念的指导下,浙江电力检储配一体化基地的具体建设策略包括:

①业务集约融合。将区域配网物资供应,纳入检储配一体化基地,集中管控,统筹调配。将检测中心、仓储基地、物资调配室在地理位置上融合,应用现代智慧供应链建设成果,有序衔接质量、仓储、配送等管控平台,实现物资检储配一体化高效运作。

②技术融合创新。整合供应链创新资源,成立物资创新工作室,融合储分一体自动化立体货架、自动定位行吊系统、AGV搬运机器人等自动化设

备,通过 WCS 实现与云平台 eWMS 系统的贯穿,提升检储配一体化基地存储、分拣效率,实现检测抽样随机货位选择和全程监控。

③服务融合提升。调整内部组织架构,成立市供应链运营中心,统一管控检储配一体化业务,并提供"一口对外"服务。创建精品典型班组,发挥示范引领的作用,提供优质、高效的供应服务。

12.2.3　浙江电力检储配一体化基地建设目标

(1)专业管理的目标。

多元融合检储配一体化基地,将生产、检测、储备环节前移,降低供货周期不确定的影响,实现物资按需领用、限时配送,提高了检测、配送效率。通过物资集中存储、集中检测、集中配送,抽检周期控制在 5 个工作日,检测成本整体下降30%,避免入库后退换货发生,仓库运营成本降低30%;集中储备物资领用需求响应时间不超过 3 天,准时率达100%。

(2)专业管理的指标体系及目标值。

①配送及时率:小于等于 3 天,准时率达100%。

②质量检测周期:小于等于 5 个工作日。

③检测成本:整体下降30%。

④仓储运营成本:降低30%。

12.3　浙江电力检储配一体化基地建设内容

12.3.1　一体化业务流程及作业流程优化

(1)一体化业务流程设计优化。

优化管理流程,由省公司物资部指导省供应链运营中心统筹全省检测资源的协同调配,有序衔接到货、抽检、配送计划,以市供应链运营中心为检储配一体化基地完成仓储、质检、配送的关键环节,全面保障检储配一体化高效运作。

（2）一体化基地作业流程设计优化。

将现代智慧供应链运营分中心作为检储配一体化指挥核心,贯穿检储配三大业务,实现"检储"一体、"储配"融合,形成"到货即抽检、配送即可用"的检储配一体化的运作模式。依托检储配一体数字化管理,优化入库待检、抽检计划、抽检样品取封送(抽样过程、封样出库、检样品运输、送检交接)、检测结果、返库交接、入库确认、待发出库、装车配送等各环节的线上、线下紧密联动。检储配一体化作业流程如图12-2所示。

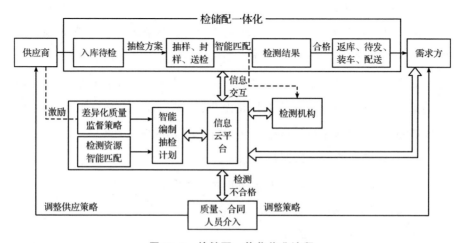

图12-2　检储配一体化作业流程

①到货抽样。物资到货后库管人员维护到货信息,自动生成物资唯一码,经外观检查无误后逐一粘贴,分配储位并完成实物上架。物资上架后触发抽检流程,抽检人员编制《抽检作业票》,运营中心开展系统随机抽样,生成的抽样结果为物资唯一码。

②封样送检。抽样结果触发取样流程,UWB全景管控系统激活取样人员工卡,实现送检物资从取样到装车的全景视频记录与轨迹归档。仓储作业人员将样品搬运至入库待检区封样,封样人员校验无误后粘贴易碎封样标签,并上传封样过程图片与视频。送检车辆车厢内配置对射摄像头,实现在途全过程监控。

③收样检测。样品送达检测中心后,收样人员检查封样标签完整性,粘贴检测样品唯一码并录入抽检系统,实现检测样品唯一码与前端流程生成

的物资唯一码的无缝关联。收样完成后,检测人员开展物资检测工作,并第一时间向平台上传检测结果。

④回样处理。检测完成后,样品回送至储配中心。若检测合格,系统触发入库流程,并将该批次物资更新入库;若检测不合格,系统触发不合格品处置流程,由物资部门开展约谈处理。

⑤按需配送。各单位结合工程进度安排,在平台实时申报需求计划,运营中心开展物资需求匹配,结合物资到货计划统筹储配中心的配送计划,仓储作业人员严格按照计划开展物资配送工作。

12.3.2 检储配一体化基地组织架构与管理体系

(1)检储配一体化基地组织架构。

以国网温州供电公司为例,温州检储配一体化基地设质量检测中心、仓储班和调配室,基地配置作业及管理人员60人,其中检测中心30人,仓储中心22人,运营中心8人,在检储配一体化工作中既明确分工又高度协同。根据业务需要由市供应链运营中心统筹协调检储配一体化工作,其组织架构设计如图12-3所示。

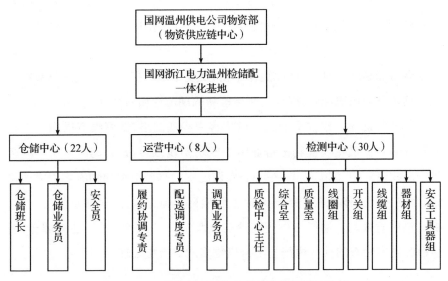

图12-3 温州检储配一体化基地组织架构示意图

（2）检储配一体化基地管理体系。

①人员管理。人员管理严格按照CMA管理体系制度开展,所有检测人员全部实现持证上岗;对从事高压电气试验的检测人员,全部应完成相应的教育、培训、考试工作。实验室主任、质量负责人、技术负责人及其他关键岗位人员均具有任命文件,内审员、质量监督员均具有聘任文件,检测人员和检测报告的审核、批准、解释人员均具有相应的授权书,并建立《人员一览表》,明确管理人员和技术人员分工。

②设备管理。基地检测中心严格按照《"检储配"一体化基地标准化建设指导意见》要求,完成申请检测项目相应设备的购置工作;按照《质量管理手册》要求完成设备台账、计量溯源、周期检定表等管理工作;针对质量监督的实施,基地检测中心完成混凝土抗压、电力电缆直流电阻、耐压试验装置等多项检测项目的能力验证工作,完成电缆保护管、金属材料化学成分分析等项目的检测机构间比对工作,结果均为"满意",有效保证了检测质量。

③实验室管理。基地检测中心按照《检测和校准实验室能力认可准则（CNAS-CL01：2018）》要求开展实验室管理工作,结合《"检储配"一体化基地标准化建设指导意见》,对照人员管理、设备管理、物料管理、检测方法管理、检测环境管理等管理要素要求,制定了相应的管理制度和程序文件,为落实检测中心检测质量管控奠定了坚实基础。同时,为做好"检储配"一体化联动,基地检测中心将网络信息化与实验室管理相结合,完善了集控室网络安全管理制度,依托一体化运作平台,实现了检测报告的在线出具和实验室检测业务的在线管理,提高了质量检测的规范性和科学性。

④客服管理。建立检储配一体化客户经理网络,做好物资供应全过程的跟踪服务。借鉴现代物流行业中的成功实践,结合省公司区域集中配送和配网物资采购、调配特点,在中心库调配室的基础上组建物流客服经理网络,建立协同工作机制。前端对接工程项目实施进度,及时调整供货计划,提高供应质效。后端衔接供应商落实或调整排产、发货计划,催交催运,衔接检测越库物资的抽样执行与不合格物资的退换货处理。

12.3.3　检储配一体化基地业务集约融合

(1)管理架构统筹融合。根据建设策略,通过内部组织架构调整,成立市供应链运营中心统一管控"检储配"一体化业务,统筹调配区域的物力资源。通过智慧物资供应链平台贯通物资检测、仓储、配送全流程,需求提报、物资送检、区域物资调配,统一由基地衔接,可以有效减少各终端库工作量,以及区域物资库存。

(2)检储配一体化基地融合四重职能。一是浙江电力温州中心库,支撑省公司储检配一体化业务,集中存储配变、导线等21小类物资,与供应商联合储备水泥杆等10小类物资,配送范围包括温州、台州、丽水等浙南地区,2020年配送金额为9245.01万元。二是温州区域周转库,负责对温州地区开展集约配送,存储品类59种,2020年寄售供应金额为6985.33万元。三是温州滨海仓库,负责对鹿城、瓯海、龙湾三区直供,存储品类262种,配送金额达到1.46亿元。四是浙南应急库,负责应急存储,存放应急照明、水泵等物资29种共计524.32万元。浙南应急库负责业扩配套项目物资的集中储备,应急装备、阳光业扩物资不再由每个单位分别采购存储,而是由中心库集中储备,需要时由市供应链运营中心统一调配,阳光业扩物资719.81万元。

(3)建设统一运营监控平台。随着一体化基地业务量加大,为加强对区域资源管控力度,提升检储配业务效率,增强一体化基地对区域资源的管控、调配能力。建设一体化基地运营监测系统,包括数据平台和视频监控平台。数据平台抓取云平台数据,以创新应用方式,开发一套适用于物资监控大屏的实时监控区域物资检测、库存、配送数据的系统,实现物力资源集中管控、统筹调配。视频监控平台是利用省公司视频监控网络,加上内部监控平台,对一体化基地实行24小时实时监控、预警。温州检储配一体化基地统一运营监控平台现场如图12-4所示。

图12-4　温州检储配一体化基地统一运营监控平台现场图

12.3.4　检储配一体化基地技术融合创新

（1）设备储分一体自动化。为了实现中心库仓储存储、拣配能力的提升，建设存储、分拣一体自动化立体货架，开展设备储分一体自动化设计。

①储分一体设计：实现存储和分拣的无缝衔接，解决了常规仓库存储和分拣必须设置备货缓存区的问题，大大减少物流环节，缩短物流线，提高仓储容量。

②双入库口设计：互为备份，在一个入库口出现故障的极端情况下保证正常入库；入库口配备称重和外形检测设备，防止入库物资超重和超尺寸，保护仓储设备安全。

③采用电子标签辅助拣选：采用亮灯拣选方式，操作工配置防误RFID手环，傻瓜式拣选，降低拣选差错率；同时每个分拣工位设置三组电子标签，支持三个订单同时拣选；各分拣工位设置缓存位，提高拣货及时率，减少补货频次。

（2）AGV自动搬运机器人全面应用。

通过AGV机器人在设备之间、流程环节之间实现弹性衔接。出入库及查找均采用信息化系统，上下架和出库过程基本实现机器人自动完成。抽检、送样、运输过程均最大限度地由机器人自动完成，减少人员参与。取样、运输、封样全过程始终通过视频监控予以跟踪和记录。

　　基于 AGV 与 eWMS 系统的贯穿，实现随机货位选择和全程监控。根据物资供应计划制订抽检计划，物资到库后与货位绑定，反馈抽检计划可执行，取样人员确认执行，AGV 根据系统随机货位指令就位待命，如为单体设备，AGV 取货后直接送去检测；如为散件取样，物资就位后通知人员取样放置在 AGV 上，AGV 取样、送样过程全程在 AGV 监控下（如图 12-5 所示），直至按样区视频接手。

图 12-5　温州检储配一体化基地 AGV 自动搬运机器人现场图

　　（3）建设全项检测能力，打造柔性检测体系。

　　检测中心从 2015 年投运至今，已具备线圈类、开关类、线缆类、器材类等 30 类 216 项检测能力。为节省人力，提高工作效率和检测准确度，省内率先投入线缆径向、哑铃片和电缆保护管自动化制样设备，检测质效大幅提高。为提升检测服务，投入开关检测项目集成一体的开关移动检测车，开展上门检测服务，缩短检测周期。应用检测信息自动传输技术，试验检测后自动从工位抓取检测结果，将检测结果同步到物资检测模块，有效避免了检测数据的人为干预。

12.3.5 检储配一体化基地服务融合提升

(1)物资创新工作室。该工作室在3号楼2层,面积约500平方米,包含综合展示区、党建会议室、创客工作室、培训发布室四个功能区,具有"创新、展示、实训"三大核心功能,文化墙以"做国网物流服务标杆"为主题,汇总建设历程、领导关怀、运营理念、取得荣誉和成果等企业文化内容,保障基地创新项目落地实践。

(2)仓储班创建精品典型班组。以班组建设为契机,培养了一批物资专业管理人才。下一步,继续深化精品典型班组建设,发挥示范引领作用,提升市县整体物资管理水平。

(3)健全区域调配制度。充分发挥仓储配送的支撑作用,对于已储备实物,实行区域内、跨区域动态调配,实现物资配送时限平均不超过3个工作日。针对储备清单外的定制类物资,实行业扩工程协议库存物资需求随报随批、24小时内上报省公司。

(4)KPI结合指标评价标准。将服务、效益、效率综合等8项管理指标,细化分解成按期到货率、配送差错率、检测覆盖率、库存周转率、平均检测周期等23项支撑指标(如图12-6所示),并融入相关业务流程、操作标准,依托信息化和绩效考核手段,推进指标的有效管控。通过全面分析各项指标变化趋势和影响因素,持续优化物料标准化、最小包装单元、标准周转容器等管理措施和手段,以推进中心库仓储配送效率、效益和服务水平的不断提升。明确需求计划准确率、配送差错率、货损率等指标考核标准和要求,分别纳入对需求单位、仓储班、第三方物流单位的考核,促进各单位提升相应业务管理水平,为仓储配送指标和管理奠定基础。

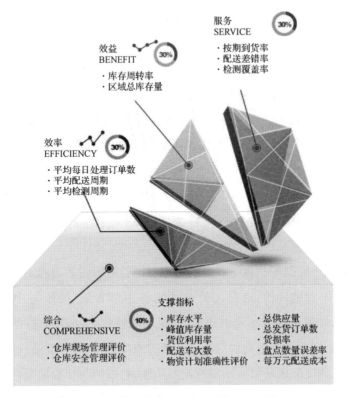

图 12-6　温州检储配一体化基地 KPI 关键指标

12.4　检储配一体化基地建设成效与推广价值

（1）检储配一体化基地建设成效。

检储配一体化基地建设，有效提高配网物资质量和存储能力，并且保障了配网物资及时供应。国网温州供电公司检储配一体化基地目前供应 31 种省级检储配物资（包含水泥杆、变压器、线缆），以及 79 种市级检储配物资，2020 年市级检储配物资总供应金额为 8393 万元，省级检储配物资总供应金额为 3538.93 万元。2020 年"黑格比"台风期间，温州检储配一体化基地共供应各类型水泥杆 111 根、各类型变压器 35 台，检储配物资供应总金额为194.7 万元。在应急物资供应保障中成效显著，实现需求物资"动态提报、同步匹配、实时送达"，有力支撑公司抗击"黑格比"台风期间电网快速恢复供电。

基于项目管理单位、物流客服经理、市供应链运营中心、供应商等各方协同,供需信息实现动态交互与共享,有效促进物资需求与配送需求提报的准确性。2020年,各单位月度配网项目实施需求提报准确率97.31%,同比2019年提升12.42%;周配送需求提报准确率100%。

基于检储配一体化基地物资集中配送和精益调度,充分发挥了物资集约化、规模化的作用,减少了区域内配网物资的重复储备,有效节约区域物流综合成本。2020年,中心库配送订单2445条,配送车次572车,配送配网物资1.19亿元,总运输费110.9万元,同比2019年节约23%。

(2)推广范围及价值评估。

多元融合检储配一体化基地的建设与运营以物资质量检测三个百分之百的要求和"就地抽检、检后入库、集中储备、按需配送"的原则,优化检储配业务链条,降低运输成本和时间成本,提高抽检效率、风险防控能力和供应时效。深化了质量监督与供应配送业务的整体联动和协同,多元深度融合。检测储存、调度配送环节应用具有高度柔性,有效解决了检储配中普遍存在的问题,配送及时率明显提升,缩短了质量检测周期,降低了检测成本和仓储运营成本,为全省检储配一体化基地建设与运营提供了有效的方案,并且推动电网物资的检储配业务更加智慧、更加高效的发展。

13

浙江电力智能中心库建设与实践案例

13.1 国网温州供电公司智能中心库建设目标

13.1.1 国网温州供电公司智能中心库建设理念

智能中心库是以自动化作业、可视化管理和智能化调度三个方面为基础,采用先进的智能物流信息管理技术和自动化仓储设备,实现在较少人工干预下物资的集中、整理、保管和配送的工作场所。

自动化作业是指日常的业务操作,通过机器设备、系统在没有人或者较少人直接参与下,按照指令要求,经过自动检测、信息处理、分析判断、操作控制,实现预期目标。

可视化管理是指利用计算机图形学和图像处理技术,将系统数据转换成图像或图文形式直观地进行展示。

智能化调度是指采用先进的智能物流信息管理技术和自动化仓储设备,在较少人工干预的情况下,实现物资的集中储存、统筹配送,从而更好地保障了工程物资的准时、准确供应。

13.1.2 国网温州供电公司智能中心库建设的范围和目标

（1）专业管理的范围。

仓库自动化作业主要体现在仓库设施设备和信息系统的深度自动，通过触发指令，利用设施设备和信息系统替代仓储作业过程中存在的高频率且重复性很强的人工作业。例如，仓库利用储分一体机替代人工分拣，以及智能引导小车（AGV）替代人工叉车等。

仓库可视化管理主要体现在对收集到的仓库各项数据进行挖掘和分析后，利用计算机图形学和图像处理技术，将数据转换成图形或图像在屏幕上显示出来，使得管理者能迅速了解到仓库的各项作业和管理指标。例如，仓库人员的KPI的图像展示、配送过程的车辆GPS跟踪等。

仓库智能化调度主要由智能化需求上报、智能化订单分配、智能化配送分析等方面组成。例如，中心库的智能运营监控平台将WMS系统和SAP，以及物资调配平台多个系统数据接口打通，统一界面，重塑工作流程操作环节形成一个集成型信息化智能系统，以此满足智能化调度的系统要求。

（2）专业管理的目标。

国网温州供电公司根据国家电网公司、省公司的标准，积极推进智能化仓库建设，以降低仓库运营成本、提升人力资源和仓储资源利用率、提高物资供应效率和服务质量为目标。

（3）专业管理的指标体系及目标值。

①自动化作业指标。从四个方面评估自动化程度，包括可用性、可靠性和信息处理指标以及实时性。

②可视化管理指标。

a. 仓储指标可视率：100%。

b. 供应节点覆盖率：100%。

c. 作业环节可视率：100%。

d. 人员绩效评估可视率：100%。

③智能化调度。

a. 到货率：99%。

b. 一次性完整配送比率97%。

c. 配送差错率0.5%。

13.2 国网温州供电公司智能中心库建设的主要做法

13.2.1 国网温州供电公司智能中心库的自动化管理及其流程

（1）智能中心库的自动化管理。由于温州中心仓库作为区域物资集中存储、分拣与配送中心，物资存储量大、作业复杂度较高、作业量较大，在搬运、仓储与拣配环节适合采用机械化与自动化智能设备。以下是温州供电公司已使用或即将采购的自动化设备：

①手持智能设备PDA和条形码扫描机。两者可以替代人工对物资信息的识别与读写，完成作业信息实时录入，减少系统操作的流程，缩短出入库的信息处理加工时间，如图13-1和图13-2所示。

图13-1　PDA图　　　　　　图13-2　条形码扫描机图

②智能搬运设备。此设备包括电动平衡重叉车、电动托盘搬运车和智能AGV，实现在库内和库外作业的搬运工作，尤其是智能AGV，可以在预设的路线实现无人搬运作业，是今后自动化管理发展的一个重要搬运工具，如图13-3、图13-4和图13-5所示。

图 13-3　电动平衡重叉车图　图 13-4　电动托盘搬运车图　图 13-5　智能 AGV 图

③自动输送机。用于库内箱式(纸箱、周转箱)包装物资或托盘类单元化物资的平面与垂直搬运,如图 13-6 所示。

图 13-6　自动输送机图

④自动定位行车(龙门吊)。结合智能自动定位,用于大型物资(线缆)出入库与分拣作业,能很好地设置电缆的摆放,实现批量存放精准拣选,如图 13-7 所示。

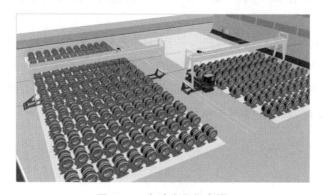

图 13-7　自动定位行车图

⑤自动化分拣设备。"储分一体化",即物资存储与拣选一体化,由作业人员根据智能导航(手持终端、电子标签、语音分拣)进行物资分拣,如图13-8所示。

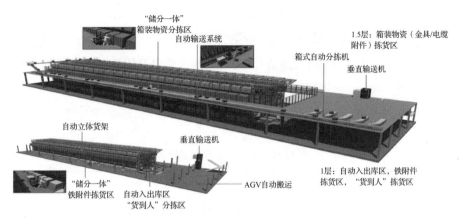

图 13-8　自动化分拣设备图

(2)智能中心库的分拣作业流程。

虽然温州中心仓库在搬运、仓储与拣配环节适合采用机械化与自动化智能设备,但仍存在部分人工分拣作业。智能中心库的分拣作业流程,如图13-9所示。

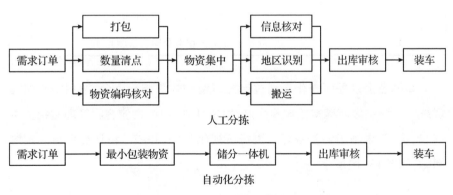

图 13-9　智能中心库的分拣作业流程

13.2.2　国网温州供电公司智能中心库的可视化管理及其流程

（1）智能中心库的可视化管理。

①配送过程可视化。利用GPS导航技术和图像成型技术，温州中心库能实时动态展现物资配送进程。根据信号发射器发出的信号，管理者可以实时掌握仓库配送车辆、仓储情况、运输成本等信息并进行深入分析。通过配送物资资源、科学规划组织，在经济合理范围内完成精准配送，尽可能减少总体物流成本，温州中心库配送路线如表13-1所示。

表13-1　温州中心库配送路线

序号	配送路线
1	温州中心库—洞头仓库
2	温州中心库—乐清仓库
3	温州中心库—永嘉仓库
4	温州中心库—吴桥仓库
5	温州中心库—瑞安仓库
6	温州中心库—文成仓库
7	温州中心库—平阳仓库
8	温州中心库—苍南仓库—泰顺仓库

②供应全过程可视化。通过自主研发的物资调配平台，温州中心库实现统一协调供应商落实或调整生产、发货计划，组织物流客服经理对物资生产、到货、需求领用各关键环节进行可视化管控，并统一协调处理合同履约问题，如图13-10所示。

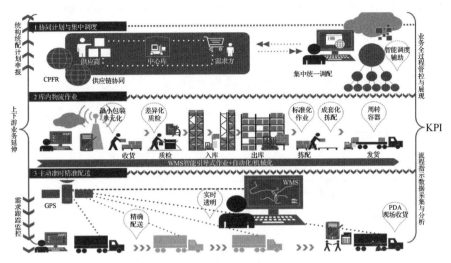

图13-10　供应全过程模拟图

③智能决策分析可视化。基于可视化管理的要求,中心库以历史配送数据和WMS系统为支撑,智能计算预测补库数量。温州中心库调配室对各级县仓库及自身仓库设置寄售目录内物资安全库存,实现对常用物资的实时库存预警。同时,中心库凭借运营监管平台实现对物资需求上报到供应商匹配、实物到库、账务管理等物资供应过程的信息集中管控,如图13-11和图13-12所示。

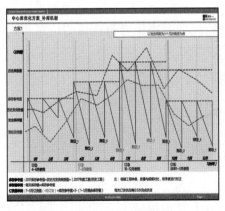

图13-11　历史订单数据分析图

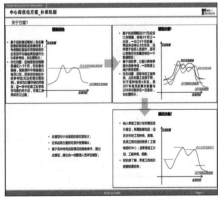

图13-12　仓库补货策略分析图

④报表管理和绩效评价可视化。中心库内作业可视化,通过现场监控

231

与图形化报表实时动态展示,指导库内作业,如现场作业情况、当日工作计划、工单完成情况、订单完成情况、紧急订单提示等。仓库人员KPI管理指标可视化,系统基于过程数据,智能分析并生成可视化KPI管控指标图表,为管理决策提供有效辅助,如图13-13所示。

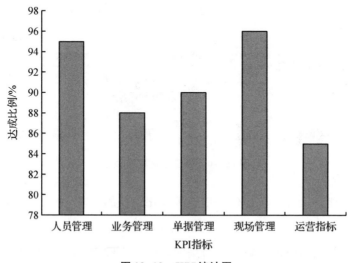

图13-13   KPI统计图

(2)智能中心库的可视化管理流程。

上述智能中心库的四种可视化管理场景的实现,其基础在于数据的获取,其核心在于数据的整理,其关键在于如何根据可视化场景的目标进行有效数据获取和数据整理,继而建立模型,生成对决策者有价值的信息和报告,其流程如图13-14所示。

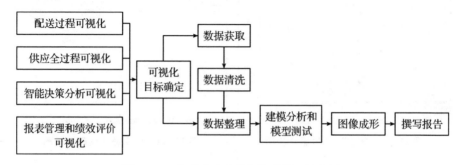

图13-14   智能中心库的可视化管理流程图

13.2.3 国网温州供电公司智能中心库的智能化调度及其流程

（1）智能中心库的智能化调度。

在信息系统方面，温州地区统一中心库和各仓储点的信息系统，并且建立统一信息化集成平台，通过打通各个信息系统的数据接口，实现系统集成与数据共享，有利于智能化与工作效率提升，提高仓库管理便捷度。目前，温州中心库为实现智能调度的信息系统主要包括五系统一平台：

①统购统配平台（如图13-15所示）。需求单位物资计划上报平台，与SAP系统搭配使用，完成财务数据和物资数据转化，加强了与电力物资供应商信息沟通和合同履约，一定程度上加快了物资的供应和财务的结算。

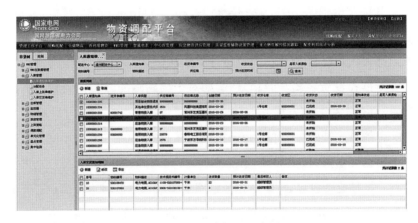

图13-15 物资调配平台图

②WMS系统（仓库管理系统）。

a. 智能收货辅助功能。中心库收货时，根据物资属性和包装数据，智能推荐适合的仓储单元化容器。对于托盘单元化物资，系统根据物资包装尺寸、重量和历史码盘信息，智能推荐最优的码盘方式，在保障安全的基础上，充分利用仓储空间。

b. 供应商智能评价。中心库管理人员可以直观地了解到每次到货差异、准时性、质量情况等数据对供应商进行智能评价，评价结果为供应商分级管理提供评价指标。

c. 智能入库辅助功能。基于物资是否是最小包装，将物资放入对应的仓储货位。基于物资用途,将同一工程项目的物资集中放置。根据物资存储需求,如无尘、防潮物资放入对应存储区。基于发货时物资关联程度,将经常同时发货的物资就近放置,提高拣货效率。基于物资发货频率,将经常发货的物资放置在就近货位,提高发货效率。在推荐货架区库位时,考虑货架载荷均布分配,提高货架稳定性和仓储安全。

d. 智能仓储管理辅助。基于 WMS 系统历史库存、发货数据和计划信息,中心库能智能预测安全库存水平,主动补库,有效满足需求波动。在库物资数量低于下限和高于上限进行实时智能预警与智能补库推荐。监控物资在库时间,对呆滞物资进行智能预警。根据实际作业情况对仓库的存储空间进行智能优化,包括货位排放优化、存储空间优化等。

e. 智能发货辅助。中心库在发货时,利用 WMS 里的物资类型、数量、距离等数据,智能推荐最优物资发货模式,采用仓库发货或供应商越库发货。系统为拣货人员智能指导不同发货订单集货位置。同时,基于物资类型和尺寸智能推荐发货容器与装箱方式,如对于易磕碰的散装物资智能推荐纸箱类型、填充物和装箱方式。

f. 智能盘点辅助。中心库每天根据实际业务,对物资实行不同方式的盘点。一是循环盘点,按供应商、货品品类、货品属性、库区等分类方式进行连续盘点。二是定期盘点,定期对整个仓库全部或部分区域进行盘点。三是智能触发盘点,由特定事件自动触发并创建的盘点任务,如在指定货位上无法拣选到足够数量的货品,或生成闲时盘点任务。WMS界面如图 13-16 所示。

图 13-16 WMS 系统界面

③WCS系统(仓库控制系统)。基于订单信息,温州中心库通过WCS系统控制自动分拣机进行智能拣货,根据最优拣货规则,智能拆分与组合拣货任务,如分区拣货、分类型拣货、摘果式拣货、播种式拣货等。根据各类物资拣货与发货特征,智能推荐最小化包装单元,通过供应商协同提高拣货效率。实时监控拣货位物资存量,实施自动补货与闲时补货。

④TMS系统和GPS系统。根据各工程需求时间,温州中心库利用TMS系统和GPS系统自动预约配送时间。智能车辆调度管理功能,即系统根据货品体积重量、车辆类型、目的地、闲忙状态等帮助操作人员选择合适的运输车辆。对于多站点配送任务系统可根据装货地点、目的地、运输线路等智能推荐最佳配送线路。根据配送路径,智能推荐物资装车顺序,先配送的物资后装车。基于GIS系统与GPS系统对运输车辆进行实时动态监控与进度跟踪。

⑤SAP系统。AP是集成的企业资源计划系统,其包含多个企业运营管理的模块,在物资模块中由于WMS系统已经与SAP系统实现数据信息交互和沟通,其大部分功能正被WMS系统取代。

(2)智能中心库智能化调度流程。

智能中心库调度流程如图13-17所示。

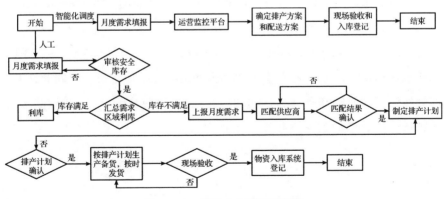

图13-17 智能中心库调度流程

13.3　国网温州供电公司智能中心库建设的成效

温州中心库智能化的推进过程取得了一定的成绩,如在标准化建设方面以及智能调度方面。在标准化建设方面,温州中心库积极推行最小包装单元和统一标准化周转容器。目前,中心库已完成86%的集中配送物资最小包装设计,其中金具类达90%、铁件类达60%、线缆类全部确定标准盘段长。国网温州供电公司按最小化包装单元和标准盘段长倍数上报对应物资需求,并且用统一标准化周转容器进行配送。

另外,在智能调度方面,以设备类材料变压器和柱上断路器为例,从统购统配平台需求上报开始就与项目工程信息关联,然后省公司匹配供应商,再到供应商制订排产计划确认生产,直到中心库都有专人跟进。物资到达中心库经统购统配平台确认收货后,省公司转储物资信息入SAP平台,一周内通知施工队负责人在WMS系统办理出库手续,完成物资的主动配送或自领。使得设备类材料由原来的平均周期76天,缩短至平均周期55天,提升了物资供应效率。

通过利用运营监控平台进行智能调度,2016年,温州中心库完成19839万元配网物资的配送任务。通过推行智能运营监控平台,中心库物资目前平均配送周期是4.67天,按期到货率99.36%,一次性完整配送比率97.13%,配送差错率0.56%,检测覆盖率100%,全面达到预期设定目标。同时,中心库处理配送订单8325条,配送车次917车,总运输费110.9万元,运输成本占比0.56%,同比节约23%。

14

浙江电力"集约化+"县级示范仓库建设
实践案例

14.1 浙江电力"集约化+"县级示范仓库建设的目标

14.1.1 浙江电力"集约化+"县级示范仓库建设的理念

国家电网公司持续深化物力集约,仓库标准化建设三年行动应符合集约化要求推进,针对实际情况,国网浙江乐清市供电有限公司探索推进"集约化+"仓库标准建设。

乐清供电公司根据国家电网公司、省公司的统一部署,有序开展所有仓库标准化改造工作。通过合理设置分区,统一画线,设计统一堆码和周转容器标准,发挥试点示范作用;按"一本账"管理要求,制定统一日常业务凭证,规范仓库日常运营。

仓库是保障物资供应的核心基础,仓库库容及布局必须基于供应实际需求来设计。随着物资区域集中配送工作的推进和物资管理水平的提升,仓库功能定位和库容需求有了较大改变,因此,需要按照新的物资供应需求对仓库布局进行优化,释放冗余的(场地、设备和人力)资源,促进物资管理的精益化。

物力集约化的基础是物力统一归口管理,有利于整合离散的物力(仓储、设备和人力等)管理资源,促进物力管理的专业化,实现企业内部供应链的价值最大化。因此,有必要利用释放的冗余资源,将其他专业物资纳入物资部门统一管理,将当前以配网物资为主的仓库打造成各专业物资统一归口存储管理的综合仓库,实现仓库标准化管理措施向其他专业物资管理的延伸,提升现有仓储资源利用率,提高物资管理的效率和服务质量。

14.1.2 浙江电力"集约化+"县级示范仓库建设的范围和目标

(1)专业管理的范围。

乐清供电公司标准化仓库根据《国家电网公司仓库建设改造标准》和国网仓储标准化建设3年行动计划要求,利用历史仓储出入库数据,结合市公司中心库集中配送需求,从仓库的布局和分区、标识的统一、储运设备(货架、容器、搬运设备等)、货物堆码和业务流程等方面进行标准化提升,统筹管理其他专业物资,向需求部门提供物资集中配送服务,适用于所有县区级标准化仓库改造和仓储业务规范化建设。

(2)专业管理的目标。

通过仓库标准化改造,实现仓库的合理布局,现场标识统一,在库物资合理储备、科学堆码,业务流程规范符合《国家电网公司物资仓储配送管理办法》《国家电网公司实物库存管理办法》,提高库存周转率,保持账卡物一致;利用释放的优势仓库资源将其他专业物资也纳入物资标准化管理体系中,解决了仓储点冗余资源的再利用分散的问题,实现物资的集中归口管理和统一配送服务。

(3)专业管理的指标体系及目标值。

①国网仓储标准化标识、标牌应用率,目标值:100%。

②年库存周转率,目标值:6次/年以上。

③账卡物一致率,目标值:100%。

④物资配送按期到货率,目标值:99%。

⑤标准化仓库建设,目标值:通过省公司标准化验收。

⑥完成县公司物力资源归口管理试点。

14.1.3 浙江电力"集约化+"县级示范仓库建设工作流程

乐清供电公司按照"集约化+"理念,推进仓库标准化建设,"集约化+"县级 示范仓库建设工作流程如图 14-1 所示。

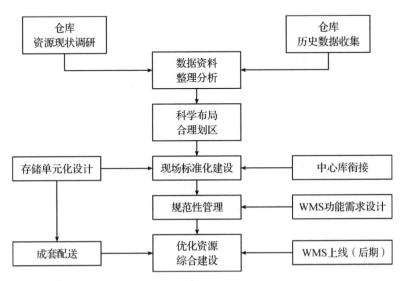

图 14-1 "集约化+"县级示范仓库建设工作流程

14.2 浙江电力"集约化+"县级示范仓库建设的主要做法

14.2.1 仓库现状和运营信息收集

当前仓库现状和运营信息收集:根据仓库实际情况填写仓库数据采集表,包括现有仓库位置、设施情况、室内外面积、物资种类、物资数量等,仓库面积数据如表 14-1 所示。

表 14-1 仓库面积数据一览表

物资类型	现有仓库区域面积(m²)			
	室内	棚库	露天堆场	总计
主业配网	690		600	1290

续　表

物资类型	现有仓库区域面积（m²）			
	室内	棚库	露天堆场	总计
变压器	140			140
劳保、仪表	230			230
铁件、金具附件	220			220
线缆			600	600

14.2.2　数据分析和存储能力设计

根据 ERP 系统导出近两年库存金额和物资种类，结合市局中心库集中配送情况，县区级仓库作为集中配送网络的终点站，自备库存数量将降低40% 以上，但是考虑到仓库的可拓展性，设计新仓库物资库容能力在1100万元左右，如图 14-2 所示。

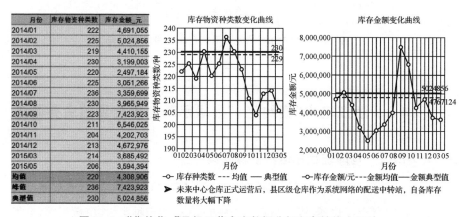

图 14-2　"集约化+"县级示范仓库数据分析和存储能力设计

根据库存数据，进一步分析仓库各类物资的出入库动碰频率，结合动碰数据估算存储单元数量，如图 14-3、表 14-2 所示。

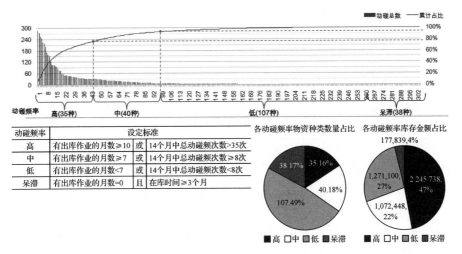

图14-3 "集约化+"县级示范仓库出入库动碰频率分析

表14-2 "集约化+"县级示范仓库存储单元数量估算

品类	库存种类数	平均库存数量	平均库存金额（元）	调整系数	设计库存容量	单位	设计库存金额	金额占比（%）	单元化形式	单元化数量计算器	存储单元化数量设定说明
变压器	7	29	1063068		15	台	492654	26	托盘	35	每台变压器一个托盘位（含利旧货位20个）
动碰高	2	18	691305	0.5	10		345653				
动碰中	2	3	131868	0.5	2		65935				
动碰低	3	5	202663	0.4	3		81066				
呆滞	1	2	37231	0	0		—				
电缆	22	8.895	943667		6	千米	454384	24	盘	15	高压数量占30%，平均35米/盘；低压数量占70%，平均450米/盘
动碰高	4	2.784	219634	0.5	2		109817				
动碰中	8	4.304	568367	0.5	3		284184				
动碰低	9	1.776	150956	0.4	1		60383				
呆滞	1	0.031	4710	0	0		—				

续　表

品类	库存种类数	平均库存数量	平均库存金额（元）	调整系数	设计库存容量	单位	设计库存金额	金额占比（%）	单元化形式	单元化数量计算器	存储单元化数量设定说明
布电线	14	65850	164809		31220	米	76199	4	托盘	7	平均每卷100米；每托盘50卷；搁板货架每组4层，单层货格放置2种货品
动碰高	3	26444	56666	0.5	13223		28333		搁板货架组	2	
动碰中	3	22337	46077	0.5	11169		23039				
动碰低	8	17069	62067	0.4	6828		24827				
纹线	5	6	77.169		3	吨	16508	1	盘	3	平均1吨/盘
动碰中	2	3	18.003	0.5	2		9002				
动碰低	1	1	18.765	0.4	1		7506				
呆滞	2	2	40.401	0	0		–				
绝缘线	18	82.867	786447		43	千米	390583	21	盘	12	高压数量占40%，平均3千米/盘；低压数量占60%，平均4.5千米/盘
动碰高	12	74.947	679228	0.5	38		339614				
动碰中	3	5.203	82810	0.5	3		41406				
动碰低	2	2.626	23905	0.4	2		9563				
呆滞	1	0.091	534	0	0		–				
金具	54	37183	208999		16595	EA	83271	4	托盘	10	动碰频率为高和中的物资预设1个托盘位；搁板货架每组4层，单层货格放置2种物资
动碰高	1	20500	16400	0.5	10250		8200		搁板货架	8	
动碰中	10	5480	69069	0.5	2740		34535				
动碰低	28	9011	101339	0.4	3605		40536				
呆滞	15	2192	22191	0	0		–				
铁附件	1	600	4860		300	EA	2430	0	铁笼	25	参考中心仓库库存＝中心仓库库存×10%×50%
动碰中	1	600	4860	0.5	300		2430				

续　表

品类	库存种类数	平均库存数量	平均库存金额（元）	调整系数	设计库存容量	单位	设计库存金额	金额占比（%）	单元化形式	单元化数量计算器	存储单元化数量设定说明
横担/支撑铁	3	0	–		–	EA	–	0	悬臂货架组	1~2	每组悬臂货架放置约1000EA的横担/支撑铁
动碰低	3	0	–	0.4	0						
绝缘子	12	3501	26599		1430	支/片	8167	0	托盘/铁笼	15	参考中心仓库库存=中心仓库库存×10%×50%
动碰中	3	665	12532	0.5	333		6266				
动碰低	5	2741	4751	0.4	1097		1901				
呆滞	4	95	9316	0	0		–				
其他	73	35749	855699		16027	EA	366348	19	托盘	25	动碰频率为高和中的物资预设约1.5个托盘位；搁板货架每组4层，单层货格放置2种物资
动碰高	11	14036	350551	0.5	7018		175276		搁板货架	15	
动碰中	7	8177	94349	0.5	4089		47175				
动碰低	42	12300	359741	0.4	4920		143897				
呆滞	13	1237	51058	0	0		–				
总计	209	/	4131346				1890544		分类汇总		

各物资种类及各单元化数量将在进行具体布置时做进一步调整	托盘位（含变压器）	117	个
	搁板货架	25	组
	悬臂货架	1~2	组
	线缆盘	30	盘

14.2.3 存储单元化、堆码科学化

根据仓库物资包装形式(如表 14-3 所示)采用各种单元化的容器(如表 14-4 所示),设立相应的存储方式进行科学堆码(如图 14-4 所示),对各单元物资进行模块化管理,提高拣配和周转效率,保证作业准确率,使账卡物保持动态一致。

表 14-3 "集约化+"县级示范仓库主要库存包装方式

包装方式	物资分(中)类	包装方式	物资分(中)类
纸箱	绝缘子 金具 电缆附件 避雷针 低压电器 照明设备 工器具耗材 劳保用品 办公日用	裸装 木箱包装	交流变压器 交流断路器 电抗器 开关柜(箱) 电力电容器 负荷开关 高压熔断器 支柱绝缘子 杆塔类(越库)
袋装	铁附件 机械五金 管件	捆扎	导线、地线 绝缘子 铁附件 电缆附件 线路金具串
盒装	导线、地线 光缆 电缆		

表 14-4 "集约化+"县级示范仓库单元化容器

单元化形式		适用物资与包装类型
托盘		•适合纸箱包装物资 •适合袋装(编织袋/吨袋)物资 •适合铁附件地面(货架底层)存放 •长托盘适合横担类物资

单元化形式		适用物资与包装类型
仓储笼		•适合铁附件上架(2层及以上)单元化 •适合无法稳定堆码的异形物资
托盘+围板		•适合小型铁附件 •适合需要拆零的中小件异形物资,如金具
托盘+周转箱		•适合拆包装后的零散小件物资,如标准件、金具等
托盘框		•适合绝缘子(瓷瓶)
直接入库		•如变压器、线缆、JP柜等

　　存储单元化的优势:①整齐美观,占用面积小,空间利用率高;②有利于物流机械化、自动化设备的应用,在收发货作业中减少物料搬运次数,提高工作效率;③可在电力系统内部供应链中通用周转,降低系统内仓库周转容器需求量,提高车辆的配载利用率,有效降低运输成本。

　　结合"9.2.3 典型电力物资单元化方式",物资堆码标准化应用实例及典型设计如图14-4所示。

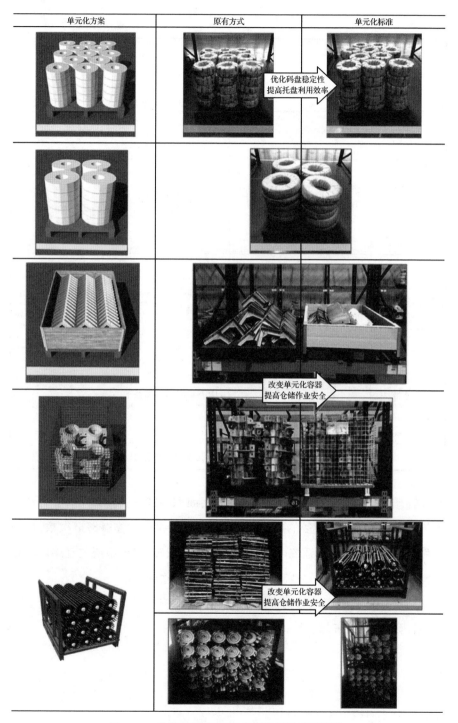

图14-4　物资堆码标准化应用实例及典型设计

14.2.4 仓库方案布置标准化

乐清供电公司对照《国家电网公司物资仓库标准化建设指导意见》,结合实际业务需要,进行各功能区域的布局规划,设置仓储区(室内货架区、室内堆放区、室外料棚区、室外露天区)、作业区(装卸区、待检区、暂存区、不合格品区、仓储装备区)和办公区,"集约化+"县级示范仓库内部建设如图14-5所示。

图 14-5 "集约化+"县级示范仓库内部建设图

综合考虑消防安全疏散及快速作业因素,合理设置通道。同时,按照《国家电网公司仓库建设改造标准》中的标识、标牌配置要求,乐清供电公司统一设置了仓库标识标牌、颜色、画线,并制作成画册便于推广应用,如图14-6所示。

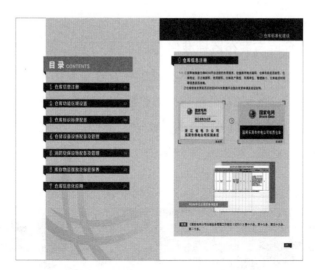

图 14-6　"集约化+"县级示范仓库标准化建设图册图例

14.2.5　业务规范化管理与优化资源综合利用

（1）业务规范化管理。

①梳理仓库日常业务流程，制定县公司物资管理业务单据统一格式，如图 14-7 所示，并在温州及其他公司推广应用，使仓储业务单据更严谨统一，方便开展物资检查工作。

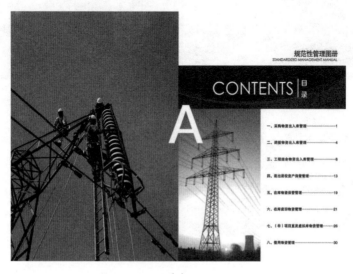

（a）

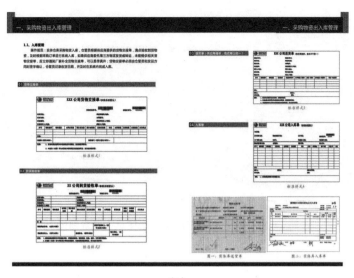

(b)

图14-7 "集约化+"县级示范仓库业务规范性管理图册图例

②按照统一堆码标准进行货物摆放,落实永续盘点工作。根据历史出入库数据,分析各类物资周转使用数量,根据货物重量和出入库频率、"五五"堆码和先入先出原则对货物进行科学摆放。

(2)优化资源综合利用。

乐清供电公司通过仓库标准化改造,极大地提升了空间利用率,节省了大量人力资源。针对目前县公司普遍存在的其他专业口物资仓储点分散、管理不便的情况,利用空余的土地资源拓展建设废旧仓库和其他专业物资仓储点,如图14-8所示,包括特种作业车库区和质量检测中心,整合多套人员和储运设备,对公司应急物资、废旧物资、营销表计、后勤物资进行集约化管理,对供电所提报的需求开展成套配送工作。

供电所一个月提报两次物资需求计划,乐清仓库基于需求信息在计划提报一周内完成拣货和出库作业,根据工程物资和备品备件需求进行集中配送,并将到货信息提前传递至供电所仓储点以便安排接收,空容器随车返回仓库。"集约化+"县级示范区仓库物资管控流程如图14-9所示。

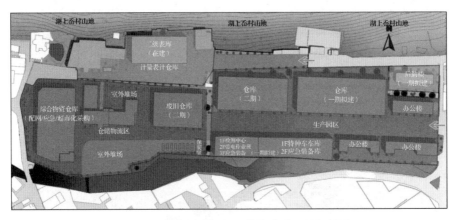

图14-8 "集约化+"县级示范仓库总平面规划图

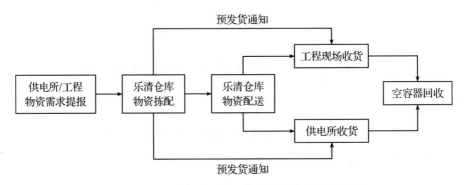

图14-9 "集约化+"县级示范仓库物资管控流程图

14.3 浙江电力"集约化+"县级示范仓库建设的成效

建成了功能完备、规格统一、管理规范、专业高效、安全可靠、适应生产运行各种物资配送的现代化综合电力物资仓库,达到了国家电网公司仓库标准化要求,在功能规划上实现了一体化物资仓储、专业化物流运营、综合性配套服务"三位一体"的拓展,顺应了公司发展要求,实现了公司各类物资的集约管控,完成了市公司综合仓库物资集约管控试点工作。具体表现为:

①通过仓库标准化改造提高仓库空间使用率和作业效率,及对其他专业物资的归口管理能力,释放了土地和人力资源,实现了需求物资一站式配送,节约了物流成本,提高了服务水平,如图14-10所示。乐清供电公司下

辖5个供电所,按原有模式每个所领料需分别安排领料人员和车辆至各专业仓领料,每完成一次需求需安排5车次和5人次,而且领料地点分散,领料次数频繁、无序;随着标准化仓库的运营,各月供电所提报两次物资需求计划,仓库根据月计划安排两次集中配送,每次配送只需1—2车次且无须人员跟随,预计物流成本至少节约50%。

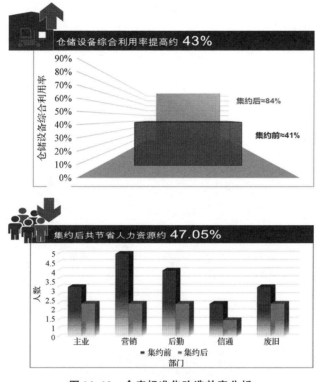

图14-10 仓库标准化改造效率分析

②通过物资存储单元化和科学堆码,提高了物资储运效率;业务流程的规范和业务单据的统一,有利于开展永续盘点和物资检查工作,使账卡物保持动态一致。

③在仓储硬件、流程设计、信息系统上,贯彻中心仓库准时化成套配送运作模式,与中心仓库无缝对接,实现供应链协同运作。

④评估方法按SAP系统统计的实际业绩无修正考核,按月累计每月出库使用量(金额)和平均库存量(金额),年度周转率周期大于6次以上,平均

库存800万元。从系统导出乐清供电公司1—10月平均库存1023.8万元,出库金额18578.3万元,周转率达到18.14%,考虑到2016年中央财政工程资金达到往年的两倍,符合预期的管理目标,反映出我局物资管理制度科学有效,制度执行情况良好,业务流程设置科学,考核措施到位。

15

浙江电力仓储标准化建设案例

15.1 浙江电力温州供电公司仓储标准化建设案例

15.1.1 浙江电力温州供电公司"两拓两查"全面深化仓储标准化建设思路

国网温州供电公司在完成区域仓库标准化建设的基础上,通过"两拓两查"全面深化仓储标准化建设。

"两拓",一是拓宽管理范围,利用区域集中配送释放的冗余仓储资源,将后勤、信通、营销以及供电所备品备件等专业已领待耗物资集中存储,统一归口管理,进一步优化区域仓储资源,有效加强物资供应风险防控,提升物力资源利用率,减少专业仓数量23个,节省仓储面积5000余平方米。二是拓展仓库标准化建设内容,在仓储作业风险排查的基础上,设计并推广仓库安全作业标准化管理,统一物资包装、周转容器和物资堆码,实现现场作业和管理标准化,提升仓储作业效率40%以上。"两查",一是实施日抽查,将所有标准化内容纳入日常管理,明确仓储班长管理职责,通过日抽查建立标准化实施问题闭环处理机制,强化标准化过程管控。二是实施周核查,设置

253

仓库货位动碰标识,根据物资出入库情况,按周定期对仓库库存实行动态盘点,保障账卡物动态一致;核查仓库周业务凭证的完整性,经修订完善后归档,强化标准化成效管控。

15.1.2 "两拓两查"全面深化仓储标准化建设做法

(1)拓宽管理范围主要包括两个方面:一是区域集中配送(如表15-1所示),二是专业已领待耗物资集中存储(如图15-1所示)。利用区域集中配送释放的冗余仓储资源,将后勤、信通、营销以及供电所备品备件等专业已领待耗物资集中存储,统一归口管理,进一步优化区域仓储资源,有效加强物资供应风险防控,提升物力资源利用率,减少专业仓储点数量23个,节省仓储面积5000余平方米。

表15-1 温州市公司仓储网络优化前优化后对比表

优化前	区域集中配送
分散式仓储资源 • 存在部分物资重复存储 • 四处分散可用仓储资源(西向仓库、灵昆仓库、中心库、罗凤仓库) • 在用物资类仓库地点28处	区域集中配送 • 在用物资类仓库地点由20多处减少至5处 • 基本实现仓储集约管控(后勤、信通、营销和供电所备品备件) • 剩余1个物资仓储点,使用面积约2300平方米

(a)营销物资集中存储　　　　(b)运维物资集中存储

(c)信通物资集中存储　　　　(d)供电所备品备件仓库

图15-1 温州市公司标准化仓储已领待耗物资集中存储

（2）拓展仓库标准化建设内容主要包括：

①仓库作业安全风险点防控规范化。基于"安全第一、预防为主、综合治理"的原则，围绕工作人员、搬运设备、起重设备、外来人员、消防、办公室、应急举措等安全问题，对相关的风险点进行规范性描述，并设计相应的预防措施，由此制定仓库作业安全风险点防控手册，如图15-2所示。

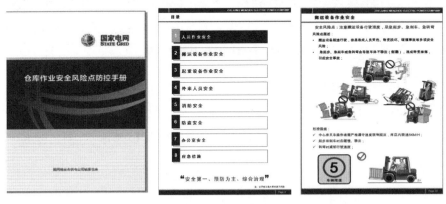

图15-2　仓库作业安全风险点防控手册

②仓库标准作业规范化。明确仓储作业各环节流程、文件格式、设备使用规范，编制仓库标准作业指导书（如图15-3所示），推进标准作业规范化（如图15-4所示）和包装、容器及堆码标准化，实现物资包装、周转容器和物资堆码规范化。

图15-3　仓库标准作业指导书

（a）标准作业规范—站班会　　　　（b）标准作业规范—叉车出车检查

图15-4　仓库标准作业规范示例

（3）实施日抽查标准化。将所有标准化内容纳入日常管理，明确仓储班长管理职责，建立仓储班长管理工作日志登记管理制度，如图15-5所示，通过日抽查建立标准化实施问题闭环处理机制，如图15-6所示，强化标准化过程管控。

图15-5　仓储班长管理工作日志实例

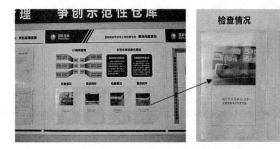

图15-6　标准化实施问题闭环处理机制

（4）实施周核查。按周定期对仓库库存实行动态盘点，对动碰标识进行复位，确保账卡物动态一致，具体包括：

①设置仓库货位动碰标识，对每天发生出入库业务的物资，通过标识进行直观反馈，如图15-7所示。

②仓库管理员根据动碰标识，按周定期进行动态盘点，并对凭证进行收集如图15-8（a）、图15-8（b）所示。

③核查仓库周业务凭证的完整性，如图15-8（c）、图15-8（d）所示，并由班长针对每周动态盘点情况进行抽盘、复核，经修订完善后归档，如图15-9所示，强化标准化成效管控。

图15-7 仓库周业务标准化核查（动态盘点）

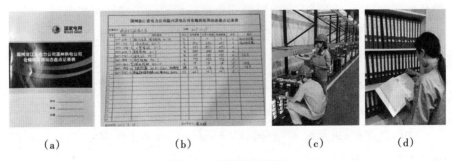

（a）　　　　　　（b）　　　　　　（c）　　　　　　（d）

图15-8 周核查（复核）

图 15-9　周核查（凭证归档）

15.2　浙江电力供电所备品备件规范化管理

15.2.1　供电所备品备件规范化管理目标

（1）专业管理的理念。供电所备品备件库作为国家电网公司最基层的仓库，随着国家电网公司"你用电、我用心"服务的开展，用户对供电服务质量的要求不断提高，应急抢修工作中物资供应显得尤为重要；同时在当前物力集约化的背景下，要做到现场标准规范统一，存放物资通用且合理周转，作业流程规范，从而实现供电所物力资源最优化，切实保障生产运维物资需求，助力基层供电所规范化建设。

（2）专业管理的目标。国网平阳县供电公司以提升供电所备品备件规范化管理为目标，依照《国家电网公司仓库建设改造标准》《国家电网公司实物库存管理办法》，结合各供电所实际需求，开展备品备件库规范化建设工作。具体目标如下。

①现场标准：参照国家电网公司仓储现场标准化要求，合理设置货架与功能区并进行定置管理；标准化标识标牌应用率达100%。

②科学定额：采用配网标准物料，科学设置备品备件定额，物资周转频率达2次/年以上。

③流程规范：统一供电所物资管理系统和业务流程，账卡物一致率达100%。

④常态管理：落实供电所备品备件库管理主体和职责，仓库日常管理统一推行"6S"管理、建立格式化检查卡，完善考核机制，实现常态化管理。

15.2.2　供电所备品备件规范化管理的主要做法

为持续深化物力集约化管理，提升供电所规范化工作水平，浙江电力平阳县供电公司结合实际情况提出"四化"（现场标准化、定额科学化、流程规范化、管理常态化）措施，开展供电所备品备件管理。

（1）现场标准化。参照《国家电网公司仓库建设改造标准》，结合各供电所实际需求，开展备品备件仓库标准化建设工作，统一仓库功能区域划分、现场标识标牌、建成功能齐全、规格统一、管理规范的备品备件仓库，满足电网发展要求。

①现场布局规划。供电所备品备件库改造前普遍存在功能区域设置混乱、物资堆放随意的现象，严重影响仓储作业。应急抢修需要时，备品备件物资无法及时保质供应。平阳县供电公司对现有库房的整改，如图15-10所示，以现场标准化为基础，根据供电所物资储备需求调整货位，设置货架；结合实际业务需要和库房原有结构设置功能区：入库待检区、出库（配送）理货区、不合格品暂存区及仓储装备区。

图15-10　水头供电所备品备件库整改前后对比图

②标识标牌统一。平阳县供电公司备品备件库标识标牌的制作遵循"统一规范"的原则，按照《国家电网公司仓库建设管理规范》《国家电网公司标识应用手册》的相关要求，统一制作标识标牌，以保障供电所仓储现场规范有序。

③物资科学存储。物资科学存储是保证物资质量,提高仓储作业效率的关键。平阳县供电公司依据物资特点及库区货架设置,合理安排存储堆放,实现物资存储三原则:一是物资区域存放按照"仓储作业提速增效"原则,动碰频繁物资就近存储、关联性物资相邻存放,以提高应急配送效率。二是物资堆码采用"五五堆放"(五五成方、五五成行、五五成堆、五五成串、五五成包)的原则,利于盘点。三是维护保养按照"保质可用"的原则,定期检查,及时组织检验,保证库存物资质量完好,随时可用。

(2)定额科学化。定额科学管理既要保障供电所生产运维物资需求,又要避免物资积压、提高库存周转率。平阳县供电公司改变以往仅凭经验制定定额的方法,转为通过历史物资数据分析同实际现场调研相结合,以国网温州供电公司提供的参考物料通用目录为基础,即50%供电所有出入库记录;协同运维检修部、乡镇供电所管理部和供电所等多个部门按故障类型进行目录调整、动态优化定额数据;按物资周转率-出入库频次计算出适用于各类供电所运维抢修的定额上下限标准。同时,为确保个性化应急物资及时供应,还需要探索物资区域网格化管理模式。

①储备定额通用目录制定。从原有物资调配平台系统中,导出平阳、瑞安和永嘉等地历年供电所备品备件的出入库数据及当时库存清单,依据取样时间内物资出入库频次、同一物资在库存中出现的次数和周转次数,结合省公司406种配网标准物料,实施标准物料代替非标物料,确定50种物资作为定额编制通用目录,并提出建议定额数量。

②定额目录优化调整。根据现场运维和应急抢修实际来调整通用目录,由平阳县供电公司仓储班牵头,鳌江、萧江供电所运维人员配合,汇总特定年份间萧江供电所运维抢修记录,如表15-2所示。

表15-2 特定年份间萧江所运维事故处理汇总

事故类型	事故出现频次
跌落式熔断器老化无法操作	56
隔离开关烧断	34
漏保开关烧毁	32

事故类型	事故出现频次
表箱烧坏	76
表箱进线受外力影响受损	65
表箱内冒烟	98
……	……

同时,进行实地查勘,编制模块常见故障与抢修材料对照清单,如表15-3所示,对基层供电所管辖线路中故障频繁发生的区域进行汇总,针对常见故障对应的抢修材料,结合定额初稿进行调整。

表15-3　模块常见故障与抢修材料对照清单

台区模块		表计模块	
模块常见故障	抢修材料	模块常见故障	抢修材料
跌落式熔断器老化无法操作	1. 高压熔断器,AC10kV,跌落式,100A　　3只 2. 熔丝,50A　　3只 3. 铜铝接头 DTL-70　　9只 4. 布电线 BV-70　　20米	表箱烧坏	表箱　　1台 电缆接线端子,铜,25mm2单孔　　3只
隔离开关烧断	1. 10kV 三相隔离开关,630A,20kA,手动双柱水平旋转,不接地　　1副 2. 设备线夹 SGL-2 3. 布电线 BV-35 4. 铜铝过渡设备线夹,SLG-2A	表箱进线受外力被拉走	1. 集束绝缘导线,AC0.4kV,BSJKLYJ,120,4　　30m 2. 集束电缆墙上拉攀(环),单眼,370mm　2块 3. 耐张线夹集束型,NXJ4×120　　2副 4. 电缆接线端子,铜,120mm2,单孔　　3只
JP柜内漏保开关烧毁	低压开关,漏电保护器,400A,四相　　1台	表箱内连接线烧损	BV-6　　20m

③物资定额上下限。库存周转数是评价仓储资源利用的一个重要指标,是出库物资使用量与平均库存量的比值,其值的大小决定了物资流转的

速度。计算公式：

库存周转数=物资出库消耗量/物资平均库存量　　　（式15-1）

公司仓储班以近两年供电所物资出入库记录、平均库存为数据支撑，计算出萧江供电所、万全供电所近两年年库存周转数仅为0.845次/年、0.651次/年。低库存周转直观反映物资储备偏多。为避免物资积压，以库存周转数2为目标，结合历年各类物资出入库记录，倒推出参考定额上限，其公式为：

物资定额上限=物资出库消耗量/目标库存周转次数　　　（式15-2）

根据县（市）公司补库周期，倒推出参考定额下限，其公式为：

物资定额下限=物资年出库数/12×集中补库周期　　　（式15-3）

结合单次运维抢修中该物资的最大使用量同定额量下限值作比较，取其大值。

成立供电所备品备件管理工作小组，召集公司仓储班、运维检修部、发展建设部、各供电所运维班召开定额编制会议，确定定额管理方案。供电所备品备件库根据自身规模和实际需求，通过计算制定物资储备定额上下限，定期补库。已存在的非通用物资可自身消耗、跨所调配消耗或报废等方式处置。目前平阳县供电公司已将零星工程物资移交项目管理部，备品备件库只负责供电所运维抢修。

④定额优化修订。各单位结合定额应用情况，定期对定额储备物资的种类、数量进行优化、修订，原则上定额每年需调整优化一次。

（3）流程规范化。一般的仓库流程由收料入库、发料出库、在库管理、盘点、报废等环节的业务操作组成，平阳县供电公司依据《国家电网公司实物管理办法》，结合调研其他公司和本公司的现状，积极实践探索，并与省公司系统进行了衔接及业务完善，统一了入库、退库、盘点、报废等环节。现以国网平阳县供电公司萧江供电所物资全过程为例介绍入库流程。

①入库流程。根据物料储备定额及抢修需求进行物资补库，到货检查完毕后在省公司物资调配平台办理入库手续，并审核签字。物资进入库房后进行五五摆放，并及时更新台账。入库单据附上平阳县供电公司的领料单，并做好归档，如图15-11所示。

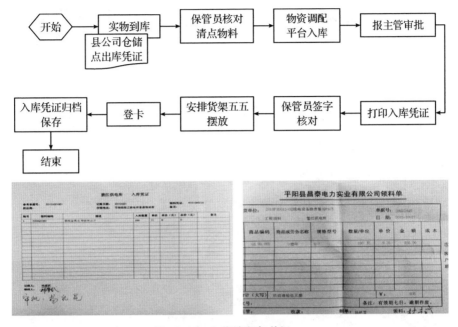

图15-11 入库流程与单证

②出库流程。物资出库需按现场查勘结果,领料员按实际需求在系统中填写物资出库申请单,领料申请单中必须填写领料用途、项目工程信息,经主管审批后打印申请单,领料过程遵循"先进先出"原则并及时更新卡片,如图15-12所示。

③退库流程。物资必须按需领料,减少物资退库。在实际使用过程中确实需要退库的物资,要及时办理退库手续,填制"退库申请单",审批完毕后将剩余物料退入库中,系统生成退库单、更新库存信息并及时更新卡片,如图15-13所示。

④盘点流程与单据。盘点人员同监督人员进行库存物资数量的清点和质量的检查,以盘点库存物资的实际数量,做到账卡物一致,并及时在物资平台系统上操作,应每月组织一次物资盘点工作,根据实盘数量如实分析盘点差异原因,编制盘点差异报告,上报主管领导,如图15-14所示。

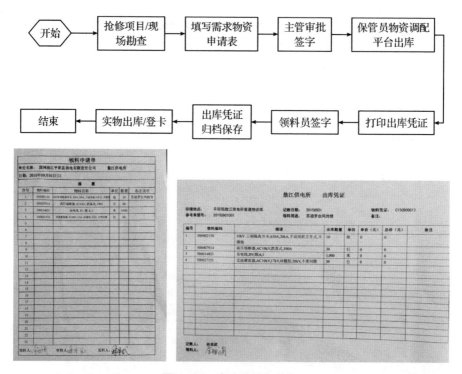

图 15-12　出库流程与单证

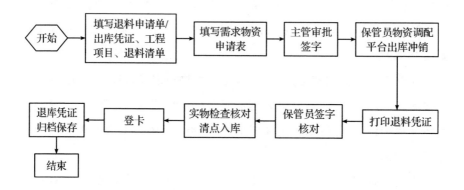

图 15-13　退库流程

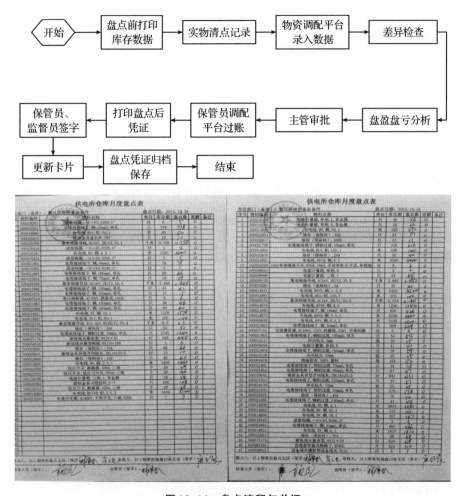

图 15-14　盘点流程与单证

⑤报废流程。根据物资报废的标准,不符合相关技术标准或无法使用的物资,原则上应予以报废。提出库存物资报废申请,须列明报废物资的物料名称、规格型号、单位数量和原因等信息,交本单位实物保管部门和实物管理部门鉴定审批后,进行废旧交接,如图 15-15 所示。

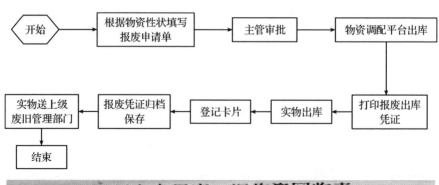

图15-15　报废点流程与单证

(4)管理常态化。

①职责分工。基于供电所备品备件室疏于管理的现状,国网平阳县供电公司明确责任主体、职责分工。

a. 供电所负责按照专业要求开展三库建设以及日常管理,负责物资储备定额的合理优化,负责仓储信息的统计、分析和上报。供电所应设置专职或兼职仓库物资保管员,负责实施物资验收、出入库、保管、盘点等作业;负责建立物资台账,确保账卡物相符。

b. 物资管理部门负责对供电所备品备件库进行专业指导与考核,将"6S"管理模式,即"整理、整顿、清扫、清洁、素养、安全",融入管理标准,实施常态化检查制度。

②检查考核。通过周自查、月盘点、季考核等形式加强管控。每周仓库保管员对工作成效进行自查,主要查看现场运行维护情况。每月底供电所组织开展物资盘点,至少2人参与数量清点及质量检查,并由供电所所长检查核实。每季度上级物资管理部门对供电所进行检查考核,检查的内容包括仓库运行维护管理、账卡物准确性、系统单据使用规范性等,周自查、月盘点、季考核如图15-16所示。物资部门对供电所备品备件库管理实施考核,工作成绩突出的单位和个人纳入公司系统统一表彰;对违反管理要求的单位和个人,给予通报批评。

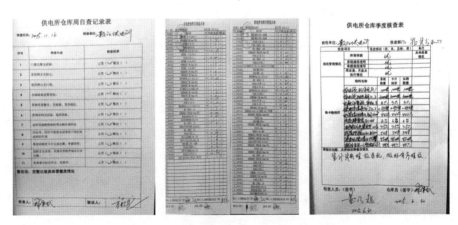

图15-16　周自查、月盘点、季考核表单实例

15.2.3　浙江电力供电所备品备件规范化管理成效与推广

(1)专业管理的背景评估和提升成效。由国网温州供电公司承担的供电所备品备件库标准化管理课题纳入了2015年省公司营销部(农电工作部)的重点任务。国网温州供电公司完成全部63个供电所仓库的标准化建设,现场符合标准,运作简便规范,备品备件周转合理,品种和库存资金均压缩超过50%。以平阳县供电公司萧江所为例,储备品种从原来的126种压缩到55种,库存资金量从原来的33万元压缩为13万元。此外,定额外应急物资供应水平得到整体提升,如平阳西部顺溪镇发生线路故障需要材料,到公司仓库领料时间为5小时,区域网格化配送将领料时间缩短为1.5小时,集中化管理保障了全县物资及时供应。

(2)推广应用。平阳县供电公司自2014年以来,在公司系统试点实施供电所备品备件库标准化建设,已全面落实"四化"模式(现场标准化、定额科学化、流程规范化、管理常态化),成为国网温州供电公司供电所"三库两室一厅"建设的核心部分,并取得积极成效。2015年,经过6个月"四化"及管理区域网格化和智能柜两项提升工作,进一步提高了供电所备品备件库规范化管理水平。供电所备品备件库标准化管理课题被纳入了2015年省公司营销部(农电工作部)重点任务,得到了省公司物资部和营销部的指导和协助,并于2015年11月下旬对供电所备品备件库标准化管理课题开展验收工作。

参考文献

[1]惠玉蓉,董千里.绿色制造模式下供应商选择的模糊层次分析[J].长安大学学报(社会科学版),2008(2):32-35,91.

[2]德鲁克.21世纪的管理挑战[M].朱雁斌,译.北京:机械工业出版社,2020.

[3]迈克尔·波特.竞争优势[M].陈丽芳,译.北京:中信出版社,2014.

[4]疏礼兵.供应链价值流的分析与思考[J].价值工程,2002(3):13-16.

[5]傅元略.价值管理的新方法:基于价值流的战略管理会计[J].会计研究,2004(6):48-52.

[6]朱庆华.绿色供应链管理[M].北京:化学工业出版社,2004.

[7]FORRESTER J W. Industrial dynamics[M]. Cambridge:MIT Press,1961.

[8]HOULIHAN J B. International supply chain management [J]. International journal of physical distribution and material management,1987,17(2):51-66.

[9]STEVENS J. Integrating the supply chain [J]. International journal of physical distribution and material management,1989,19(8):3-8.

[10]薛桂宏.供应链管理与牛鞭效应[J].交通企业管理,2002,35(11):37-39.

[11]张颖.供应链企业间战略合作关系的利益分析[D].长春:长春工业大学,2006.

[12]马士华,林勇,陈志祥.供应链管理[M].北京:机械工业出版社,2000.

[13]POIRIER C C,STEPHEN E R. Supply chain optimization:building the

strongest total business network[M]. 1st ed. San Francisco, CA: Berrett-Koethler, 1996.

[14]BEAMON B M. Measuring supply chain performance[J]. International journal of operations and production management, 1999, 19(3): 275-292.

[15]MENTZER J T, DEWITT W, KEEBLER J S, et al. Defining supply chain management[J]. Journal of business logistics, 2001, 22(2): 1-25.

[16]CHOPRA S, MEINDL P. Supply chain management strategy, planning, and operation[M]. United States edition, 2000.

[17]STEVENS G C. Integrating the supply chain[J]. International journal of physical distribution and materials management, 1989, 19(8), 3-8.

[18]CHRISTOPHER M. Logistics and competitive strategy [J]. European management journal, 1993, 11(2): 258-261.

[19]戴勇. 大规模定制模式下供应链的柔性化管理研究[J]. 现代管理科学,2008,(8):45-46.

[20]程巧莲. 从供应链到价值网的企业制造能力演化研究[D]. 哈尔滨:哈尔滨工业大学,2010.

[21]高秀明,汤兵勇. 供应链的特征分析[J].黑龙江大学自然科学学报,2003,20(4):62-65.

[22]王志强. 电力企业物流管理模式研究[J]. 中国电力教育,2007(6):92-93.

[23]姬翔.浅谈电网企业物资供应链的结构与流程[J]. 企业技术开发,2016,35(21):34-35.

[24]杨海贤,李新威. 电力企业提升供应链管理战略[J]. 广西电业,2005(3):43-45.

[25]国家电网有限公司战略目标深化研究工作领导小组办公室. 国家电网公司战略目标深化研究报告[M]. 北京:中国电力出版社,2020.

[26]左群锋,齐屹,魏刚,等."几何"物资管理模式助推建设具有中国特色国际领先的能源互联网企业[C]//《中国电力企业管理创新实践(2019年)》编委会. 中国电力企业管理创新实践(2019年). 中国标准出版

社,2020:2-2.

[27]陈灵欣.国家电网公司:建设现代智慧供应链 推动行业高质量发展[J].招标采购管理,2020(9):17-19.

[28]王志强.电力企业物流管理模式研究[J].中国电力教育,2007(6):92-93.

[29]刘晓娜.关于电力物流管理转型的思考[J].中国电力教育,2011(30):67-68.

[30]张艳,李军博,赵景峰,等.浅谈电力物资质量监督管理[J].科技与创新,2016(17):55-56.

[31]陆寒熹.国内电能表的技术发展趋势[J].电力设备,2007,8(8):108-110.

[32]张宁.电力物资合同的履约管理[J].中国招标,2013,(4):27-29.

[33]潘苇春,王佳,罗锋萍.企业物资采购合同履约管理:以电网企业为例[J].中国商论,2016(26):17-19.

[34]刘伶.电网建设项目物资保障一体化构建的探讨[J].贵州电力技术,2013,16(10):68-69.

[35]段雪松,韩雨.地市级供电公司物资调配体系探讨[J].中外企业家,2014(6):246-247.

[36]胡永焕,董凤娜,李永.物资调配运营体系在电网企业中的应用:上海市电力公司物力资源集约化建设的实践[J].经营与管理,2014(3):35-37.

[37]孙勇.电网物资调配功能与作用提升的路径探讨[J].湖北电力,2015(3):55-56.

[38]张国英,陈绍鑫.面向供应链管理的省电网公司储备体系构建[J].物流技术,2014(21):375-376.

[39]张国英,陈绍鑫.面向供应链管理的储备体系构建和实施[J].中国物流与采购,2017(2):58-63.

[40]郅青.创建电力企业物资调配管理新模式[J].中国电力企业管理,2014(15):72-73.

[41]王倩,陈绍鑫,陆英.电网企业定额物资供应模式管理创新探讨[J].物流工程与管理,2016,38(9):31-33.

[42]张国英,刘阳,陆英.基于主动服务的农村电网工程物资供应模式优化研究[J].物流工程与管理,2016,38(6):175-176.

[43]王春红,赛夫,王清平.改革驱动提升物资保障力[J].中国电力企业管理,2017(30):30-31.

[44]魏贺历.电力企业物资集约化调配管理机制建设研究[J].科技经济市场,2017(12):168-170.

[45]尹俊峰.系统管理理论和过程方法思想指导下物资调配中心角色分析[J].中国管理信息化,2014(13):42-44.

[46]王贞民.电力物资现代化仓储系统的规划研究[J].物流技术与应用,2015,20(5):114-117.

[47]罗慧,高正平,刘文涛.国家电网公司"三集五大"体系建设实践与经验分析[J].环境与可持续发展,2016,41(5):83-86.

[48]刘杰.我国电力物流供应链管理研究述评[J].物流技术,2014,33(21):390-393.

[49]雷有寿.电力物资供应链全过程管理运营分析[J].中国电力企业管理,2013(19):100-101.

[50]洪芳华,朱利军,刘斌,等.电力物资智慧仓储网络建设[J].经营与管理,2015(12):33-34.

[51]邢建刚,周慧寰,赵天硕.电力系统仓储网络规划研究[J].中国管理信息化,2015,18(16):102.

[52]常宏.建设国家电网公司企业仓储配送网络研究:以江苏电力为例[J].管理观察,2015(11):96-97.

[53]王金虎,郭伟.省级电网公司现代物流服务体系建设[J].企业管理,2016(S2):464-465.

[54]赵深,高瞻,陈达强,等.以中心库为生态核心的省级电力物资仓储生态系统构建与实践[J].物流技术,2018,37(10):1-7.

[55]吴萍."互联网+"背景下智慧物流发展的新动能、态势与路径[J].商业

经济研究,2018(7):81-83.

[56]孙萌,武兰民. 加强电网物资质量抽检管理[J]. 中国电力企业管理, 2014(23):104-105.

[57]孔宪国. 浅谈电网物资质量抽检管理的强化措施[J]. 机电信息,2016 (27):132-133.

[58]张玉成. 开展物资质量检测工作之思考[J]. 江西电力,2012,36(6):36.

[59]秦斌. 手持终端在电力物资配送管理中的应用[J]. 华东电力,2011 (11):1937-1938.

[60]洪芳华,朱利军,钱浓林. 便携式运输监控设备在电力重点物资供应中的应用研究[J]. 华东电力,2014,42(3):607-609.

[61]李浩松,王玮,张建业,等. 基于物联网的电力企业物资配送平台研究 [J]. 电力信息与通信技术,2014,12(12):101-105.

[62]吴锦华,张志仁,黄国荣,等. RFID技术在电力物资智能配送中的应用研究[J]. 现代制造,2017,(36):106-107.

[63]杨砚砚,陆爽,胡永焕. 电力配网物资供应快速响应机制建设[J]. 经营与管理,2015(3):67-70.

[64]刘伟华,王婧锟,马越洋,等. 基于智慧供应链发展过程的关键技术应用战略分析[J]. 供应链管理,2020,1(7):27-41.

[65]付佳雯. 国家电网公司智能化建设探索[J]. 江苏科技信息,2019,36 (14):28-30.

[66]汪嵘明. 基于大数据的智慧物流管理模式研究[J]. 中国物流与采购, 2021(2):45.

[67]国家电网有限公司. 关于加强电力需求侧管理的实施办法[J]. 电力需求侧管理,2003,5(4):2-3.

[68]陈进行. 加强电网安全稳定工作履行电网公司社会责任[J]. 电网技术,2006,30(11):1-8.

[69]李明,林晓琼. 国家电网有限公司社会责任战略初探[J]. 现代管理科学,2008(1):72-74.

[70]黄文海. 谈谈如何提高供电所电力故障抢修效率[J]. 科技与创新,

2016(13):157.

[71]张敏智.配电网故障抢修效率提升策略探析[J].电子测试,2013(11):47-49.

[72]卢志刚,李丹,吕雪姣,等.含分布式电源的冰灾下配电网多故障抢修策略[J].电工技术学报,2018,33(2):423-432.

[73]潘明九,王颖,兰洲,等.一种基于Petri网的电网故障诊断方法[J].价值工程,2018(32):177-178.

[74]袁圃,毛剑琳,向凤红,等.改进的基于遗传优化BP神经网络的电网故障诊断[J].电力系统及其自动化学报,2017,29(1):118-122.

[75]PATTERSON S A, APOSTOLAKIS G E. Identification of critical locations across multiple infrastructures for terrorist actions[J]. Reliability engineering & system safety, 2017, 92(9): 1183-1203.

[76]卢志刚,王克胜.基于多代理方法的配电网故障应急抢修调度[J].电网技术,2013,37(1):137-143.

[77]李珊,欧世锋,李克文,等.配电网故障应急资源自适应优化分配策略[J].广东电力,2017,30(11):38-43.

[78]PANG N, LIU H, HUANG S, et al. Emergency rush repair task scheduling of distribution networks in large-scale blackouts[J]. International journal of electrical power & energy systems, 2016, 82: 373-381.

[79]吴琳,周养浩,吴雪琼,等.天津城市配电网智能互动抢修服务系统设计与开发[J].电力系统自动化,2014,38(18):79-85.

[80]孙云山,张立毅,张燕,等.现代物流系统中信息技术的应用研究[J].商业研究,2008(10):210-213.

[81]秦霞,刘晓燕.信息技术在企业仓储管理中的应用研究[J].全国流通经济,2016(15):27-28.

[82]周璐.RFID在物流行业中的应用[J].商场现代化,2014(23):114.

[83]李长俊,杨小彬.基于ZigBee和UHF的智能巡检系统设计[J].计算机测量与控制,2016,24(4):278-280.

[84]杨伶俐.RFID技术在跨境电商仓储管理中的运用[J].物流工程与管

理,2017,39(4):61-63.

[85]刘念,郭金旭,王昱.基于RFID的装备库管理系统的设计与实现[J].武汉理工大学学报(信息与管理工程版),2016,38(4):494-497.

[86]柳飞,武赟,戴铭卿.物流标准化发展现状研究综述[J].中国标准导报,2015(11):38-41.

[87]鲁红玲.对电力企业物资仓储管理的浅析[J].华东科技(学术版),2013(12):371.

[88]李付林,屠晓栋,张亮.浅谈标准化在供电企业仓储中的应用[J].物流技术(装备版),2014(3):108-111.

[89]李凌雁,赵广兵,李鹤.标准化在供电企业仓储中的应用及效果研究[J].现代经济信息,2018(01):64.

[90]李彦斌,崔梦瑶.基于PDCA循环的电力物资管理标准化研究[J].华北电力大学学报(社会科学版),2019(4):26-35.

[91]于俊现.邢台县供电公司仓储管理标准化体系设计与应用研究[D].北京:华北电力大学,2013.

[92]朱传栋.电网仓储标准化管理理论方法研究[J].福建质量管理,2019(12):268,291.

[93]武志惠,王蕾,胡爱娣,等.基于模糊集理论的物资仓储管理标准化建设综合评价[J].物流科技,2015,38(12):108-112.

[94]杨培军.浅谈电力物资仓库标准化建设问题及对策[J].企业文化(中旬刊),2019(8):276.

[95]张海夺.电力物资仓储管理标准化建设[J].科学与财富,2018(23):289.

[96]谢泗薪,王文峰.绿色物流路径:物流绿色化改造的战略选择[J].中国流通经济,2010(5):15-18.

[97]刘运材.低碳经济背景下绿色包装产业发展对策研究[J].生态经济,2012(1):144-156.

[98]李亚迪,李婷婷.基于绿色供应链的运输包装物循环使用问题研究[J].现代商贸工业,2016(13):38-39.

[99]周诗天,杨俊玲.我国快递包装逆向物流体系构建研究[J].中国物流与采购,2017(19):76-77.

[100]洪芳华,高峻峻,陆爽.基于需求特性分类的电力物资库存管理策略设计[J].物流技术,2011,30(9):212-216.

[101]李正忠,刘佳宾,李涛.电力物资仓储管理现状与优化策略[J].中国储运,2011(12):101-102.

[102]周旸,梁峻,董风举.电力自动化仓库多功能托盘设计与应用[J].制造业自动化,2012,34(12):146-150.

[103]MOORE J F. Predators and prey: a new ecology of competition [J]. Harvard business review, 1993, 71(3): 75-86.

[104]MOORE J F. The death of competition-leadership and strategy in the age of business ecosyestem[M]. Boston:John Wiley & Sons Ltd, 1996.

[105]MOORE J F. The rise of a new corporate form [J]. Washington quarterly, 1998, 21(1): 167-181.

[106]潘剑英,王重鸣.商业生态系统理论模型回顾与研究展望[J].外国经济与管理,2012(9):51-58.

[107]焦裕岩,黄婷,见青.基于省电力公司中心库的仓储配送管理体系研究[J].管理观察,2017(28):58-59.

[108]赵幸,陈玲,胡真.国网江西电力构建三级仓储体系[N].国家电网公司报,2015-06-22(7).

[109]焦裕岩,黄婷,见青.基于省电力公司中心库的仓储配送管理体系研究[J].管理观察,2017(28):58-59.

[110]盘红华.基于物联网的智慧供应链管理及应用[J].中国物流与采购,2012(12):74-75.

[111]黄成成,叶春森,王雪轩,等.智慧供应链体系构建研究[J].价值工程,2018,37(23):121-123.

[112]刘伟华,马越洋,孙嘉琦.支撑智慧供应链创新的关键技术应用架构研究[C]//天津市社会科学界第十五届学术年会优秀论文集:壮丽七十年 辉煌新天津(下),2019,1056-1067.

[113]盘红华. 基于物联网的智慧供应链管理及应用[J]. 中国物流与采购，2012(12):74-75.

[114]宋华. 新兴技术与"产业供应链+":"互联网+"下的智慧供应链创新[J].人民论坛·学术前沿,2015(22):21-34.

[115]王娟. 大数据应用对供应链管理价值提升的分析与研究[J]. 物流科技,2016,39(2):131-132.

[116]李佳. 基于大数据云计算的智慧物流模式重构[J]. 中国流通经济,2019,33(2):20-29.

[117]宋华. 智慧供应链的核心要素与实现路径[J]. 物流技术与应用,2015,20(12):58-59.

[118]丁倩兰,张水旺,梅瑜,等. 数据驱动的智慧供应链生态体系构建[J]. 商业经济研究,2020(18):38-41.

[119]吴小力. 电力智慧供应链内涵分析和系统构建研究[J]. 机电工程技术,2019,48(11):37-39,143.

[120]胡兆杰,关忠良. 基于信息技术的数字物流体系的构建[J]. 价值工程,2003(z1):133-136.

[121]张则强. 数字物流的信息化特征与驱动[J]. 中国流通经济,2004(6):13-16.

[122]唐连生,刁瑜. 绿色供应链的数字化实现[J]. 物流工程与管理,2010(1):93-94.

[123]吴清一,吴菁芃. 数字物流系统的构建[J]. 中国物流与采购,2018(3):62-63.

[124]朴银玥. 智慧物流新兴技术及其应用分析[J]. 中国商论,2020(19):37-39.

[125]路璐. 工业互联网中数据集成和边缘处理技术国际态势分析[J]. 高科技与产业化,2020,285(2):44-50.

[126]朴尚哲,超木日力格,于剑. 模糊C均值算法的聚类有效性评价[J]. 模式识别与人工智能,2015,28(5):452-461.

[127]苟杰,马自堂. 基于MapReduce的并行SFLA-FCM聚类算法[J]. 计算

机工程与应用,2016,52(1):66-70.

[128]王向阳,王春花.基于特征散度的自适应FCM图像分割算法[J].中国图象图形学报,2008,13(5):906-910.

[129]孟安波,卢海明,李海亮,等.纵横交叉算法优化FCM在电力客户分类中的应用[J].电力系统保护与控制,2015,43(20):150-154.

[130]何俊涛,车仁飞,孟庆萌,等.基于广域录波数据和FCM聚类的电网故障诊断方法[J].电力自动化设备,2019,39(6):179-184.

[131]唐杰明,刘俊勇,刘友波.基于最优FCM聚类和最小二乘支持向量回归的短期电力负荷预测[J].现代电力,2008,25(2):81-86.

[132]张颖.电网企业物资需求计划的科学管理[J].科技风,2016(18):169-170.

[133]周慧寰,邢建刚,赵天硕.电网物资计划管理[J].中国管理信息化,2015,18(10):106.

[134]谢荣伟.电力物资的需求预测方法研究[J].价值工程,2016,35(34):28-30.

[135]洪芳华,施鸣达,肖锋,等.电力物资库存定额季节性调整智能优化研究[J].管理科学与工程,2018,7(4):262-266.

[136]王剑,顾晔.面向电力物资的组合需求预测体系设计[J].企业管理,2016(S1):130-131.

[137]邹治洁.基于大数据技术的配电网物资需求计划预测及管控研究[J].技术与市场,2019,26(10):197-198.

[138]李明,郑逸林,高瞻,等.基于影响因素多维融合与贝叶斯概率更新的电力物资需求预测[J].物流技术,2021,40(3):71-76.

[139]邬斌斆,张玉鑫.基于双向协同的物资需求计划管理在电网工程中的应用研究[J].华东电力,2012,40(5):913-914.

[140]赵欣,丁靖,吴建峰.数据预测模型在物资需求计划申报中的应用[J].电子技术与软件工程,2020(15):173-174.

[141]刘梦桃,冯璟.电网物资计划管理模式的创新与实践[J].科技创新与应用,2015(15):270.

[142]方丽妮.基于智慧供应链模式的物资计划管理研究[J].企业改革与管理,2019(21):35-36.

[143]胡永焕,董凤娜.电力主网物资全供应链大计划机制应用:基于S&OP(产销协同运作计划)的研究[J].经营与管理,2016(12):129-131.

[144]邵艳.我国物流标准体系的研究[D].北京:北方交通大学,2003.

[145]杨路明.智能物流标准化是现代物流发展的重要方向[J].中国标准化,2017(15):12-16.

[146]战复东.物流标准化体系研究[J].中国标准化,2003(6):4-6.

[147]陈方建.应加快我国物流标准化建设步伐[J].中国物流与采购,2002(8):37-38.

[148]张成海,李素彩.我国物流标准体系研究[J].中国标准化,2004(2):10-12.

[149]兰洪杰,王耀球.谈我国物流国家标准体系表的建立[J].南京理工大学学报(社会科学版),2004(2):51-55.